BEGEHREN UND ENTBEHREN

BEGEHREN UND ENTBEHREN

Bochumer Beiträge zur Geschlechterforschung

herausgegeben von
Gabriele Klein und
Annette Treibel

Centaurus-Verlagsgesellschaft
Pfaffenweiler 1993

Umschlagabbildung: Pablo Picasso, *The Three Dancers*, © VG Bild-Kunst, Bonn 1992

Die Herausgeberinnen: *Dr. Gabriele Klein,* Soziologin und Tanzpädagogin, arbeitet als Assistentin am „Mozarteum" in Salzburg. *Dr. Annette Treibel,* Soziologin, ist als wissenschaftliche Assistentin an der Ruhr-Universität Bochum tätig. Ihre Forschungsschwerpunkte sind u. a. Migrationsforschung und Geschlechtersoziologie.

Wir danken der Senatsbeauftragten für Frauenfragen der Ruhr-Universität Bochum für die Bereitstellung des Druckkostenzuschusses

Die Deutsche Bibliothek – CIP-Einheitsaufnahme

Begehren und Entbehren : Bochumer Beiträge zur Geschlechterforschung / Gabriele Klein ; Annette Treibel (Hg.). – Pfaffenweiler : Centaurus-Verl.-Ges., 1993
ISBN 3-89085-642-X
NE: Klein, Gabriele [Hrsg.]

Satz: Centaurus-Satz
Druck: Rosch-Buch, Hallstadt-Bamberg

Inhalt

Frauen und Frauenbilder in Geschichte und Kunst

BEGEHREN UND ENTBEHREN
Frauenleben aus dem Blickwinkel der Bochumer Geschlechterforschung

Gabriele Klein/Annette Treibel

Die Gründung der Ruhr-Universität Bochum

Als das Land Nordrhein-Westfalen im Mai 1960 beschloß, im Ruhrgebiet eine wissenschaftliche Hochschule einzurichten, war der 'Bildungsnotstand' der Deutschen zumindest in Fachkreisen längst kein Fremdwort mehr. Um die Expansion der Studierendenzahlen anzukurbeln und der zukünftigen Entwicklung des Wirtschaftswunderlandes gerecht werden zu können, empfahl der Wissenschaftsrat dann auch in seinem Gutachten Ende 1960 die Gründung neuer Hochschulen. Nach langen Kämpfen zwischen den Nachbarstädten Bochum und Dortmund fiel die Wahl auf Bochum, wo eine Volluniversität unter Einschluß der Ingenieurwissenschaften errichtet werden sollte.

Neben den allgemeinen bildungspolitischen Zielen vollzog sich mit der Errichtung der Ruhr-Universität zudem ein Schritt zur Beseitigung der langfristigen Nachwirkungen einer kaiserlichen Standortpolitik. Um geistige und politische Unruhen zu vermeiden, hatte Wilhelm II. in der "Waffenschmiede des Reiches" den Bau von Universitäten verhindert. Die Bochumer Universität sollte von daher landesstrukturpolitisch neue Akzente setzen, insbesondere in der bevölkerungsdichten Region Ruhrgebiet. Gerade die Stadt Bochum sah den Bau einer Universität als das geeignete Mittel an, ihr negatives Image als Bergbau- und Stahlstadt aufzupolieren.

Zudem hatte die Ansiedlung in Bochum auch sozialpolitische Bedeutung, ging es bei dem Ausbau des deutschen Hochschulwesens doch auch darum, die Bildungsreserven aus Arbeiter- und Angestelltenhaushalten zu mobilisieren, *den* Sozialschichten also, die im Ruhrgebiet in besonderem Maße vertreten waren und sind.

Aus den bildungs-, regions- und sozialpolitischen Motiven der neuen Universität leiteten sich denn auch ihre Ziele ab. Funktionale Architektur sollte den baulichen Rahmen für eine innovative Forschung und Lehre jenseits der begrenzenden Tradition alter Ordinarienuniversitäten bilden. Die 'Gründerväter' sahen in ihrem Projekt die Chance, "die Idee der Einheit von Forschung und Lehre und einer wissenschaftlichen Lebensgemeinschaft durch weitgehende Kooperation der Wissenschaftler (zu; Verf.) verwirklichen" (REITZ, S. 16). Diese Idee sollte allerdings eine Utopie bleiben, da die Ruhr-Universität Bochum von Anfang an als eine traditionelle Ordinarienuniversität geplant war.

Daß die verkrusteten Strukturen des traditionellen Wissenschaftsbetriebes auch vor den Toren des hochfliegenden Projektes 'Ruhr-Universität' nicht haltmachten, zeigte sich schon bald nach der Aufnahme des Studienbetriebes im Wintersemester 1965/66. Dies konkretisierte sich auch in der geschlechtsspezifischen Verteilung und Hierarchisierung des wissenschaftlichen Personals ebenso wie in dem Anteil der Studentinnen an der gesamten Studentenschaft. Dieser entsprach von Anfang an durchaus den Standards der tradierten Ordinarienuniversitäten in der Bundesrepublik Deutschland (vgl. REITZ, Tab. VII, S. 66 f.). Von einem Bemühen, die Anziehungskraft der neuen Universität besonders für Frauen zu steigern bzw. die dem gewünschten gesellschaftlichen Fortschritt dienenden Bildungsreserven gerade aus dieser Menschengruppe zu mobilisieren, konnte damals nicht die Rede sein. Vielmehr waren auch an der Bochumer Universität Männer die Wortführer; ihre Wissenschaftsauffassungen, kulturellen Deutungsmuster und Weltbilder bestimmten die Wege zur Etablierung des Universitätsprojektes.

Diese Tatsache erfuhr auch mit der umfassenden Reformbewegung Ende der sechziger Jahre keine bemerkenswerte Wende, obwohl die Studentenbewegung die Brandtsche Parole "Mehr Demokratie wagen" schon längst in Richtung einer umfassenden Reformierung der verkrusteten Universitätsstrukturen radikalisiert hatte. "Unter den Talaren der Muff aus tausend Jahren" bedeutete für sie eine grundlegende Veränderung herkömmlicher Studienorganisation und -inhalte. Das theoretische Fundament lieferte die Gesellschaftskritik der Frankfurter Schule, insbesondere Herbert Marcuses These, die die Intellektuellen als eine Subkultur mit gesellschaftsverändernder Kraft verstand. Aber auch die Sozialphilosophen Theodor W.

Adorno und Ernst Bloch lieferten der Studentenbewegung entscheidende theoretische Impulse.

Während die Studentenbewegung den Studienbetrieb an den Universitäten der westdeutschen Großstädte schon ab 1966 zu stören begann, blieb es in Bochum zunächst weitgehend ruhig. Die Ruhr-Universität war zu diesem Zeitpunkt noch im wesentlichen ein riesiges Baugelände, auf dem erst ca. 4.200 immatrikulierte Studierende (vgl. REITZ, Tab. V u. VI, S. 60ff.) nach den wenigen fertiggestellten Seminarräumen suchten. Sie hatten zudem das Problem, an einer Pendleruniversität zu studieren. Eine studentische Kultur und Freizeitinfrastruktur fehlte zu diesem Zeitpunkt in Bochum noch völlig.

Die erste Phase: Frauenbewegung und Frauenforschung

Die Studentenbewegung war weitgehend eine Bewegung der männlichen Studierenden. In ihrem Kontext jedoch und auch als Produkt anderer sozialer Bewegungen (insbesondere der Bürgerrechtsbewegungen in den USA) entstand die Frauenbewegung. Aus den Erfahrungen in der Alltagspolitik mit ihren männlichen Genossen, deren 'patriarchales Gehabe' gegen die lautstark proklamierte Gesellschaftskritik resistent zu blieben schien, begannen Studentinnen in Frauengruppen mit der Suche nach ihrer eigenen Identität und Geschichte. "Blick zurück - nach vorn" war auch der Ausgangspunkt der sich bei dieser Suche allmählich herauskristallisierenden Frauenforschung.

Vor allem getragen von Frauen aus den Geistes- und Gesellschaftswissenschaften weitete sich die Standortbestimmung innerhalb des gegenwärtigen männlichen Wissenschaftsbetriebes alsbald zu einer umfassenden Suche nach den Quellen für die bislang ungeschriebene, weil verschwiegene Geschichte von Frauen aus. Ob die Hexenverbrennungen, die Beginen des Spätmittelalters, die Frauen der französischen Revolution oder des deutschen Faschismus, die Historikerinnen entdeckten eine Vielzahl von Beispielen, die Geschichte von Frauen als eine Geschichte der sukzessiven Unterdrückung weiblicher Lebensformen und Widerstandspotentiale durch männliche Machthaber und/oder patriarchale Strukturen zu beschreiben.

Während die Historikerinnen auf den Spuren in die Vergangenheit damit beschäftigt waren, verschüttete Tradition wieder lebendig werden zu lassen, widmeten sich Soziologinnen der Situation von Frauen in der gesellschaftlichen Gegenwart. Der "weibliche Lebenszusammenhang" (PROKOP 1976) rückte in den Mittelpunkt ihres Forschungsinteresses. Die Auswirkungen der geschlechtsspezifischen Arbeitsteilung auf den Lebensalltag von Frauen dienten auch hier als Paradebeispiele für die Fundamente patriarchaler Herrschaft und für die Unterdrückung und Diskriminierung der halben Menschheit durch die andere, mächtige Hälfte. Gleichzeitig gewann das patriarchale Bild von der Frau als einem hilflosen Opfer feministische Konturen. In die Natur definiert und auf den Reproduktionsbereich verwiesen, erschien sie, gedemütigt, geschlagen, unterbezahlt, alleinstehend und auf den Strich geschickt als das Objekt, das der Mann auf den Altären der Macht immer wieder geopfert hatte.

Obwohl diese Deutung des Frauenlebens von einigen Wissenschaftlerinnen heute als einseitig, dem traditionellen Weiblichkeitsdiskurs verhaftet und den Dualismus der kulturellen Geschlechterkonstruktion nicht überwindend kritisiert wird (vgl. PERROT 1989; GILDEMEISTER 1992), war sie in der ersten Phase der Frauenforschung eine wichtige Orientierung bei der Suche nach dem Ort von Frauen in der Geschichte. Zudem diente sie mitunter als eine 'objektive', weil wissenschaftlich fundierte Legitimation für die Wut auf die am eigenen Leib erfahrenen Unterdrückungen.

Entgegen dieser Geschichte des Leides und des Unglücks gewann aber schon bald ein Bild Konturen, das die Frauen als handelnde Subjekte mit eigenen Rede- und Verhaltensweisen beschrieb. Sie erschienen nun als rebellierende, bestehende Sozialverhältnisse ver-rückende Wesen oder als die Menschen, deren Sprache, Ausdruck und Gebärde die eigentliche, wahre, aber durch patriarchale Strukturen verschüttete menschliche Natur verkörperten. Frauen sind nicht nur anders, sondern mehr - diese Grundidee lieferte das Fundament für das neue weibliche Selbstbewußtsein und bestimmte die 'Umwertung der Werte'. Der weibliche Lebenszusammenhang, bislang als System der Unterdrückung identifiziert, war nun der Ort, an dem sich die wahren Fähigkeiten der Frauen wie Gebärfähigkeit und Mutterschaft konkretisierten - eine Interpretation, die schon der bürgerlichen Frauenbewegung zu Beginn des Jahrhunderts eigen war (vgl. BÄUMER 1927). Ähnlich wie in den zwanziger Jahren hatte das Konzept der "weiblichen Kultur" nicht mehr zum Ziel, die bürgerliche Gleichheit unter Männern zu einer Geschlechtergleichheit werden zu lassen, sondern forderte die gesellschaftliche Aufwertung des Anderen in der Frau.

Die zweite Phase: Geschlechterforschung

Aus der Erkenntnis, daß beide Interpretationen weiblicher Lebenspraxen auf einem dichotomen Denken von männlich und weiblich, Mann und Frau, Kopf und Körper, Kultur und Natur beruhen, kristallisiert sich Anfang der achtziger Jahre eine neue Position heraus. Diese markiert nicht nur eine Wende innerhalb der Frauenforschung, sondern zugleich ihre zweite große Phase. Aus der Kritik an den von der Biologie abgeleiteten, dualen Geschlechtskategorien entwickelte sich ein Theoriegerüst, das seinen Ausgangspunkt in der Unterscheidung zwischen biologischem Geschlecht (sex) und kulturellem Geschlecht (gender) nahm. Diese Differenzierung ermöglichte es, die kulturellen Deutungsmuster und symbolischen Ausdrucksformen der Geschlechterzuweisungen in den Mittelpunkt des Forschungsinteresses zu rücken. Das Erkenntnisinteresse richtete sich dabei auf die Relationalität bzw. Differenz zwischen den Geschlechtern, auf die Funktionsweisen sozialer und diskursiver Praktiken. Aus Frauenforschung wurde Geschlechterforschung, die die Geschichte und Gesellschaftlichkeit von Frauen nicht mehr nur als eine eigene, spezielle Forschungsthematik faßte. Vielmehr ging es ihr darum, das Geschlecht als eine historische und soziale Strukturkategorie anzuerkennen (vgl. BECKER-SCHMIDT/KNAPP 1987; BEER 1987).

Eine andere, dem Strukturalismus verbundene Denkrichtung legt ihr Augenmerk auf das 'Zwischen' der eindeutigen Geschlechterzuweisungen, auf die Orte, an denen die klaren, dichotomen Grenzen verschwimmen und eine relationale Analyse notwendig wird (vgl. BUTLER 1991). Ziel ist es, die soziale Konstruktion der zweigeschlechtlichen Welt zu überwinden und die Möglichkeit einer weiteren Differenzierung innerhalb der Gruppe der Frauen und der Männer zu eröffnen. Nach diesem Ansatz ist beispielsweise Identität zwar an den geschlechtlichen Körper gebunden. Dieser wird allerdings in erster Linie nicht als ein biologischer gefaßt, sondern als ein in der sozialen Interaktion geformter verstanden. Der Körper ist damit zugleich Produkt, Produzent und Instrument von Kommunikationsprozessen, die wiederum auf der Tradition binärer Geschlechtskategorien beruhen.

Frauen und Frauenforschung im Bochumer Wissenschaftsbetrieb

Die genannten Grundauffassungen zur Frauen- bzw. Geschlechterforschung markieren nicht nur eine historische Entwicklung, sondern bezeichnen noch weiter zu beschreitende Wege des Erinnerns, Wiederfindens und Verständlich-Machens. Allerdings ist absehbar, daß dieser Weg auch in Zukunft nicht bequemer wird, als er in den vergangenen fünfundzwanzig Jahren war. Nicht nur, daß das Verstehen der Geschlechtergeschichte bis heute von vielfältigen erkenntnistheoretischen und methodologischen Problemen begleitet wird. Vielmehr ist der Weg der Frauen- und Geschlechterforschung deshalb umso beschwerlicher, als sie bislang keinen anerkannten Platz innerhalb des Wissenschaftsbetriebes eingenommen hat.

Zwar war die 'Frauenfrage' eine Zeitlang Mode: Seminare zu entsprechenden Themen tauchten in den universitären Veranstaltungsführern auf, wissenschaftliche Publikationsorgane widmeten ihre kostbaren Seiten den Themen, die die Frauenforschung zu einem Forschungsgegenstand gemacht hatte. Aber obwohl diese Mode mehr als eine kurzlebige Welle war, ebbt sie wieder ab, zumal sie von Anfang an gebrochen war. Die Mechanismen der geschlechtsspezifischen Arbeitsteilung innerhalb des Wissenschaftsbetriebes selbst zeigten auch hier ihre Spuren. Frauen- bzw. Geschlechterforschung, so die Argumentation, fehle zum einen ein eigenes, ausgewiesenes theoretisches Fundament und methodologisches Instrumentarium. Zum anderen seien die forschenden Frauen zu parteilich und zu engagiert, um sich mit zur Objektivierung notwendigen Distanz ihrer Gegenwart und Geschichte zu nähern. Die Folge war eine Marginalisierung der Frauen- und Geschlechterforschung und ihrer VertreterInnen.

Noch heute führen Frauenforscherinnen an den Universitäten häufig ein Paria-Dasein. Wenn sie überhaupt wissenschaftliche Stellen in den höheren Rängen der Universitätshierarchie besetzen, dann sind es häufig die mittlerweile speziell für Frauenforschung eingerichteten Lehrstühle, die, wenn sie überhaupt besetzt sind, in den jeweiligen Fakultäten politisch eine Nebenrolle und im Lehr- und Forschungsbetrieb eine Außenseiterrolle spielen.

Daß der Trend zur Marginalisierung auch auf die Ruhr-Universität Bochum zutrifft, beweist die erst nach fast 30 Jahren ihrer Existenz und nach 25 Jahren Frauenforschung erstmalig veranstaltete Vortragsreihe zur Frauen- und Geschlechterforschung, die die beiden Herausgeberinnen zusammen mit der Frauenbeauftragten der Ruhr-Universität Bochum, Dagmar Hiltscher, über zwei Semester (Wintersemester 1990/91 und Sommer-Semester 1991) organisierten. Bei der inhaltlichen Vorbereitung der Veranstaltung, d.h. bei der Suche nach Forscherinnen wurde nochmals deutlich, welche singuläre Rolle Frauen nach wie vor im Wissenschaftsbetrieb dieser relativ jungen Universität spielen: Am 15.11.1990 lehrten und forschten an der Ruhr-Universität 233 C 4-Professoren und 4 C 4-Professorinnen (ohne medizinische Einrichtungen); das entspricht einem Verhältnis von 98,3% zu 0,16%. Bei der Gruppe der "wissenschaftlichen Mitarbeiter" sind Frauen zwar relativ häufiger anzutreffen; hier allerdings fiel der Stellenabbau eindeutig zu Lasten der Frauen aus: 1990 waren nur noch 135 wissenschaftliche Mitarbeiterinnen (1989: 196) - gegenüber 645 wissenschaftlichen Mitarbeitern (1989: 659) beschäftigt.[1]

Im Zeichen dieser männerfreundlichen Personalpolitik konnte sich die Frauenforschung auch in Bochum nur mühsam einen bescheidenen Platz suchen. Stellenverteilungen entsprachen von Anfang an den tradierten Mustern geschlechtsspezifischer Arbeitsteilung, die geforderten Professuren für Frauenforschung wurden entweder nicht eingerichtet oder noch gemächlicher als üblich besetzt. Zudem verstärkte die problematische Kommunikationsstruktur dieser Massenuniversität die ohnehin komplizierte Verständigung unter den vereinzelten Wissenschaftlerinnen. Auch in Bochum forschen Frauen an den unterschiedlichen Fakultäten zumeist im Alleingang; interdisziplinäre Arbeitsgruppen existieren nicht oder lösten sich wieder auf, noch bevor ein fruchtbarer inhaltlicher Austausch stattfinden konnte.[2]

Fragestellungen des Buches

Dieses Buch ist eine erste Bestandsaufnahme der Themen, mit denen sich Historikerinnen, Psychologinnen und Soziologinnen zum Zeitpunkt der Vortragsreihe an der Ruhr-Universität beschäftigten. Die Beiträge spiegeln in ihrer Vielfalt zudem die inhaltlichen Schwerpunkte und theoretischen Zugangsweisen der Frauen- und Geschlechterforschung insgesamt wider.

Das Spektrum der Beiträge reicht von historischen Fallstudien in der Tradition einer 'Geschichte von unten' bis zu theoretisch-philosophischen Überlegungen zu den Geschlechterverhältnissen der Gegenwart. Die Autorinnen stellen vier Fragen in den Mittelpunkt, die wir einführend diskutieren wollen:

1. Wie verhalten sich Frauen in besonderen sozialen Situationen?
2. Wie wirken sich beschäftigungs- und regionalpolitische Strukturen auf die Arbeits- und Lebenswelt von Frauen aus?
3. Welche Fremd- und Selbstwahrnehmungen von Frauen und Männern kennzeichnen die Anfänge und den Verlauf der bürgerlichen Gesellschaft?
4. In welcher Art und Weise interpretieren unterschiedliche Frauengenerationen ihre Lebensgeschichte?

Frauen in besonderen sozialen Situationen

Trotz der 25-jährigen intensiven Zeit der Frauen- und Geschlechterforschung ist das Wissen über viele soziale Situationen, in denen sich Frauen gemeinsam mit Männern oder auch in Gegnerschaft zu Männern befunden haben und befinden, noch immer lückenhaft. Mit dieser Thematik beschäftigen sich die Beiträge von Claudia ULBRICH, Annette TREIBEL und Susanne KRETSCHMANN.

Aus ihnen geht hervor, daß eine in der Geschichte der Sozial- und Geschichtswissenschaft über lange Zeit gängige Verfahrensweise längst überfällig ist, nämlich diejenige, zwischen Menschen nur aufgrund ihrer Klassen- oder Schichtzugehörigkeit zu differenzieren. Die integrierte und differenzierte Sicht auf 'sozialen Status' *plus* 'Geschlechtszugehörigkeit' ist notwendig, um die spezifische Lebenslage von Menschen zu erfassen.

Claudia ULBRICH weist darauf hin, daß selbst eine für Menschen beiderlei Geschlechts gleiche Situation wie die von Hunger und Armut nicht tatsächlich gleich war. Mittlerweile vorliegende historische Untersuchungen lassen - auch wenn es im vorindustriellen Europa noch keine Sozialstatistiken gab - den Schluß zu, daß Frauen doppelt marginalisiert und stärker von Hunger betroffen waren als Männer. Während einiger Phasen setzten die hungerleidenden Frauen sich zur Wehr, beteiligten sich etwa an den Hungerunruhen wie z.B. bei dem Marsch nach Versailles 1789.

Die 'weibliche Lebensmittelrevolte' selbst war zwar das Ergebnis einer langandauernden Benachteiligung; betrachtet man jedoch die dann folgenden Prozesse einer weiteren Pauperisierung auf der einen Seite und die einer Vereinnahmung durch die Leitbilder der geschlechterpolarisierten bürgerlichen Gesellschaft auf der anderen Seite, so war der Widerstand von Frauen nur eine Etappe innerhalb einer im wesentlichen von Rückschlägen und Resignation gekennzeichneten (Frauen-) Geschichte.

Unvergleichlich privilegierter ist die heutige Situation der von Annette TREIBEL untersuchten Wissenschaftlerinnen. Tatsächlich ist ihre soziale Lage nicht von existentieller Not geprägt, sondern eher durch andersartige Überlebenskämpfe bestimmt. Dennoch gibt es eine historische Parallele: Weder die marginalisierte Position von Frauen noch ihre offensichtliche Ungleichbehandlung führen zwangsläufig und längerfristig zu (auf-) begehrenden Aktionen.

Frauen im Wissenschaftsbetrieb wären auf Grund ihrer relativ privilegierten Situation eigentlich prädestiniert, offen und verdeckt praktizierte Diskriminierung aufzudecken und sich gegen männliche Zuschreibungen zur Wehr zu setzen. Jedoch auch hier ist selbstbewußtes und am Kollektiv orientiertes Handeln die Ausnahme: stattdessen bestimmt - dem individualisiert-bürgerlichen Kontext entsprechend - Einzelkämpferinnentum die Szene. Die sich verbreitende Resignation ist dann nicht mehr nur mit Anpassung, sondern mit einem endgültigen Ausstieg aus dem Wissenschaftsbetrieb verbunden.

Wenn auch Wissenschaftlerinnen häufig ihre Einstellung zum Wissenschaftsbetrieb immer wieder grundlegend reflektieren und ihre Anwesenheit in diesem Betrieb zur Disposition stellen, verbindet sie mit der Mehrheit der an der Universität beschäftigten Frauen ein fundamentales geschlechtsspezifisches Problem, nämlich das ihrer alltäglichen Sicherheit am Arbeitsplatz. Der Beitrag von Susanne KRETSCHMANN macht die Vereinzelung der an einer Hochschule studierenden und beschäftigten Frauen am Beispiel der Ruhr-Universität deutlich.

Demnach fühlen sich Frauen an der Universität unsicher, nicht nur, weil sie wiederholt Opfer von Belästigungen wurden, sondern auch dann, wenn sie selbst keine solchen Erfahrungen gemacht haben. Tatsächlich sind nach den von Susanne KRETSCHMANN erzielten Ergebnissen Belästigungen im universitären Umfeld seltener als an anderen Arbeitsplätzen.

Die objektive, d.h. tatsächlich feststellbare Unsicherheit, zumindest die bei Überfällen und Vergewaltigungen ist zwar relativ gering, aber das Maß der subjektiven Unsicherheit, also die Angst vor Überfällen, Vergewaltigungen, Bedrohungen oder Belästigungen ist relativ hoch. Viele Studentinnen, Mitarbeiterinnen und Angestellte vermeiden deshalb bestimmte Situationen; sie finden individuelle Lösungen, um den befürchteten Gefahrensituationen zu entgehen. Die Frage, ob die Universität nur deshalb ein relativ sicherer Ort ist, weil Frauen hier Sicherheits-Vorkehrungen treffen und bestimmte Situationen meiden, läßt sich, so Susanne KRETSCHMANN, über eine empirische Untersuchung nicht beantworten.

Tatsache ist jedoch, daß Frauen dem Selbstbild der (zukünftigen) Akademiker, die angeblich über ein hohes Maß an Selbstkontrolle verfügen, nicht trauen.

Auswirkungen beschäftigungs- und regionalpolitischer Strukturen

Die relativ stark vereinzelte Arbeits- und Lebenswelt von Studentinnen und Wissenschaftlerinnen ist ein Beispiel für die in der westdeutschen Soziologie der letzten Jahre vieldiskutierte Individualisierungsthese. Danach hat in vielen westlichen Gesellschaften eine umfassende Modernisierung und Individualisierung stattgefunden: für die Biographie eines Menschen in einer modernen Gesellschaft ist es weniger wichtig, welches Geschlecht sie oder er hat, welcher sozialer Herkunft und wie alt sie/er ist, sondern welche Ausbildung sie/er durchläuft, was sie/er leistet, welche Lebensformen sie/er wählt.[3]

Die Lebenslagen und biographischen Verläufe von Menschen haben sich demnach entscheidend verändert: wir verabschieden uns von den Kollektiven, die bisher unser Leben geprägt haben, und definieren uns nicht mehr als Mitglied einer bestimmten sozialen Klasse, sondern zunehmend als mobiles, unabhängiges und Ich-starkes Individuum. Trotz dieser Tendenz bleiben neben klassen- oder schichtspezifischen Bindungen vor allem geschlechtsspezifische Disparitäten weiterhin sichtbar und wirksam.

Aus einigen der im ersten Teil versammelten Beiträge wird deutlich, daß sich trotz der gravierenden technologischen und strukturellen Veränderungen der jüngsten Vergangenheit und Gegenwart die Arbeits- und Lebenswelt vieler Frauen kaum verbessert, sondern eher verschlechtert hat.

Das Ruhrgebiet befindet sich hinsichtlich der Ansiedlung neuer Technologien in einer Nachzügler-Situation. Nach Marianne WIENEMANN ignoriert die Rede vom vielgerühmten Strukturwandel, daß sich die Arbeits- und Lebensbedingungen für die Frauen des Reviers überhaupt nicht oder nicht umfassend genug verändert haben. Obwohl in den traditionellen Branchen in den letzten Jahrzehnten folgenschwere Krisen zu verzeichnen waren, scheint die jüngste Entwicklung die bestehenden, männerorientierten Arbeitsmarktstrukturen noch zu verfestigen. Marianne WIENEMANN beschreibt das Ruhrgebiet nicht nur als eine Region arbeitsloser Bergleute und Stahlarbeiter, sondern vor allem als eine Region von Frauen, die von der Erwerbsarbeit ausgeschlossen waren und sind. Auch zukunftsweisende Förderprojekte, die auf die Ansiedlung neuer Industriebranchen in dieser Altindustrieregion abzielen, werden demnach die Beschäftigungssituation der Frauen nicht verbessern.

Die Arbeitsmarktlage für Frauen im Dienstleistungssektor, also dem Sektor, dessen Expansion den Strukturwandel mit vollziehen soll, ist widersprüchlich. Die Unternehmen expandieren nicht zuletzt auf Kosten der Frauen, die trotz unzureichender Entlohnung, sozialer Sicherung und geringen Aufstiegschancen einer Erwerbstätigkeit nachgehen müssen. Denn nach wie vor sind viele Frauen als Alleinerziehende oder Hauptverantwortliche für Familien- und Hausarbeit auf Teilzeitarbeitsverhältnisse angewiesen.

Zum spezifischen Berufs- und Branchenset von Frauen gehört auch im Ruhrgebiet der Beruf der Verkäuferin. Die Auswirkungen des 'modernen' Instrumentariums der sog. flexiblen Arbeitszeiten untersuchen Maria FUNDER, Birgit MEINERS und Irene RAEHLMANN in ihrer Fallstudie nach quantitativen und qualitativen Kriterien. In Anlehnung an die Diskussion über spezifisch moderne Zeit-Wahrnehmungen und Zeitgestaltungen, aber abseits modisch-philosophischer Reflexionen, machen die Autorinnen deutlich, wie widersprüchlich die Moderne oder Postmoderne wird, sobald man die alltäglichen, beruflichen wie privaten Organisations-Zwänge von Frauen betrachtet. Die Sozialordnung ist - im Ruhrgebiet vielleicht noch stärker als in anderen städtischen Agglomerationen - an der männlichen Biographie orientiert. Männer stehen im Prozeß der Rationalisierung auf der Gewinnerseite; sie, so machen Maria FUNDER u.a. anschaulich, verfügen über mehr "Eigenzeit" (NOWOTNY 1989) als Frauen. Selbst Zeitknappheit, ein Synonym der Moderne, ist ein geschlechtsspezifischer Tatbestand.

Die meisten der befragten (teilzeitarbeitenden, kindererziehenden) Frauen sind gezwungen, 'traditionell' mit Zeit umgehen, da sie ihren Alltag ansonsten nicht bewältigen würden. Nur aufgrund zuverlässiger Absprachen und strikter Planungen mit kinderbetreuenden Großeltern einerseits und Kolleginnen andererseits wird Frauenerwerbsarbeit im Einzelhandel überhaupt erst möglich. Diese Ergebnisse widersprechen auch den verbreiteten Alltags-Stereotypen von Frauen als mißgünstigen Kolleginnen. Vielmehr wird in der Studie von FUNDER/MEINERS/RAEHLMANN deutlich, wie funktionell notwendig Solidarität, Zeitabsprachen und Koordination gerade für Frauen sind.

Selbst dort, wo Frauen Nutznießerinnen neuer Technologien sind, wird ihnen ein geschlechtsspezifischer Umgang zugeschrieben oder sogar vorgeschrieben. Nach der Auffassung von Barbara EIFERT können Frauen den Wettlauf mit der Computertechnologie, dem 'giant phallus' (GAME/PRINGLE 1984), nur gewinnen, wenn sie sich zur möglichst offensiven Teilhabe - zur Mittäterschaft im positiven Sinne - entschließen. Eine Konzentration ihrer Aktivitäten auf andere, 'weibliche' Formen des Umgangs mit Technologien hält sie für fragwürdig und zu reduziert, da Modernisierungs- und Rationalisierungsprozesse auch für Frauen nicht nur Risiken, sondern auch Chancen enthalten. Frauen sind demnach nicht nur Opfer neuer technologischer Entwicklungen. Allerdings beginnt ihre Auseinandersetzung nicht bei Null, sondern an einem Startpunkt, den Männer bereits hinter sich gelassen haben.

Verglichen mit den alltäglichen Unterstützungsmaßnahmen, die sich viele Frauen untereinander gewähren (müssen), nehmen sich die gesetzlichen Frauenfördermaßnahmen spärlich aus. Heike MASCHNER erinnert an die ursprünglich mit der Quotierung verbundenen Intentionen und beschreibt, wie negativ sich die problematische soziale und ökonomische Entwicklung des vereinigten Deutschlands auch auf die Forderung nach Quotierung ausgewirkt hat. Die Annahme einer 'natürlichen' Gegnerinnenschaft und unüberwindbaren Konkurrenz von Frauen muß auch hier als Argument gegen die geschlechter- und beschäftigungspolitisch unbequem gewordene Quote herhalten. Die Quotierungspraxis in Schweden hingegen könne, so Heike MASCHNER, als Vorbild für eine umfassende Frauenförderung in Deutschland dienen. Die Quote selbst bezeichnet sie als ein unausweichliches Mittel, um den Arbeitsmarkt grundsätzlich für beide Geschlechter zu öffnen.

An allen genannten Beiträgen sticht die Notwendigkeit nach frauenfördernden Netzwerken als Korrektiven zu den Männerbünden in Wissenschaft, Politik und Wirtschaft ins Auge. Sie zeigen, daß Frauenförderung solange kosmetisch bleibt, wie sich an dem Ideal des über die männliche Normalbiographie definierten Normalarbeitsverhältnisses nichts ändert.

Fremd- und Selbstwahrnehmungen von Frauen und Männern in der bürgerlichen Gesellschaft

Die Unterschiede zwischen Frauen und Männern bezüglich ihrer primären Geschlechtsmerkmale konstituieren nicht das soziale Geschlechterverhältnis. Die biologische (sex) und die soziale Geschlechterdifferenz (gender) sind nicht dasselbe; selbst eine präzise Definition dieses Unterschieds führt nicht zwangsläufig zu dem Wissen, was Frau-Sein und Mann-Sein in einer bestimmten Gesellschaft bedeutet.

Der Umgang zwischen Frauen und Männern wird vor allem durch langlebige Bilder über das jeweils andere Geschlecht geprägt. Aufgrund der bürgerlich-patriarchalen Herrschaftsstrukturen und des Machtgefälles zwischen Männern und Frauen gilt auch heute noch der Mann ausgesprochen oder unausgesprochen als die Norm und die Frau als die Abweichung. Entsprechend gefärbt ist nach wie vor das Frauenbild. So kann man im 1971 erschienenen "Modernen Lexikon" des Bertelsmann-Verlages unter dem Stichwort "Frau" lesen:

> "Frau, verheirate weibliche Person; Anrede. - Die rechtliche Stellung und Wertschätzung der F. ist in den verschiedenen Zeiten und Kulturen recht unterschiedlich. Sie ist sehr hoch in Ackerbaukulturen ... und erreicht einen Tiefstand etwa bei Hirtenvölkern, aber auch bei bestimmten Hochkulturen (islamische Völker, Japan). Bei Wildbeutern ist die Frau recht angesehen; sie trägt durch Sammeln wesentlich zum Lebensunterhalt der Familie bei. (...) Die Arbeitsvorgänge, die zu den Obliegenheiten der F. gerechnet werden, wechseln von Volk zu Volk, umfassen im allgemeinen aber die Pflichten um Kind und Haushalt. Die menschliche Kultur verdankt der Erfindungsgabe der F. wichtige Fortschritte, wie Ackerbau, Wohnung, Nahrungsbereitung (Kochen), Anfertigung der Kleidung (Weberei), Töpferei. (...)" (Das moderne Lexikon 1971, Bd. 6, S. 231f.).

Ein entsprechendes Stichwort "Mann" bzw. auch "Herr" im Sinne einer 'verheirateten männlichen Person' existiert in diesem modernen Lexikon nicht.

Geschlechter werden sozial differenziert, sie sind nicht nur durch ihre Biologie different. Karin HAUSEN hat in ihrem mittlerweile klassischen Text darauf hingewiesen, daß die "Polarisierung der Geschlechtscharaktere" die "Dissoziation von Erwerbs- und Familienleben" widerspiegele und stabilisiere (vgl. HAUSEN 1976). Mit dem Übergang zur bürgerlichen Gesellschaft wurde die Trennung, die heute auch noch vielen ZeitgenossInnen als natürlich erscheint, in einer qualitativ neuen Form festgeschrieben: dem Mann wurde die außerhäusliche, öffentliche Produktionssphäre, der Frau die innerhäusliche, private Reproduktionssphäre zugewiesen.

Es handelt sich hierbei allerdings nicht nur um eine Polarisierung, sondern zugleich um eine Hierarchisierung. Mann und Frau sind keineswegs nur entgegengesetzte Pole, sondern der Mann konstruiert sich als übergeordnetes Wesen. Das Geschlechterverhältnis in seiner bürgerlichen Version ist gerade deshalb so wirksam, weil es *nicht* nur mit Dichotomien arbeitet.

Virginia WOOLF schreibt in einem Essay über Frauen und fiction, der 1928 unter dem Titel "Ein Zimmer für sich allein" veröffentlicht wurde:

> "Frauen haben über Jahrhunderte hinweg als Spiegel gedient mit der magischen und köstlichen Kraft, das Bild des Mannes in doppelter Größe wiederzugeben. Ohne diese Kraft wäre die Erde vielleicht noch immer Sumpf und Dschungel. Der Glanz all unserer Kriege wäre unbekannt. (...) Spiegel sind für alle gewalttätigen und heroischen Handlungen unentbehrlich. Deshalb bestehen Napoleon und Mussolini beide so nachdrücklich auf der Unterlegenheit der Frauen, denn wenn sie nicht unterlegen wären, würden sie aufhören zu vergrößern. Das hilft teilweise zu erklären, warum Frauen für Männer so notwendig sind. Und es hilft zu erklären, wie sehr sie von ihrer Kritik beunruhigt werden ... Denn wenn sie anfängt, die Wahrheit zu sagen, schrumpft das Spiegelbild; seine Lebenstüchtigkeit schrumpft zusammen. Wie wird er in Zukunft Urteile fällen, Wilde zivilisieren, Gesetze machen, Bücher schreiben, sich aufputzen und auf Banketts Reden halten, wenn er sich nicht wenigstens zum Frühstück und Abendessen in doppelter Größe sieht" (WOOLF 1981, S. 43 f.).

Ihre Beobachtung trifft auch auf das Sexualitäts- und Geschlechterbild ROUSSEAUs zu. Gerlinde VOLLAND weist darauf hin, wie sehr die (bürgerlichen) Männer auf Frauen als Objekte von Projektion und Verachtung angewiesen sind, um sich selbst zu vergrößern.

Dabei enthält das Frauenbild ROUSSEAUs mehrere Facetten: er entwirft 'die' Frau als gut und kultiviert ebenso wie als wild und triebhaft. Ist die Frau einmal als sexuell unersättlich dargestellt und dämonisiert, so kann auch ein sexuell-gewaltsamer Angriff (bis hin zur Vergewaltigung) legitimiert werden. Die ideologische Erniedrigung und die gewaltsame Unterwerfung der Frau erscheinen so als Instrumente der Verteidigung. Für VOLLAND entspricht dieser Mechanismus von Angriff und Verteidigung auch heute noch der alltäglichen Kommunikationsstruktur zwischen den Geschlechtern.

Einen weiteren exemplarischen Einblick in die geschlechtsspezifischen Identitäten der bürgerlichen Gesellschaften gibt Bea LUNDTs Beitrag zur bürgerlichen Rezeptionsgeschichte eines seit dem Mittelalter bis in dieses Jahrhundert populären Volksbuches. In dieser 'neustabilisierten Männerwelt' gelten Frauen, gilt Weiblichkeit als nicht-integrierbar - zumindest eine bestimmte Form der Weiblichkeit. Die Kaiserin, eine starke (d.h. sexuell aktive, politisch denkende und agierende) Frau erscheint so sehr als Provokation, daß sie innerhalb des Beziehungsgeflechtes von Mann und Frau, innerhalb dessen der Mann allein oder im Kollektiv über Machtpositionen verfügt, als fundamental störend empfunden und deshalb umgebracht werden muß.

Geschlechterhierarchie und -dualismus sind zentrale Konstitutionsprinzipien bürgerlich-patriarchaler Gesellschaften, aber keineswegs nur deren traditionales Relikt. Auch die Gesellschaften der Moderne und ihre männlichen wie weiblichen Mitglieder leben mit den konstruierten Geschlechtskategorien. Gabriele KLEIN illustriert die Entstehungsweise von (männlich geprägten) Tänzerinnenbildern zu Beginn der bürgerlichen Gesellschaft und die diskursiven Strategien ihrer Aufrechterhaltung. Sie zeigt, daß Frauen über Prozesse der Verinnerlichung die männlichen Bilder von der idealen Tänzerin (Ballerina) übernommen haben und übernehmen und damit als "aktive Objekte ihrer Unterdrückung" an der Aufrechterhaltung des Weiblichkeitsdiskurses mitwirken; das Geschlechterverhältnis ist keine einseitige Geschichte der Unterdrückung.

Dennoch gibt es in der Tanzkunst seit Anfang dieses Jahrhunderts erste Versuche, dem Ballerina-Ideal ein eigenes Tanz-Ideal und Frauenbild entgegenzusetzen. Aber auch dieser Freisetzungsprozeß des Ausdruckstanzes, so Gabriele KLEIN, ist ein ambivalenter Vorgang von Ent- und Begrenzungen: die Ausdruckstänzerinnen entwickelten nicht nur eine neue Ästhetik jenseits der Tradition des klassischen Balletts, sondern verstanden zugleich ihr Frau-Sein als Ausdruck einer 'wahren weiblichen Natur'. Erst das 'Deutsche Tanztheater' ästhetisiert einen Ausbruch aus dem traditionellen Geschlechterdualismus. Hier werden Weibliches und Männliches als konfliktreiche

Pole in *beiden* Geschlechtern begriffen, gelebt und auf der Bühne vorgeführt. Als tänzerischer Ausdruck gesellschaftlicher Umbruchprozesse ist diese "Dialektik des Geschlechtlichen" nicht mehr revidierbar. Vielmehr zeigt sich mit dem jüngsten Individualisierungsschub die Tendenz, traditionelle Geschlechtsrollenvorgaben zu hinterfragen und durch androgyne Selbstkonzepte und Lebensentwürfe zu ersetzen. Tanz ist, so Gabriele KLEIN, das ästhetische Medium, das das notwendige Wechselspiel der sozial konstruierten Dualismen am eigenen Leib spürbar machen kann.

Frauenbiographien: Erleben und Überleben

Der scheinbar immer noch relativ breite Konsens, den der Geschlechterdualismus bei beiden Geschlechtern findet, kann nur aufgebrochen werden, wenn beide auf die Funktion eines 'Identitäts'-Ankers, den die Geschlechterstereotype wahrnehmen, verzichten. Viele Frauen konnten und können auf diesen Anker, der sowohl der Selbstvergewisserung als auch der (nachträglichen) Rechtfertigung ihrer Entscheidungen und ihres Verhaltens dient, offensichtlich bisher nicht verzichten. Hannelore BUBLITZ' Interviews mit Arbeiterfrauen des Ruhrgebiets bringen das Prinzip des Entbehrens in eindrücklicher Weise nahe: das Unausweichliche - auch das Unterdrückerische - wird zum individuellen Bedürfnis erklärt. Die Lebensrealität insbesondere der zwischen 1900 und 1929 geborenen Frauen stellt sich - anders als bei den Frauen der tänzerischen Avantgarde (vgl. KLEIN) - als mehrfache Begrenzung dar. Die Möglichkeiten der Individualisierung und die Strategien des Überlebens waren äußerst eingeschränkt, so daß der Begriff der Individualisierung in den hier wiedergegebenen Biographien fast als ein Fremdwort erscheint. An der Unterschiedlichkeit dieser beiden Gruppen von Frauen - den Ausdruckstänzerinnen auf der einen Seite und den proletarischen Frauen und Töchtern auf der anderen Seite - wird nochmals deutlich, wie wichtig die integrierte und differenzierte Sicht sowohl auf den sozialen Status in Zusammenhang mit dem biologischen und sozialen Geschlecht ist. Denn die Lebenssituation von Frauen ist mehr als eine Häufung von 'Einzelschicksalen' - zu dominant sind die Konzepte von Weiblichkeit in der Gesellschaft, als daß dieses strukturelle Moment Frauen wie Männern äußerlich geblieben wäre. Dies bedeutet aber nicht, daß 'das' Geschlechterverhältnis als eine statische und abstrakte Größe verstanden werden kann. Vielmehr ist die konkrete Beziehung zwischen Frauen und Männern Ausdruck historischer, kultureller, sozialer, sozialräumlicher und psychosozialer Entwicklungen.

Der Titel "Begehren und Entbehren" umfasst unserer Meinung nach die Entwicklung und Funktionsweisen des Geschlechterverhältnisses: Die Lebensentwürfe von Frauen und Männern bewegten und bewegen sich zwischen diesen Polen. Im Unterschied zu Männern waren Frauen an ihren Lebensentwürfen aber in der Geschichte des Patriarchats nur marginal beteiligt. Ihr Begehren erscheint von daher eher als ein fremd produziertes, aber zu eigen gemachtes Bedürfnis. Auch sind die Entbehrungen von Frauen strukturell andere als die der Männer. Sie gestalten ihr Leben in Auseinandersetzung mit den gesellschaftlichen Konstruktionen eines weiblichen Lebenszusammenhangs, der nach dem Ideal der bürgerlichen Frau ein nichtöffentlicher Ort war, sich aber zunehmend zwischen Familie und Beruf bewegt. Der spezifische Umgang von Frauen mit diesem konfliktreichen Feld führt zugleich zu Differenzierungen innerhalb ihrer Geschlechtergruppe: mit Beruf und Familie ein befriedigendes Leben zu führen, gelingt bislang nur den wenigsten.

Begehren existiert nicht ohne Entbehren. Folgt man den Beiträgen dieses Buches, ist eine ausgewogene Balance zwischen den Geschlechtern und im einzelnen Menschen bislang eine Ausnahme, weil nach wie vor das Begehren der Männer dem Entbehren der Frauen gegenübersteht. Selbstbestimmte Lebensentwürfe für Frauen werden durch männliche Gegenüber oder Frauen selbst verhindert. In tradierten Vorstellungen verhaftet, werden die Dualismen und Hierarchien zwischen den Geschlechtern im Alltag immer wieder neu hergestellt. Sie beschränken nicht nur den sozialen Lebens- und Handlungsspielraum von Frauen, sondern lassen auch eine ausgewogene, lustvolle Balance in den Beziehungen zwischen Frauen und Männern als entbehrlich erscheinen.

Anmerkungen

1 vgl. Tab. Aufteilung des Personalbestandes (ohne medizin. Einrichtungen); Stand: 15.11.1990 (Rechenschaftsbericht 1991 des Rektorates der Ruhr-Universität Bochum, S. 29 (Anlage 1b)).

2 Mittlerweile hat sich - nicht zuletzt aufgrund des Engagements der wenigen 'schon vorhandenen' und an Frauen- und Geschlechterforschung interessierten Studentinnen und Mitarbeiterinnen - die Situation etwas stabilisiert. An der Fakultät für Sozialwissenschaft wurde zum

Sommer-Semester 1992 die C 3-Professur für Frauen- und Sozialstrukturforschung besetzt (Lehrstuhlinhaberin: Prof. Dr. Ilse Lenz).

3 Vgl. hierzu BECK/ BECK-GERNSHEIM 1990, insbesondere die Einleitung: "Riskante Chancen - Gesellschaftliche Individualisierung und soziale Lebens- und Liebensformen".

Literatur

BÄUMER, Gertrud: Die Frau in der Krisis der Kultur. 2. Aufl., Berlin 1927.

BECK, Ulrich/ BECK-GERNSHEIM, Elisabeth: Das ganz normale Chaos der Liebe. Frankfurt/Main 1990.

BECKER-SCHMIDT, Gudrun/ KNAPP, Gudrun-Axeli: Geschlechtertrennung - Geschlechterdifferenz. Suchbewegungen sozialen Lernens. Bonn 1987.

BEER, Ursula (Hrsg.): Klasse Geschlecht. Feministische Gesellschaftsanalyse und Wissenschaftskritik. Bielefeld 1987.

BUTLER, Judith: Das Unbehagen der Geschlechter. Frankfurt/Main 1991.

Das moderne Lexikon. Hg. vom Lexikon-Institut Bertelsmann. Gütersloh u.a. 1971.

GAME, Ann/ PRINGLE, Rosemarie: Gender At Work. London 1984.

GILDEMEISTER, Regine: Die soziale Konstruktion der Geschlechtlichkeit. In: OSTNER, Ilona/ LICHTBLAU, Klaus (Hrsg.): Feministische Vernunftkritik. Ansätze und Traditionen. Frankfurt/Main; New York 1992, S. 220-239.

HAUSEN, Karin: Die Polarisierung der 'Geschlechtscharaktere' - eine Spiegelung der Dissoziation von Erwerbs- und Familienleben. In: CONZE, Werner (Hrsg.): Sozialgeschichte der Familie in der Neuzeit Europas. Stuttgart 1976, S. 363-393.

NOWOTNY, Helga: Eigenzeit. Frankfurt/Main 1989.

PERROT, Michelle: Vorwort. In: CORBIN, Alain/ FARGE, Arlette/ PERROT, Michelle (Hrsg.): Geschlecht und Geschichte. Ist eine weibliche Geschichtsschreibung möglich? Frankfurt/Main 1989, S. 15-27.

PROKOP, Ulrike: Weiblicher Lebenszusammenhang. Von der Beschränktheit der Strategien und der Unangemessenheit der Wünsche. Frankfurt/Main 1976.

REITZ, Ulrich: Materialien zur Geschichte der Ruhr-Universität Bochum. Tätigkeitsbericht 1965-1970, hrsg. im Auftrage des Senates der Ruhr-Universität Bochum. Bochum o.J.

WOOLF, Virginia: Ein Zimmer für sich allein. Frankfurt/Main 1981 (engl. Original von 1928).

Arbeits- und Lebenswelten von Frauen

ENGAGIERTE FRAUEN - DISTANZIERTE MÄNNER?
Überlegungen zum Wissenschaftsbetrieb[1]

Annette Treibel

Seit mehreren Jahren biete ich soziologische Lehrveranstaltungen an, die sich mit ungleichen sozialen Beziehungen beschäftigen: dem Verhältnis von AusländerInnen und Einheimischen, von Juden und Nicht-Juden, von Frauen und Männern. Die Art und Weise, wie unterschiedlich vor allem Kollegen und Kolleginnen - weniger die Studierenden - auf die genannten Themen reagieren, erscheint mir symptomatisch für die Sonderrolle des Geschlechterverhältnisses als ungleichem sozialem Verhältnis. Das Geschlechterverhältnis ist nicht ein Verhältnis unter vielen, sondern eine ganz besondere soziale Konfiguration. Bei den Themen Antisemitismus oder Ausländerfeindlichkeit bezweifelt kaum eine/r, daß ich sie wissenschaftlich (d.h. sachlich abwägend) behandeln kann. Ganz im Gegenteil mögen sich manche wundern, daß ich mich mit Antisemitismus beschäftige, obwohl ich selbst nicht Jüdin bin. Eine völlig andere Situation tritt ein, wenn es um Frauen- und Geschlechterforschung geht. Hier ist die Skepsis häufig unverhohlen: 'Sind Sie als Frau nicht zu sehr davon betroffen? Besitzen Sie genügend Selbstdistanz, um dieses emotionalisierte Thema wissenschaftlich bearbeiten zu können?'

Sobald es um Frauenthemen geht, kehrt sich das, was ansonsten gutgeheißen oder sogar vorausgesetzt wird, in eine negative Bewertung um: persönliche oder politische Motive, jede Art von Engagement werden mißtrauisch beäugt und als Wissenschaft minderer Güte abqualifiziert. Frauenforscherinnen wird per se eine mangelnde persönliche Distanz unterstellt. Diese ungleiche Bewertung verschiedener Formen des Engagements führe ich auf die besondere Grundstruktur des Geschlechterverhältnisses zurück. Der Antisemitismusforschung, Rassismus- oder Migrationsforschung spricht man nicht ab, Wissenschaft zu sein - selbst dann nicht, wenn sie betont gesellschaftskritisch oder von den 'Betroffenen' selbst formuliert ist. Denn der

Umgang der Mehrheit mit 'normalen' Minderheiten ist nicht so sehr durch Gefühle und persönliche Erwartungen belastet. Zwischen Nicht-Juden und Juden, zwischen Weißen und Schwarzen besteht eine unaufhebbare Distanz. Das heißt, ab einem bestimmten Punkt kann ich mich von 'diesen anderen' wieder distanzieren, ich definiere Probleme als ihre und nicht als meine (so entsteht auch die Rede vom sog. Ausländerproblem).

Beim Geschlechterverhältnis ist diese Distanz viel schwieriger oder gar nicht aufrechtzuerhalten. Der soziale Abstand zwischen den Geschlechtern ist geringer oder manchmal auch gar nicht vorhanden. Norbert ELIAS, dessen Ansatz meine soziologische Perspektive bestimmt, hat die Besonderheit des Geschlechterverhältnisses im Vergleich mit anderen Gruppenbeziehungen folgendermaßen beschrieben:

> "Auf die eine oder andere Weise erzeugen die Probleme der Frauen und die Versuche ihrer Lösung Probleme der Männer und umgekehrt. Die sozialen und persönlichen Probleme der beiden Geschlechter sind verschieden, aber sie sind auch ganz und gar interdependent und untrennbar. (...) Was wir heute erleben, ist unverkennbar eine Phase in einem langhingezogenen Machtkampf zwischen zwei Gesellschaftsgruppen, der einige Ähnlichkeit mit anderen Machtkämpfen zwischen innerstaatlichen Gruppen hat und sich zugleich in bestimmter Weise von ihnen abhebt. Er hat mit anderen Kämpfen dieser Art gemein, daß es dabei um ein größeres Maß an sozialer Gleichheit zwischen Gruppen geht, deren eine - die Frauen - in vieler Hinsicht eine Außenseiterposition innehatte: ihre Mitglieder waren traditionellerweise von vielen sozialen Positionen ausgeschlossen, die von der anderen Gruppe monopolisiert wurden. *Zugleich aber sind diese beiden Gruppen in einer Weise voneinander abhängig wie keine Etablierten- und Außenseitergruppen sonst.* Jenseits aller Ideologien kann man feststellen, daß keine anderen Menschengruppen biologisch derart aufeinander ausgerichtet sind" (ELIAS 1987b, S. 12; Hervorheb. von mir).

Es ist also die extrem hohe gegenseitige Abhängigkeit der Geschlechter, die ihrem Verhältnis den besonderen Status im Vergleich zu anderen Gruppenbeziehungen gibt. Von diesem Grundgedanken gehe ich aus, um die Frage: sind Frauen engagierter, Männer distanzierter? zu diskutieren. Dabei will ich nicht nur unterschiedliche Frauenbilder und Männerbilder bzw. Geschlechtsrollenstereotype einander gegenüberstellen. Das Geschlechterverhältnis als solches, seine Bestimmungsgründe, Wandlungen und auch seine retardierenden Momente sind der Gegenstand meiner Analyse. Ich versuche, die Grundannahmen über menschliche Beziehungen, wie ELIAS sie formuliert hat, mit den neueren Ergebnissen der Frauen- und Geschlechterforschung zu verbinden. Ich rolle meine Frage am Beispiel des heutigen Wissenschaftsbetriebes auf.

ELIAS hat das Geschlechterverhältnis primär aus der Perspektive einer sich wandelnden Machtbalance erörtert.[2] Demgegenüber lege ich meinen Schwerpunkt auf ein anderes, gleichwohl mit dem Aspekt der Machtbalance verflochtenes Eliassches Grundmotiv, nämlich den Wandel im Verhältnis von Engagement und Distanzierung (vgl. ELIAS 1983): durch eine Betrachtung dieser beiden Einstellungsformen und Verhaltensstandards läßt sich das Geschlechterverhältnis mit den Fragen wissenschaftlichen Selbstverständnisses und wissenschaftlicher Erkenntnisziele verknüpfen.

Engagement und Distanzierung im Wissenschaftsbetrieb: Geschlechtsrollenstereotype

> "Es ist eine verbrauchte Wahrheit, um so mehr aber wichtig, als der Niederschlag einer allgemeinen Erfahrung: daß die Weiber durch ihr Gefühl zumeist sich leiten lassen, die Männer ihrem Verstande folgen. Die Männer sind klüger. Sie allein sind des Rechnens, des ruhigen (abstrakten) Denkens, Überlegens, Kombinierens, der Logik fähig; die Weiber bewegen sich in der Regel nur auf mangelhafte Weise in diesen Bahnen" (Tönnies 1963 [1887], S. 146; Hervorh. im Original).

Engagierte Frauen, distanzierte Männer -- und dahinter ein Fragezeichen? Sie werden denken, daß man auf dieses Fragezeichen gut und gerne verzichten könnte. Die Geschlechterverhältnisse und das Verhalten von Frauen und Männern an der Uni sind doch offensichtlich, eine Zuordnung scheint einfach. Ich gebe zunächst die Klischees als solche wider.

Wenn Mädels studieren, dann studieren sie die sog. weichen Fächer, Geistes- und Sozialwissenschaften. Dort machen sie etwa die Hälfte der Studierenden aus. Die andere Hälfte besteht aus den 'weichen' Jungs, die sich nicht wie die Mehrheit ihrer Geschlechtsgenossen für die harten[3] Natur-, Ingenieur- oder auch Wirtschaftswissenschaften entschieden haben. (Das 'mittelharte' Fach Medizin lasse ich außen vor.)

"Ich will etwas mit Menschen zu tun haben", sagen die Frauen und haben Berufe wie Lehrerin, Journalistin oder Lektorin im Auge oder wollen erst einmal mehr über Gesellschaft, Geschichte, Literatur oder Sprache erfahren. Im Laufe des Studiums stellen sie fest, daß bestimmte Menschen dazu prädestiniert scheinen, dieses Wissen über Menschen und ihre Gesellschaften zu vermitteln: nämlich Männer. Um eine Professur - selbst in einem 'weichen' Fach - zu bekommen, muß man ganz schön hart sein. Und Männer sind nun 'mal härter, sachorientierter, disziplinierter, zielstrebiger, sind weniger von Selbstzweifeln geplagt, halten es für einen vollkommen legitimen Anspruch, möglichst viel zu verdienen und andere für sich arbeiten zu lassen und planen ihre Karriere rechtzeitig. Sie haben mehr Distanzierungsvermögen, können zwischen persönlichen und sachlichen Auseinandersetzungen besser unterscheiden und geraten durch den Wissenschaftsbetrieb als solchen nicht in Identitätskrisen. Es ist nicht so, daß sie gefühllos und durch nichts zu verunsichern wären - aber für solche Situationen gibt es ja gottlob noch das Instrument des Zynismus. So werden die ursprünglich 'weichen' Jungs gerade in den 'weichen' Wissenschaften, wo sie nicht so viel männliche Konkurrenz ausschalten müssen, am ehesten zum 'harten' Professor. Die Fakultät für Sozialwissenschaft, der ich angehöre, mit ihren achtzehn Lehrstuhlinhabern und einer Lehrstuhlinhaberin ist hierfür auch ein Beleg.[4]

Zurück zu den Studentinnen. Sie sind zwar gut (wie schon als Schülerinnen), ihre Leistungen sind nicht schlechter, eher sogar besser als die ihrer Kommilitonen, aber 'hart' sind sie nicht oder wollen sie nicht sein, und so kehren sie der Uni wieder den Rücken. Wer möchte sich schon mit dem Etikett einer Karrierefrau belasten, wie die TAZ es einmal so schön zusammengefaßt hat? "Eine Karrierefrau hat ''ne Macke, aber keinen Macker', sie ist ein psychisches Wrack, hat keine Kontakte, aber Neider und Kopfweh" (NEEF-UTHOFF 1988).

Die wenigen, die bleiben, müssen dazu überredet werden.[5] Eine Karriere ist im weiblichen Lebenslauf, selbst wenn es nach der sozialen Herkunft ein bildungsbürgerlicher war, nicht vorgesehen.[6] So führen die Frauen, die es 'geschafft' haben, ihren Erfolg nicht auf ihre Leistung, ihr Talent oder ihr Durchhaltevermögen zurück. Nein: "es hat sich so ergeben", "ich habe Glück gehabt", "ich bin da so hinein gerutscht", "meine Prüfer haben mich zur Promotion ermuntert", "zufällig wurde gerade eine Stelle frei", sagen sie (vgl. POPPENHUSEN 1986; WETTERER 1988). Aber bei diesen fast entschuldigenden Erklärungen lassen sie es nicht bewenden; im Gegensatz zu den Männern geraten sie angesichts des Wissenschaftsbetriebes in Identitätskrisen. Sie haben gelernt, nett, freundlich und umgänglich, für ein gutes Betriebsklima zuständig zu sein, keine Hierarchien zu etablieren und achten deshalb sehr darauf, nicht respektiert oder gar gefürchtet, sondern geliebt zu werden. Sie setzen sich - auch im Gegensatz zu der überwiegenden Mehrheit ihrer gerade im Aufstieg begriffenen jüngeren Kollegen - für die Belange der Studierenden ein, engagieren sich in der Lehre. Ihre Äußerung, daß ihnen die Arbeit Spaß macht, ist eigentlich überflüssig - man merkt es auch so. Während die Männer fragen 'Verdiene ich hier genug? Wie weit komme ich hier?', fragen die Frauen 'Wie komme ich hier überhaupt hin? Werde ich jemals dazugehören? Möchte ich überhaupt dazugehören?'

Es scheint also zunächst so, als könnte man auf das Fragezeichen verzichten: Frauen sind zu engagiert und zu emotional für eine Karriere an der Uni; gerade bei der heutigen Stellensituation kommt es auf Durchsetzungsvermögen, einen kühlen Kopf und ein hohes Maß an Distanz zu sich selbst und zu den anderen an, und hier sind die Männer einfach unübertroffen oder mindestens im Vorteil. Soweit die Klischees. Daß es mit einer Zuordnung von Engagement und Distanzierung so einfach nicht ist, soll zunächst eine genauere Betrachtung der beiden Begriffe zeigen.

"Engagement" und "Distanzierung": Begriffe im Alltag und in der Wissenschaftstheorie

"Engagement" und "Distanzierung" gehören zur alltagssprachlichen Verständigung über bestimmte Einstellungsformen eines Menschen gegenüber seiner menschlichen, materiellen und immateriellen Umgebung.

Engagiert zu sein, sich für etwas zu einzusetzen, wird positiv bewertet. Das heißt, man läßt sich auf eine Sache oder auf Personen ein, hat starkes Interesse, geht Verpflichtungen ein. Engagement ist ein Zeichen von Ernsthaftigkeit, Glaubwürdigkeit und Lebendigkeit. Im politischen Bereich kippt das Verständnis teilweise um: heißt es z.B., "sie hat sich stark in der Friedensbewegung engagiert", so gilt diese Form des Engagements als eine politische Festlegung, die in den Augen derer, die sich politisch anders festgelegt haben, zur Abwertung führt. Engagement wird dann mit Impulsivität, Emotionalität, moralischem Eifer und Irrationalität assoziiert. (Hierunter fällt dann auch die Bewertung der für Wissenschaft und Forschung 'untauglichen', weil gefühlsmäßig zu stark engagierten Frauen.)

Die alltagssprachliche Verwendung von Distanzierung ist ähnlich schillernd, jedoch mit umgekehrten Vorzeichen. Von jemandem zu sagen, er oder sie sei distanziert, ist eine tendenziell negative Bewertung. Damit werden kühles, abweisendes, unzugängliches Verhalten verbunden, dessen Grenzen zur Gefühlskälte oder Arroganz fließend sind (vgl. auch die nationalen Stereotype, innerhalb derer Deutsche als distanziert gelten). In der politischen Sprache ist "sich von etwas zu distanzieren" mit dem Wunsch verbunden, in Skandale, Anschuldigungen oder politische Fehlentwicklungen nicht verwickelt zu werden, also aus einem negativen Trend auszuscheren. Auch hier bedeutet Distanz Rückzug, sie wird aber eher positiv, nämlich im Sinne eines wohlüberlegten, individuellen Bekenntnisses gewertet. Allerdings kann es sich bei dem Ansinnen, "mit etwas nichts zu tun haben zu wollen", auch um reines Wunschdenken, eine Art von Beschwörung handeln - wenn sich hinterher herausstellt, daß man doch etwas oder sogar sehr viel damit zu tun hatte...

Im wissenschaftlichen Kontext ist mit Engagement und Distanzierung etwas anderes gemeint als in der Alltagssprache.[7] In der wissenschaftstheoretischen Debatte spricht man (hier: der Sozialwissenschaften) dort von "Engagement" und "Distanzierung", wo es um die Rolle und das Selbstverständnis von Sozialwissenschaftlerinnen und Sozialwissenschaftlern geht. Das Verhältnis zwischen Engagement und Distanzierung wird dabei immer als ein Spannungsverhältnis betrachtet. Ulrich BECK hat das folgendermaßen formuliert:

> "Ins Zentrum rückt dann aber das ... Spannungsverhältnis von Normativität *und* Objektivität, das heißt die Frage, wie angesichts des politisch-normativen Gehalts soziologischer Forschung und ihrer Abhängigkeit von gesellschaftlichen Interessen Engagement und Distanz, Emanzipationsstreben und Realitätsgerechtheit der Forschung methodisch zu vereinen sind" (BECK 1974, S. 13; Hervorh. im Original).

ELIAS hat sich 1956 erstmals explizit mit "Engagement und Distanzierung" beschäftigt (vgl. ELIAS 1956).[8] Für ihn sind Engagement und Distanzierung zwei zwar entgegengesetzte, aber immer aufeinander bezogene menschliche Einstellungsformen. Ihr Verhältnis ist einem ständigen Wandel unterworfen. Anhand dieses Wandels können sowohl gesellschaftliche Entwicklungen im allgemeinen als auch wissenschaftliche Entwicklungen im besonderen ausgemacht werden. "Engagement" und "Distanzierung" sind zwei "Gruppen psychischer Ereignisse" (ELIAS 1983, S. 10). In meinen eigenen Worten: Sie sind die Pole, zwischen denen sich die Wahrnehmung, das Verhalten und Erleben von Menschen und Gesellschaften bewegen. Die Wahrnehmung des Menschen richtet sich auf seine physikalische Umwelt, die Natur, und auf seine soziale Umwelt, die Gesellschaft. Menschen, die gegenüber Natur oder Gesellschaft absolut engagiert bzw. absolut distanziert sind, gibt es nur als Idealtypen. Absolutes Engagement ist identisch mit einer Alleinherrschaft der Gefühle (diese trifft nach ELIAS auf Säuglinge und unter Erwachsenen vielleicht auf 'Geisteskranke' zu; a.a.O., S. 9). Absolute Distanzierung ist die völlige Abwesenheit von Gefühlen.

Angesichts der engen Verflechtung von Menschen und Gesellschaften und der Tatsache, daß Gesellschaften aus den sie bildenden Individuen bestehen, kann man auch für Gesellschaften Aussagen darüber machen, ob sie mehr engagiert oder mehr distanziert sind. Hier geht es dann um das Verhältnis von Engagement und Distanzierung, das für eine Gesellschaftsformation charakteristisch ist, d.h. darum, ob eine Gesellschaft mehr engagiert oder mehr distanziert ist. ELIAS geht davon aus, daß sich Gesellschaften auf dem Weg zu mehr Distanzierung befinden. Dieser Weg wird von jedem Menschen immer wieder neu zurückgelegt. Damit ist der Weg zu mehr Distanzierung also ein historischer und individueller Prozeß. Er wird jeweils in drei Schritten zurückgelegt. Gesellschaften bzw. Menschen erlangen mehr Kontrolle

- über sich selbst (1. Grundkontrolle),
- über die nicht-menschliche Natur (2. Grundkontrolle),
- und über ihr gesellschaftliches Zusammenleben (3. Grundkontrolle).

Das Ergebnis stellt eine "Dreieinigkeit der Grundkontrollen" (a.a.O., S. 17) dar.[9] In diesem Zusammenhang ist "Distanzierung" mit einem hohen Maß an Kontrolle bzw. Selbst-Kontrolle identisch (vgl. a.a.O., S. 18). Der "Wandlungsprozeß in die Richtung einer erhöhten Kontrolle über Naturereignisse" (a.a.O., S. 19) verläuft mühsam und ist langwierig; er kann auch mit Rückschlägen verbunden sein. Dennoch hält ELIAS fest, daß die Kontrolle über die nicht-menschliche Natur stärker geworden sei. Die Komplexität zwischenmenschlicher und auch zwischenstaatlicher Beziehungen nehme allerdings immer noch eher zu als ab. Die Komplexität menschlicher Figurationen kommt in einem "ständigen Auf und Ab" (a.a.O., S. 27) an Gruppenspannungen, Machtproben, Konflikten und Interdependenzen zum Ausdruck. Je komplexer und spannungsreicher das menschliche Zusammenleben ist, desto schwieriger ist seine Kontrolle. Die Kontrolle über gesellschaftliche Ereignisse hat mit der Kontrolle über Naturereignisse nicht

Schritt gehalten. Den Grad an Distanzierung von den gesellschaftlichen Ereignissen setzt ELIAS allgemein, d.h. für alle Menschen als relativ niedrig an.

Die zentrale Frage, wie ein Zuwachs dieser Art von Distanzierung - und damit die 'dritte Grundkontrolle' - erreicht werden kann, stellt sich für eine bestimmte Gruppe von Menschen, die SozialwissenschaftlerInnen, in besonderem Maße. Die SozialwissenschaftlerInnen befinden sich in dem Dilemma, einerseits dem Druck sozialer Probleme, andererseits dem Vorbildcharakter und der Dominanz der Naturwissenschaften ausgesetzt zu sein. ELIAS hält eine Aufhebung des sozialwissenschaftlichen Dilemmas für notwendig und auch für möglich - wenn folgende Prämissen berücksichtigt werden:

- Aktive Beteiligung und Engagement sind notwendig, aber nicht ausreichend. Es ist noch keine Wissenschaft, sich auf die Rolle eines "engagierten Exponenten sozialer Ereignisse" (a.a.O., S. 25) zu beschränken.
- SozialwissenschaftlerInnen müssen ihre beiden Funktionen als Beteiligte mit "vorgefaßten und unerschütterlichen Gruppenidealen" (a.a.O., S. 34) einerseits und als ForscherInnen andererseits "unzweideutig und konsequent" (ebd.) auseinanderhalten.
- Sozialwissenschaft sollte möglichst frei von "heteronomen Wertungen" sein, d.h. von sozialen oder politischen Überzeugungen sein (heteronome Wertungen sind für ELIAS "Wertungen, die von außerhalb, von der Parteinahme in Konflikten der weiteren Gesellschaft, in die wissenschaftliche Arbeit einströmen"; a.a.O., S. 59).
- Gefordert ist eine größere Distanz und Autonomie sowohl gegenüber den Problemstellungen und -lösungen, die in der "weiteren Gesellschaft" (a.a.O., S. 56) gegenüber sozialen Ereignissen angewandt werden, als auch gegenüber dem Modell der machtstärkeren Gruppe der Naturwissenschaften.

Für das Selbstverständnis und die Erkenntnisziele der Wissenschaft ist ein - wenn auch schwierig festzulegendes - Mindestmaß an Distanzierung notwendig. Im wissenschaftlichen Diskurs, womit ich hier die Theorie- und Methodendiskussionen in den Sozialwissenschaften meine, stellt Distanzierung ein unverzichtbares methodologisches Postulat dar. Hierüber sind sich ELIAS, die Methoden-Puristen und -Puristinnen des Kritischen Rationalismus und die meisten Anhängerinnen der feministischen Sozialwissenschaft einig. Für die 'puristische' Richtung hat Manfred KÜCHLER dies wie folgt formuliert:

> "Die Grundidee, sozialwissenschaftliche Forschung zu verbinden mit aktivem Eingreifen, einer Parteinahme für (zumindest in der eigenen Perzeption) Unterprivilegierte, trägt starke Züge pädagogischer Ambition. Aber 'Erziehung' ist nicht gleich 'Erziehungs*wissenschaft*', 'soziales Engagement' nicht gleich 'Sozial*wissenschaft*'... Damit will ich nicht die Legitimität bezweifeln, sich als Wissenschaftler auch (gesellschafts-)politisch zu engagieren, nur tut man gut daran, die Rollen von Wissenschaftler und gewöhnlichem Bürger auseinanderzuhalten, denn Wissenschaft bedarf als Voraussetzung einer gewissen Distanz zum alltäglichen Geschehen" (KÜCHLER 1980, S. 12; Hervorh. im Original).

Gudrun-Axeli KNAPP[10] setzt sich in ihrem Aufsatz mit dem Postulat der Parteilichkeit auseinander, wie es von Seiten der Frauenbewegung an die Seite der Frauenforschung immer wieder formuliert wird.[11] Sie hält Parteilichkeit als Ausgangspunkt für notwendig und sinnvoll, faßt ihre Auffassung dann aber - übrigens unter Berufung auf ELIAS - wie folgt zusammen: "Im Forschungsprozeß selber muß sie (die Parteilichkeit, A.T.) allerdings - in einem Wechselspiel von Engagement und Zurücktreten, das sich je nach Forschungstypus unterschiedlich gestaltet - erst produktiv gemacht werden; das, was wir zur Kenntnis nehmen, darf nicht durch die politische Optik vorweg bestimmt sein" (KNAPP 1988, S. 27).

In der Eliasschen Analyse menschlicher Verhaltensstandards und wissenschaftlicher Methoden einerseits, in der richtungsübergreifenden soziologischen Metadiskussion andererseits - und auch nach meiner Meinung - stellt Distanzierung also eine positiv bewertete Kategorie und ein methodologisches Ziel dar. Damit ist die Rolle von Distanzierung in der Wissenschaft umrissen. Aber: Welche Rolle spielen Engagement und Distanzierung im Wissenschaftsbetrieb?

Engagement und Distanzierung im Wissenschaftsbetrieb: Die Umkehrung der Geschlechtsrollenstereotype

> "Ob die Weiber sowiel Vernunft haben als die Männer, mag ich nicht entscheiden, aber sie haben ganz gewiß nicht soviel Unvernunft" (J.G. SEUME [1763-1810]; zit. nach FEYL 1991, S. 13).

Ich erinnere an die im ersten Abschnitt vorgestellten Geschlechtsrollenstereotype und Klischees, die lauteten: Frauen machen keine Karriere an der Uni, weil sie zu emotional und zu engagiert sind. Die Untersuchungen zum Thema 'Frauen an der Uni' weisen darauf hin, daß es eher umgekehrt ist, daß Frauen eher distanziert sind.

Mechthild BROTHUN hat das Problem 'Karriere' in ihrer Untersuchung über die 'Ursachen der Unterrepräsentanz von Frauen in universitären Spitzenpositionen' folgendermaßen auf den Punkt gebracht: "Wissenschaft und insbesondere wissenschaftliche Karriere erfordert hohen Einsatz an Zeit und Engagement, hohe intrinsische und extrinsische Motivation, kurz: den ganzen 'Mann'!" (BROTHUN 1988, S. 327). Dies ist keineswegs nur ironisch gemeint! Brothun stellt fest, daß Männer in der Regel

- zur Selbstdarstellung neigen, eine höhere Redebereitschaft zeigen und unter verschärftem Konkurrenzdruck die besseren Ausgangsbedingungen für den Karrierestart haben (vgl. a.a.O., S. 330) und
- sich mit Zitierkartellen und Patronage im Netzwerk der scientific community rege betätigen (vgl. a.a.O., S. 328).

In ihrer Untersuchung über das österreichische Bildungssystem kommt Marina FISCHER-KOWALSKI zu dem aufschlußreichen 'Neben'-Resultat, daß der Darstellungszwang gerade für den liberalisierten Studienbetrieb gilt:

> "Wo das Reden der Studierenden nicht vorgesehen ist oder nur eine Randerscheinung darstellt, wie in der traditionellen Vorlesung, wird das Schweigen nicht zum Problem. Bei den Prüfungen haben die fleißigen Lerner, die sich den Wissensstoff gut angeeignet haben, auch dann eine Chance, wenn sie über kein besonderes rhetorisches Geschick verfügen. In der liberalen Lehrveranstaltung hingegen, in der der Erfolg einer Studentin oder eines Studenten von der Fähigkeit abhängt, in einer öffentlichen Debatte mitreden zu können, fallen die Unterschiede in der verbalen Kompetenz und Durchsetzungsfähigkeit viel mehr ins

> Gewicht: Deshalb ist es nicht verwunderlich, daß das häufigere Schweigen der weiblichen Studierenden erst in jenen universitären Kontexten als belastend auffällt, in denen eine gewisse Lockerung in Richtung auf Meinungsvielfalt und Diskussion eingesetzt hat" (FISCHER-KOWALSKI 1986, S. 231).

Während also für die Wissenschaft ein Mindestmaß an Distanzierung notwendig ist, scheint für den Wissenschafts*betrieb* ein Mindestmaß an Engagement notwendig zu sein. Hier wird 'Engagement' - getreu des alltagssprachlichen Verständnisses ('ich setze mich für etwas ein' - sei es auch nur für mich selbst!) positiv bewertet. Zweifel an dieser Bewertung sind jedoch angebracht.

Zunächst hat der hohe Einsatz an Zeit und Energie auch seine Schattenseiten. Walter HOLLSTEIN, der sich um die physische und psychische Gesundheit von Männern sorgt, weist auf die Kosten des für Männer typischen "exzessiven Arbeitsengagements" hin: "Eingesperrt in ihren Männlichkeitspanzer sind diese Männer nicht mehr in der Lage, jene entstressenden Verhaltensweisen zu leben, die sie wieder ins Gleichgewicht bringen könnten: sich jemandem anvertrauen, Schwäche zeigen, um Hilfe bitten, zum Arzt gehen, sich entspannen, zu sich selber in Distanz gehen und kritisch über sich selber reflektieren" (HOLLSTEIN 1988). Möglicherweise haben Männer, die so auf Kosten der eigenen Gesundheit leben, noch nicht genügend Kontrolle über sich selbst (siehe die erste Grundkontrolle) und damit nicht genügend (Selbst-)Distanz.

Des weiteren ist festzustellen, daß im Wissenschaftsbetrieb und dort vor allem bei den Inhabern von Machtpositionen, in der Regel also bei Männern, das Engagement nur scheinbar sachorientiert ist. Häufig wird gerade *nicht* nach formalisierbaren Kriterien (Qualifikationen, Leistung), sondern nach informellen Kriterien (Herkunft, Auftreten, soziale Kompetenz) gewertet (vgl. BROTHUN 1988, S. 319 oder auch WAGNER 1977). Dies bezieht sich nicht nur auf Prüfungssituationen, sondern auch auf die Arbeit in Berufungskommissionen: dort gibt am Ende die Frage den Ausschlag, ob eine Bewerberin oder ein Bewerber 'in die Fakultät paßt'...

Ich fasse zusammen: Männer wie Frauen halten ein Mindestmaß an Distanzierung in der Wissenschaft als solcher für notwendig. Dieses kann je nach soziologischer Konzeption unterschiedlich stark ausfallen, aber das ist geschlechtsneutral. Unterschiede treten dort auf, wo es um die Einstellung zum Wissenschafts*betrieb* geht. Männer engagieren sich vorbehaltlos im Wissenschaftsbetrieb - zunächst zum eigenen Nutzen, später allerdings manchmal auch zu eigenem (gesundheitlichen) Schaden; ich erinnere nur an die auch im Wissenschaftsbetrieb nicht unbekannten Alkoholikerkarrieren. Ein Mindestmaß an Engagement (im Sinne von Identifikation mit der Arbeit, gefühlsmäßiger Bindung an sie und die Institution Universität) wird vorausgesetzt.

Und genau hier entziehen sich die Frauen, wollen damit nichts zu tun haben und halten sich zurück. Sie sind gegenüber dem Wissenschaftsbetrieb als Männerdomäne, deren Spielregeln ihnen fremd sind und bleiben, distanziert. Selbst denjenigen, die Karriere gemacht haben, bleibt ein Gefühl des Fremdseins: "Die Fremdheit der Wissenschaft aus der Perspektive der Frauen bezieht sich aufschlußreicherweise weniger auf die wissenschaftliche Tätigkeit im engeren Sinne, auf das Forschen im Labor oder am Schreibtisch, sondern auf die Wissenschaft als Institution und auf das wissenschaftliche Arbeiten als Beruf" (WETTERER 1988, S. 280). Die Frauen registrieren, daß viele Männer, die in diesem Betrieb das Sagen haben, eben nicht 'distanziert' sind und nicht nach formellen Kriterien werten und so gerade auch über das Fortkommen von Frauen entscheiden. Viele Wissenschaftlerinnen sehen sich gezwungen, die männlichen Wahrnehmungsmuster im 'Styling' ihres Äußeren und ihres Habitus miteinzukalkulieren:

> "Noch immer ist die Wissenschaftlerin die Fremde, die sich an jedem Punkt von neuem entscheiden muß, wie weit sie es mit Abweichung und Anpassung treiben will. Sie muß ihren persönlichen Stil im Umgang mit Kollegen und vorgegebenen Ritualen finden - gelinde gesprochen 'sachfremde' Kleinigkeiten, die aber Zeit und Energie kosten: Wie soll der Tonfall sein, burschikos oder ladylike? Spiele ich Farbtupfer am Kongreß oder gehe ich auch in Grau? Hosen oder Kostüm, Make-up oder extra keins etc. pp. Noch immer werden weibliche Leistungen in der Wissenschaft tendenziell individualisiert; jeder Fehler aber wird mit tödlicher Präzision zum allgemeinen Geschlechtsmerkmal hochstilisiert" (HONEGGER 1986, S. 298).

Die Distanzierung mag außerdem mit der bisherigen 'Unausrottbarkeit' stereotyper Zuweisung zu untergeordneten Positionen zu tun haben: mit der immer wieder gemachten Erfahrung von Wissenschaftlerinnen z.B., "als Frau für die Sekretärin des Wissenschaftlers gehalten zu werden, zu dem ein Besucher eigentlich will" (WETTERER 1988, S. 289).

Das Geschlechterverhältnis an der Uni: Vom Übermaß der Abhängigkeiten

In einem 1986/1987 verfaßten Text beschäftigt sich ELIAS mit den 'Wandlungen der Wir-Ich-Balance' (ELIAS 1987a, S. 209-315). Die Spannung zwischen Wir-Identität und Ich-Identität habe sich im Laufe des Zivilisationsprozesses verändert. Während bis etwa zur Renaissance die Wir-Identität, d.h. der Stammes-, Sippenbezug oder Gruppenbezug überwog, wird in den entwickelteren Gesellschaften die Ich-Identität immer stärker. ELIAS stellt jedoch einschränkend fest, daß es trotz der gegenwärtigen Individualisierungstendenzen kein "wirloses Ich" gäbe. Es ist das Dilemma gerade des modernen Menschen, dazugehören zu wollen und trotzdem ein unverwechselbares Individuum zu sein: "Das Bedürfnis , allein zu stehen, geht Hand in Hand mit dem, dazuzugehören" (ELIAS 1987, S. 204). [12]

'Reste' der Wir-Identität würden heute vor allem auf die nationale und ethnische Zugehörigkeit[13] und auf die Familie projiziert. Andererseits stärke die "zunehmende Impermanenz, Auswechselbarkeit und Freiwilligkeit vieler Wir-Beziehungen" (ELIAS 1987a, S. 301) wiederum die Ich-Identität: "Viele Familienbeziehungen, die früher für die meisten Menschen obligatorisch, lebenslänglich und fremdzwangartig waren, haben heute in weit höherem Maße den Charakter einer freiwilligen Verbindung auf Widerruf, die dementsprechend höhere Ansprüche an die eigene Regulierung der beteiligten Personen, an deren Selbstzwangvermögen stellt, und zwar bei beiden Geschlechtern gleichermaßen" (a.a.O., S. 272). Frauen und Männer sind in unvergleichlicher Weise "biologisch aufeinander ausgerichtet" (ELIAS 1987b; siehe bereits Abschnitt 1): das "Geschlechtsverlangen" (ELIAS 1987a, S. 259) bindet sie aneinander und macht sie voneinander abhängig. Das Geschlechterverhältnis stellt also unter den Wir-Beziehungen eine besonders 'konfliktanfällige' Beziehung dar.

Nach meiner Auffassung ist die besonders starke gegenseitige Abhängigkeit der Geschlechter jedoch nicht nur eine Sache der Erotik und der Sexualität, einer biologischen Konstante im 'Hier und Jetzt'. Das Geschlechterverhältnis wird außerdem durch lebensgeschichtliche, sozialisatorische und strukturelle Faktoren belastet. Für viele Frauen stellt sich ihr Verhältnis zu den Männern heute als ein ungleiches Machtverhältnis sowohl auf der persönlichen als auch auf der gesellschaftlichen Ebene dar (vgl. ELIAS 1987b; MEULENBELT 1988, S. 246). Die Männer wiederum treten dem Kampf der Frauen gegen systematische Benachteiligung keineswegs als ein geschlossener Machtblock gegenüber. Viele werden bewußt und offensiv 'nur' ihre Privilegien verteidigen. Aber andere Männer fürchten sich 'nur' aus biographischen Gründen vor weiblicher Macht. Weibliche Macht erinnert sie an die emotionale Macht ihrer Mütter:[14] "Wenn Männer ihr ganzes Leben lang von der emotionalen Zuwendung von Frauen abhängig geblieben sind ..., dann ist es für sie schwierig, Frauen als unterdrückte Gruppe zu begreifen. Ihre Macht über seine Gefühle wird mit einer tatsächlichen Macht auf gesellschaftlicher Ebene verwechselt" (MEULENBELT 1988, S. 256).

Ich vertrete die These, daß die auf beiden Seiten verhandenen Abhängigkeiten und emotionalen Erwartungen nicht auf den Privatbereich beschränkt bleiben, sondern sich innerhalb des Wissenschaftsbetriebes noch verstärken.

Die Versuche von Frauen, Wissenschaft nicht nur als Beschäftigung, sondern als Beruf zu betreiben und langfristig an den Universitäten Fuß zu fassen, laufen bisher auch deshalb ins Leere, da Universitäten "ein sehr selbstgenügsames System mit einem hohen Maß an Resistenz gegen sozialen Wandel" (BROTHUN 1988, S. 325) sind. Wie hoch diese Resistenz - entgegen vieler publizistischer Kommentare, wonach das Zeitalter der Bevorzugung von Frauen angebrochen sei - immer noch ist, zeigt die 'Soziologinnen-Enquete':

> "Die Ergebnisse ... zeigen deutlich, daß die Durchschnittsrealität in der Soziologie, jedenfalls im Hochschulbereich, gravierende Disparitäten zwischen den Geschlechtern aufweist. Und sie zeigen ebenso deutlich, daß diese Disparitäten in den letzten Jahren nicht sukzessive abgebaut wurden, sondern daß in entscheidenden Bereichen weit eher von einer Zuspitzung und Verschärfung der Ungleichheit in den Chancen der Geschlechter zu reden ist. (...) Bei den unbefristeten Stellen - sei es im Mittelbau, sei es bei den Hochschullehrern - ging der Frauenanteil zurück, obwohl neue Stellen eingerichtet wurden" (WETTERER 1990, S. 40).

Wissenschaftliches Arbeiten per se erfordert schon die gewaltige Anstrengung des "Ausbalancierens von Kooperation und Konkurrenz: Zusammenarbeit ist nützlich und gefordert, gleichzeitig aber müssen eigene Leistungen und Ideen vor Vermarktung durch Konkurrenten geschützt werden" (a.a.O., S. 327; vgl. auch NOWOTNY 1986, S. 20ff.). Und dieser schwierige Akt, den man auch eine ökonomistisch gewendete Wir-Ich-Balance nennen könnte, wird in der Zusammenarbeit von Männern und Frauen noch schwieriger. Denn:

- Frauen vermeiden in der Regel Konkurrenz (dies bestätigen alle von mir herangezogenen Untersuchungen zur Situation von Frauen an der Uni), aber die Spielregeln der Kooperation beherrschen sie auch nicht oder lehnen sie ab (s.o.); und wenn sie Konkurrenz nicht vermeiden und mit Männern konkurrieren, so sind sie meist besser als diese: "Die Frauen werden unter einen Vollkommenheitsdruck gestellt, dem alle unerwünscht eingedrungenen 'Minoritäten' und 'auffällig' gewordenen unterliegen" (von BRAUNMÜHL 1981, S. 196);[15]
- Männer sind an Frauen in diesem Kontext nicht gewohnt und dadurch verunsichert. So treten sie an Kolleginnen mit Erwartungen heran, die sich auf einem noch informelleren Niveau bewegen, als es für die Beziehungen unter Männern gilt. Gefragt ist die zwar souveräne, aber nicht dominante, sondern charmante Kollegin. Für BROTHUN handelt es sich dabei um gesellschaftliche Strukturbedingungen, die an der Universität nur beispielhaft zum Ausdruck kommen: Zum einen gibt es keine oder noch keine "normative Regelung von gemischtgeschlechtlicher Konkurrenz um statushohe Positionen im öffentlichen Bereich"; und zum anderen ist dieser öffentliche Bereich gleichzeitig auf die "(selbstverständliche und unentgeltliche) Übernahme privater Reproduktionsarbeit durch Frauen" ausgerichtet (BROTHUN 1988, S. 321).

Bleibt als Schlußfolgerung: Nur auf den ersten Blick sind Frauen engagiert und Männer distanziert. Das Mindestmaß an Distanzierung, das Frauen und Männer in ihren wissenschaftlichen Arbeiten, also inhaltlich-theoretisch, erreichen oder nicht erreichen, entspricht dem Standard ihrer Disziplinen - unabhängig von der Geschlechtszugehörigkeit. Im Wissenschafts*betrieb* allerdings sind es bisher die Männer, die sich engagieren, und die Frauen, die sich distanzieren. Männer sind hier, so könnte man es polemisch zuspitzen, nicht einmal bei der ersten Grundkontrolle (nämlich der Kontrolle über sich selbst) 'angekommen'. Die Frauen sind es, die ihre Situation ständig reflektieren und für die die Balance zwischen Wir- und Ich-Identität tatsächlich zum Problem wird. Die Ich-Identität ist ab einem bestimmten Punkt so stark, daß sie nur noch den Ausstieg aus dem akademischen, männerzentrierten Wir-Gefühl zuläßt.

Mit Elias gehe ich davon aus, daß ein höheres Maß an Selbstkontrolle und Einblick in den Ablauf sozialer Beziehungen (als Einsicht in das Ausmaß der gegenseitigen Abhängigkeiten) Ausdruck eines 'zivilisierteren' menschlichen Zusammenlebens sind. Infolgedessen plädiere ich für einen

"Zivilisationsschub" an der Uni: Frauen sollten aus ihrer Distanz und Fremdheit gegenüber dem Wissenschaftsbetrieb nicht die Konsequenz ziehen, diesem Betrieb den Rücken zu kehren, sondern sie sollten und können dieses quasi 'natürliche Potential', ihren Vorsprung an Distanzierung, an Ort und Stelle nutzen. Wenn Frauen sich im Beruf nicht mehr wie Töchter oder Ehefrauen (vgl. SCHLAFFER 1987) und Männer sich nicht mehr wie Söhne oder Ehemänner verhielten, d.h. beide nicht mehr so sehr auf Verständnis und Identifikation pochten, wäre das Geschlechterverhältnis entlastet. Das Geschlechterverhältnis (ehemals: die Frauenfrage!) wird eben nie nur politisch diskutiert (wie etwa Forderungen der Gewerkschaften): es hat zu viel mit den beteiligten Personen selbst zu tun, mit den jeweiligen hohen gegenseitigen Erwartungen.

Mein Plädoyer bedeutet nicht, daß aus dem Geschlechterverhältnis ein geschlechtsloses Verhältnis werden soll: "Eine gesteigerte Sensibilität von Männern für Frauen und von Frauen für Männer, ein vergleichsweise hohes Niveau von wohltemperierter Selbstkontrolle - mit einem Wort: ein Zivilisationsschub gehört(e) zu den Voraussetzungen ... (für, A.T.) mehr egalitäre Formen der Geschlechterbeziehung" (ELIAS 1986, S. 448).

Anmerkungen

1 Dieser Text stellt eine Überarbeitung des folgenden Aufsatzes dar: TREIBEL, Annette: Engagierte Frauen, distanzierte Männer? Anmerkungen zum Wissenschaftsbetrieb. In: KORTE, Hermann (Hrsg.): Gesellschaftliche Prozesse und individuelle Praxis. Bochumer Vorlesungen zu Norbert Elias' Zivilisationstheorie. Frankfurt/Main 1990, S. 179-196.

2 Vgl. das bisher unveröffentlichte Manuskript von ELIAS über die "Wandlungen des Geschlechtergleichgewichts" (das sog. Leicester-Papier, das vermutlich Ende der 50er Jahre geschrieben wurde); außerdem ELIAS 1986; vgl. auch van STOLK/ WOUTERS 1987.

3 Zur Identifikation von 'weich' mit 'weiblich' und von 'hart' mit 'männlich' siehe auch KELLER (1986, S. 82).

4 Vgl. die von Angelika WETTERER untersuchte Situation für die gesamte westdeutsche Soziologie: 1988/89 waren 7(!) von 132 Soziologie-Lehrstühlen mit Frauen besetzt (1990, S. 25).

5 Vgl. hierzu bereits die umfassende Untersuchung von Bernard über Academic Women aus dem Jahre 1964. Eines der Ergebnisse, die Unentschlossenheit der Studentinnen in bezug auf ihre Karriere, faßt David RIESMAN im Vorwort plakativ zusammen: "Frequently they enter graduate school to please their mentors" (RIESMAN in BERNARD 1964, S. XVIII).

6 Eine Karrierefrau wird als ein Wesen betrachtet, "das Karriere nur hat machen können, indem sie aufgehört hat, Frau zu sein" (SCHULLER 1979, S. 102).

7 Ausführlich zu "Engagement und Distanzierung" vgl. TREIBEL 1988, Kap. 4.

8 1983 erschien erstmals die deutsche, überarbeitete Ausgabe von 'Engagement und Distanzierung' als Band I der 'Arbeiten zur Wissenssoziologie', 1987 die Taschenbuchausgabe (beides bei Suhrkamp).

9 An anderer Stelle heißt es: "Naturkontrolle, soziale Kontrolle und Selbstkontrolle bilden eine Art von Kettenring; sie bilden einen dreiseitigen Funktionszusammenhang" (ELIAS 1987a, S. 189; zur "Triade der Grundkontrollen" siehe auch ELIAS 1970, S. 173f.).

10 KNAPP steht zusammen mit Regina BECKER-SCHMIDT für den sog. Hannoveraner Ansatz der westdeutschen Frauenforschung, der programmtisch-theoretisch der Kritischen Theorie und methodisch der qualitativen Methode (oral history etc.) verpflichtet ist. Bekannt geworden ist dieser Ansatz durch das Projekt 'Probleme lohnabhängig beschäftigter Mütter' (vgl. BEKKER-SCHMIDT u.a. 1984).

11 Vgl. als ein Beispiel für das Parteilichkeitspostulat die peinliche Befragung von prominenten Frauenforscherinnen durch die Zeitschrift 'Emma' (Nr. 5, Mai 1989, 37-41: 'Studis + Profs - ein Kampf?') zum Thema 'Wie halten Sie es mit der feministischen Forschung?' Die 'Interviews' haben eher den Charakter moralisch-aggressiver Verhöre. Vgl. hierzu auch die etwas gönnerhafte Bemerkung des Politikwissenschaftlers Klaus von BEYME: "Die Distanz von Theorie und Praxis sichert den Erkenntnisprozeß nicht nur gegen die Feinde (in diesem Fall das patriarchalische Denken) ab, sondern auch gegen die Zudringlichkeit angeblicher Freunde. Eine etablierte feministische Theorie wird sich kaum von irgendeiner 'Roten Zora' im Hörsaal durch 'action directe' vorschreiben lassen, welches der beste feministische Theorieansatz sei" (1991, S. 306).

12 Diese widerstreitenden Bedürfnisse sind zunächst geschlechtsneutral. Das Gefühl, nicht dazuzugehören, mag trotz des 'Männerbetriebs' durchaus auch Männer befallen, die eine nicht oder nicht mehr konsensfähige soziologische Konzeption vertreten.

13 Gastarbeiter werden nicht in die Wir-Identität miteinbezogen (vgl. ELIAS 1987a, S. 276).

14 Vgl. entsprechend auch Evelyn Fox KELLER: "Die Geschlechtsspezifizierung der Wissenschaft - Wissenschaft als ein Unternehmen, als intellektuelle Domäne und als Weltanschauung - reflektiert und perpetuiert gleichzeitig die Assoziationen, die in einer früheren, vorwissenschaftlichen Periode gemacht worden sind" (1986, S. 93).

15 Auf der anderen Seite sind Frauen eben gerade nicht eine Minorität unter vielen; siehe die Einleitung dieses Textes.

Literatur

Becker-Schmidt, Regina u.a.: 'Eines ist zu wenig - beides ist zuviel'. Erfahrungen von Arbeiterfrauen zwischen Familie und Fabrik. Bonn 1984.

Bernard, Jessie: Academic Women. University Park, Pennsylvania 1964.

BEYME, Klaus von: Theorie der Politik im 20. Jahrhundert. Von der Moderne zur Postmoderne. Frankfurt/Main 1991.

Braunmühl, Claudia von: Frauen im Wissenschaftsbetrieb. Wahrnehmungen und Überlegungen. In: Gesellschaft. Beiträge zur Marxschen Theorie 14. Frankfurt/Main 1981, S. 186-216.

Brothun, Mechthild: Ursachen der Unterrepräsentanz von Frauen in universitären Spitzenpositionen. In: Kölner Zeitschrift für Soziologie und Sozialpsychologie, 40 (1988), S. 316-336.

Elias, Norbert: Problems of Involvement and Detachment. In: British Journal of Sociology, 7 (1956), S. 226-252.

ders.: Was ist Soziologie? München 1970.

ders.: Engagement und Distanzierung. Arbeiten zur Wissenssoziologie I. Hg. und übersetzt v. Michael Schröter. Frankfurt/Main 1983.

ders.: Notizen zum Lebenslauf. In: GLEICHMANN, Peter/ GOUDSBLOM, Johan/ KORTE, Hermann (Hrsg.): Macht und Zivilisation. (Materialien zu Norbert Elias' Zivilisationstheorie; Bd. 2). Frankfurt/Main 1984, S. 9-82.

ders.: Wandlungen der Machtbalance zwischen den Geschlechtern. Eine prozeßsoziologische Untersuchung am Beispiel des antiken Römerstaats. In: Kölner Zeitschrift für Soziologie und Sozialpsychologie, 38 (1986), S. 425-449.

ders.: Die Gesellschaft der Individuen. Hg. v. Michael Schröter. Frankfurt/Main 1987 (1987a).

ders.: Vorwort. In: van Stolk/ Wouters, 1987, S. 9-16 (1987b).

FEYL, Renate (Hrsg.): Sein ist das Weib, Denken der Mann. Ansichten und Äußerungen für und wider die gelehrten Frauen. Köln 1991.

Fischer-Kowalski, Marina u.a.: Von den Tugenden der Weiblichkeit. Mädchen und Frauen im österreichischen Bildungssystem. Wien 1986.

Hausen, Karin/ Nowotny, Helga (Hrsg.): Wie männlich ist die Wissenschaft? Frankfurt/Main 1986.

Hollstein, Walter: Das schwächere Geschlecht. Der Mann - das einsamste Wesen auf Erden? In: Frankfurter Rundschau v. 20.8.1988.

Keller, Evelyn Fox: Liebe, Macht und Erkenntnis. Männliche oder weibliche Wissenschaft? München, Wien 1986.

Knapp, Gudrun-Axeli: Die vergessene Differenz. In: Feministische Studien, 6 (1988), H. 1, S. 12-31.

Küchler, Manfred: Qualitative Sozialforschung: Modetrend oder Neuanfang? In: Kölner Zeitschrift für Soziologie und Sozialpsychologie, 32 (1980), S. 373-386.

Meulenbelt, Anja: Scheidelinien. Über Sexismus, Rassismus, Klassismus. Reinbek 1988.

Neef-Uthoff, Maria: Wer ist die vernünftigste Normale? In: die tageszeitung v. 6.6.1988.

Poppenhusen, Margaret: 'Eine geplante Karriere war das nicht'. Wie Wissenschaftlerinnen ihren Berufsweg sehen. In: CLEMENS, Bärbel u.a. (Hrsg.): Töchter der Alma Mater. Frauen in der Berufs- und Hochschulforschung. Frankfurt/Main 1986, S. 287-298.

Schlaffer, Hannelore: Über die Schwierigkeiten einer Frau, intelligent zu werden. Beobachtungen an der Universität. In: Frankfurter Allgemeine Zeitung, Nr. 288 v. 12.12.1987.

Schuller, Marianne: Erfolg oder Glück? Über den Widerspruch von Weiblichkeitsrolle und Karriere. In: Kursbuch 58 (1979) (Karrieren), S. 101-113.

Stolk, Bram van/ Wouters, Cas: Frauen im Zwiespalt. Beziehungsprobleme im Wohlfahrtsstaat. Eine Modellstudie. Frankfurt/Main 1987.

Swaan, Abram de: Vom Befehlsprinzip zum Verhandlungsprinzip. Über neuere Verschiebungen im Gefühlshaushalt der Menschen. In: KUZMICS, Helmut/ MÖRTH, Ingo (Hrsg.): Der unendliche Prozeß der Zivilisation. Zur Kultursoziologie der Moderne nach Norbert Elias. Frankfurt/Main; New York 1991, S. 173-198.

TÖNNIES, Ferdinand: Gemeinschaft und Gesellschaft. Grundbegriffe der reinen Soziologie. Darmstadt 1963 (Erstausgabe 1887).

Treibel, Annette: Engagement und Distanzierung in der westdeutschen Ausländerforschung. Eine Untersuchung ihrer soziologischen Beiträge. Stuttgart 1988.

dies.: Migration in modernen Gesellschaften. Soziale Folgen von Einwanderung und Gastarbeit. Weinheim, München 1990.

Wagner, Wolf: Uni-Angst und Uni-Bluff. Berlin 1977.

Wetterer, Angelika: 'Man marschiert als Frau auf Neuland' - Über den schwierigen Weg der Frauen in die Wissenschaft. In: GERHARDT, Uta/ SCHÜTZE, Yvonne (Hrsg.): Frauensituation. Veränderungen in den letzten zwanzig Jahren. Frankfurt/Main 1988, S. 273-291.

dies.: Frauen und Frauenforschung in der bundesdeutschen Soziologie. Ergebnisse der Soziologinnen-Enquete (Werkstattberichte, Bd. 27). Kassel 1990.

STRUKTURPOLITIK IM RUHRGEBIET -
ein Zukunftsprojekt ohne Frauenperspektive?!

Marianne Wienemann

Über den strukturellen Wandel des Ruhrgebiets, seinen krisenhaften Verlauf und dessen Auswirkungen auf Wirtschaft, Arbeitsmarkt, soziale Situation, Kultur etc. liegen inzwischen zahlreiche Untersuchungen vor. Das gleiche gilt für die politischen Steuerungsversuche und deren Erfolge und Mißerfolge. Sofern dabei auch die Bevölkerung in ihrer Betroffenheit ins Blickfeld rückt, wird der Ruhrgebietsmensch entweder als geschlechtliches Neutrum betrachtet oder die Sicht reduziert sich gleich auf Männer als diejenigen, die angeblich die schwerwiegendsten Folgen zu tragen haben bzw. Hauptakteure des Geschehens sind.

Die Frauen des Ruhrgebiets blieben demgegenüber weitgehend unbekannte Wesen im Bewußtsein der Öffentlichkeit; sie wurden nur dann wahrgenommen, wenn sie an der Seite ihrer Männer für deren Arbeitsplätze und den Erhalt von Werkssiedlungen kämpften. Eine eigenständige Bedeutung wurde ihrem Leben und ihren Problemen nur selten und dann marginal zugewiesen.

Dabei haben Frauen im Ruhrgebiet eine eigene, eine besondere Geschichte, sowohl im Vergleich zu Frauen in anderen Regionen und Großstädten als auch im Vergleich zu den Männern im Ruhrgebiet. Diese Besonderheiten lassen sich aus der Wirtschafts- und Arbeitsmarktsstruktur der Region und deren sozialer und politischer Verfaßtheit erklären (KETTSCHAU/ NYSSEN 1987, S. 240-243; SACK/ SCHULZ/ WIENEMANN 1989, S. 9-13). Frauen sind auch in besonderer Weise von der Strukturkrise betroffen, so z.B. durch eine überproportionale Arbeitslosigkeit, durch Armut, Benachteiligung in Bildung und Berufsausbildung und eine Fraueninteressen vernachlässigende Infrastrukturpolitik (LETTKO 1988, S. 1-79; WEG 1988, S. 103-107; Gleichstellungsstelle Bochum 1989; SACK/ SCHULZ/ WIENEMANN 1989).

In meinen folgenden Ausführungen werde ich mich darauf beschränken, der Frage nachzugehen, ob und inwieweit die bisherige und derzeitige Strukturpolitik auf die spezifischen Arbeitsmarktprobleme der Frauen im Ruhrgebiet angemessen reagiert hat und reagiert.

Im Mittelpunkt steht dabei die Wirtschafts- und Arbeitsmarktpolitik - eine Eingrenzung, die problematisch ist, weil damit nur ein Ausschnitt der insgesamt komplexen Problematik[1] behandelt wird. Eine umfassende Analyse würde aber den Rahmen dieser Arbeit sprengen; sie bedarf außerdem noch umfangreicher und intensiver Untersuchungsarbeit. Bis heute stößt jede(r), die/der sich mit der Lage von Frauen im Ruhrgebiet beschäftigt, auf ein Defizit an Materialien. Es mangelt an wissenschaftlichen Untersuchungen, einschlägiger Literatur und an zugänglichen und aufbereiteten sowie vergleichbaren Daten (HERRMANN/ MARTINY 1983, S. 23-24). Erst seit Mitte der 70er Jahre liefert die amtliche Statistik überhaupt Strukturdaten über die Erwerbstätigkeit von Frauen im Ruhrgebiet.

Zur Entwicklung der Erwerbsarbeit von Frauen im Ruhrgebiet

Die folgende Situationsbeschreibung wird zeigen, daß das Ruhrgebiet nicht nur eine Region arbeitsloser Bergleute und Stahlarbeiter war und ist, sondern in viel größerem Ausmaß eine Region von Frauen, die von der Erwerbsarbeit ausgeschlossen waren und sind.

Die Erwerbsquote der Frauen im Ruhrgebiet war und ist heute noch deutlich geringer als in anderen Großstadtregionen und im Bundes- und Landesdurchschnitt:

1976 =	Ruhrgebiet 23,8 %	NRW 26,6 %	BRD 38,6 %
1980 =	Ruhrgebiet 24,9 %	NRW 27,9 %	BRD 32,6 %
1986 =	Ruhrgebiet 30,6 %	NRW 34,25 %	

(HERRMANN/ MARTINY 1983, S. 28; Wissenschaftliche Dienste 1988, S. 2).

Die Ursachen hierfür werden in der Dominanz der montanindustriellen Strukturen und der durch sie geprägten Lebensverhältnisse und Denktraditionen gesehen:

- Bis in die 60er Jahre hinein war das Angebot an Frauenarbeitsplätzen im Fertigungs- und Dienstleistungsbereich nur gering. Die Montanindustrie und ihre Zulieferindustrien beherrschten den Arbeitsmarkt.
- Die Reproduktionsbedingungen der Arbeiterfamilien waren geprägt durch die Arbeitsbedingungen der Männer und einen hohen Anteil an Eigenversorgung der Familien durch die Frauen. Die Nacht- und Schichtarbeit der Männer erforderte die zeitstrukturelle und räumliche Anpassung der Frauen in die Hausarbeit. "Der Haushaltsführung in den Kolonien des Werkswohnungsbaus der Schwerindustrie lag bis in die fünfziger Jahre eine doppelte Ökonomie zugrunde: das Geldeinkommen der Männer wurde durch das von den Frauen erwirtschaftete Naturaleinkommen ergänzt" (KETTSCHAU/ NYSSEN 1987; S. 241-242). Ermöglicht wurde diese Eigenversorgung durch die Wohnsituation mit ländlichen Siedlungsstrukturen.
- Mit den ständisch-patriarchalen Strukturen der Montanindustrie und dem Bild des männlichen Arbeitsheroen korrespondierten konservativ-patriarchale Familienideale und Geschlechtsrollenklischees. Ermöglicht wurde die Realisierung dieses bürgerlichen Familienlebens durch die relativ hohen Löhne der Männer, die vergleichsweise niedrigen Mieten und die ausgedehnte Eigenarbeit der Frauen.

Mit der Durchsetzung des warenmäßigen Konsummodells im Ruhrgebiet ergibt sich auch hier die marktförmige Haushaltsführung und damit die Veränderung der Rolle der Frau: sie wird "nichtarbeitende" Hausfrau und/oder Zuverdienerin. Spätestens mit Beginn der Bergbaukrise wird der Erwerbsarbeitsplatz für viele Frauen zu einer Notwendigkeit. Parallel dazu setzt die Krise des Bergbaus und später der Stahlindustrie die Umstrukturierung der regionalen Wirtschaft auch erstmals Politik auf die Tagesordnung. Mit neuen Industriebetrieben und Dienstleistungsbereichen verändert sich das Arbeitsplatzangebot für Frauen. Frauen drängen verstärkt auf den Arbeitsmarkt. Mitvorangetrieben wird diese Entwicklung durch die Erosion der traditionellen Rollenklischees und Familienbilder und eine sich ständig verschlechternde materielle Versorgungslage.

Eine Untersuchung über die Bedeutung der einzelnen Faktoren gibt es bislang für das Ruhrgebiet speziell nicht. Die Arbeitskammer des Saarlandes sieht in einer Untersuchung über die Situation der Frauen im Saarland, die der des Ruhrgebietes in vielerlei Hinsicht ähnlich zu sein scheint, daß vor allem "ein systematischer Zusammenhang zwischen dem regionalen Arbeitsplatzangebot und der regionalen Erwerbsbeteiligung von Frauen besteht" (1982, S. 20). Demgegenüber seien die spezifischen regionalen Lebensbedingungen und kulturellen Aspekte etc. von untergeordneter Bedeutung. Sie verweisen auf Untersuchungen über die Ursachen regional unterschiedlicher Erwerbsquoten, die zu dem Ergebnis kommen, daß die Hauptursache für eine geringe Erwerbsbeteiligung von Frauen in allen Regionen ein unzureichendes Arbeitsplatzangebot ist (ebd., S. 20-34). Demnach führt nicht etwa ein geringes Interesse der Frauen an einem Arbeitsplatz zu niedrigen Erwerbsquoten, sondern der Mangel an entsprechenden Arbeitsplätzen.

Die Nachfrage der Frauen nach Arbeitsplätzen übersteigt im Ruhrgebiet seit Jahrzehnten das Angebot.

Das Ruhrgebiet verlor von 1961-1970 insgesamt rund 520.000 Arbeitsplätze und von 1980-1988 nochmals weitere 124.500. Die größten Verluste hatten dabei der Bergbau und das produzierende Gewerbe zu verzeichnen. Im gleichen Zeitraum entstanden ca. 240.000 neue Arbeitsplätze, vor allem im Dienstleistungssektor (WIENEMANN/ KRUMMACHER 1985, S. 32-40; LAA 1989; PETZINA 1990, S. 506-517).

Die Arbeitsplatzbilanz im produktiven Sektor ist auch für die Frauen negativ. Zwar siedelten sich in den 60er und 70er Jahren neue Betriebe aus den Branchen der Automobil-, der Elektro- und der Unterhaltungselektronikindustrie (vor allem letztere mit einem hohen Anteil von Frauenarbeitsplätzen) in der Region an, diese Arbeitsplatzgewinne wurden aber überkompensiert durch besonders hohe Verluste in anderen Industriebranchen (HERRMANN/ MARTINY 1983, S. 33-47).

Die aktuelle Lage im Ruhrgebiet ist dadurch gekennzeichnet, daß als Folge der technologischen und organisatorischen Umstrukturierungen und derzeitigen Personaleinsatzstrategien in den Betrieben und Unternehmen überproportional viele gewerbliche Frauenarbeitsplätze abgebaut werden. Dies erfolgt meistens in einem schleichenden Prozeß und stößt selten auf größere öffentliche Aufmerksamkeit, es sei denn, ein ganzes Werk, wie jetzt die Siemens-Tochter in Gladbeck, steht zur Schließung an.

In der Diskussion um Frauenarbeit im Ruhrgebiet wird hin und wieder aus der Tatsache, daß nur 12 % der Frauen hier in Fertigungsberufen arbeiten (NRW 16 %), während 85 % in Dienstleistungsberufen tätig sind, geschlossen, daß die Frauen die Gewinnerinnen des regionalen Strukturwandels sind. Ein solcher Schluß ist jedoch voreilig, denn er beruht implizit auf Unterstellungen, die bei näherer Betrachtung nicht haltbar sind. Unterstellung 1: Dienstleistungsberufe sind sicherer und wachstumsträchtiger; Unterstellung

2: sie sind darüber hinaus qualitativ hochwertiger. Daß beide Vorurteile in ihrer Allgemeinheit auf Frauenarbeitsplätze im Dienstleistungssektor nicht zutreffen, wird sich im folgenden zeigen. Außerdem wird bei dieser Argumentation von der Notwendigkeit abgelenkt, Frauen gerade auch den Zugang zu den höherwertigen, perspektivreicheren Arbeitsplätzen in der Fertigung zu ermöglichen.

Das Ruhrgebiet wies bis in die 70er Jahre hinein ein krasses Defizit in allen Dienstleistungsbereichen auf. Seither expandiert dieser Sektor zwar, das Wachstum selbst ist aber schwächer als im Landes- und Bundesdurchschnitt, besonders krass im Vergleich zu den prosperierenden Ballungsräumen. So stieg die Beschäftigung im Dienstleistungssektor des Ruhrgebietes von 1978-1987 um 11,3 %, in NRW (ohne Ruhrgebiet) aber um 19 %. Darüber hinaus existiert ein erhebliches innerregionales Gefälle - der Dienstleistungsanteil ist im südlichen Ruhrgebiet, in der sogenannten Hellwegzone, erheblich höher als im nördlichen Ruhrgebiet, der Emscherzone. Zudem fanden im Ruhrgebiet die größten Zuwächse in den Dienstleistungsbereichen mit im Branchenvergleich unterdurchschnittlichem Wachstum und stagnierenden Tendenzen statt, während diejenigen Bereiche, die stark expandieren und denen auch für die Zukunft günstige Prognosen in quantitativer wie in qualitativer Hinsicht gestellt werden, deutlich unterrepräsentiert sind (JOACHIM 1988; PETZINA 1990, S. 552-555).

Für die Frauen des Ruhrgebietes ist der Dienstleistungssektor der wichtigste Arbeitgeber, sie stellen hier mehr als die Hälfte aller Beschäftigten. Bei näherer Betrachtung zeigt sich, daß die Entwicklung der Beschäftigung im Dienstleistungssektor für Frauen widersprüchlich verlief. Zuwächsen an Arbeitsplätzen in den einen Bereichen (v.a. öffentlicher Dienst, Organisationen ohne Erwerbscharakter, sonstige Dienstleistungen, Banken und Versicherungen), stehen Arbeitsplatzverluste in anderen gegenüber (u.a. bis Mitte der 80er Jahre im Handel und einigen Verkehrs- und Nachrichtenbereichen) (HERRMANN/ MARTINY 1983, S. 42-45; LAA 1989). In Bochum z.B. gab es von 1980-1987 einen Zugewinn an Arbeitsplätzen im Dienstleistungssektor für Frauen von 1,1 %, bei gleichzeitigem Anstieg der Frauenarbeitslosigkeit von 6,1 % in diesem Bereich. Im Vergleich dazu haben die Dienstleistungsarbeitsplätze für Männer im gleichen Zeitraum um 1,7 % zugenommen, bei gleichzeitigem Abbau der Arbeitslosigkeit um 10,9 %. "Somit kann nicht die Rede davon sein, daß ein weiterer Ausbau des Dienstleistungssektors in diesem Bereich einen überdurchschnittlichen Beschäftigungszuwachs bei den Frauen hervorruft" (Gleichstellungsstelle Bochum 1989, S. 10).

Auch die Daten des Landesarbeitsamtes zeigen, daß in NRW (und damit sicher auch im Ruhrgebiet) bei den Dienstleistungsberufen der Anteil der Frauen an den Arbeitslosen in diesem Sektor höher ist als ihr Anteil an den Beschäftigten (62 % : 58,4 %); 1989 lag die Arbeitslosenquote der weiblichen Angestellten und Beamtinnen bei 9,3 %, die der männlichen bei 4 % (LAA 1990, S. 31 und 1991, S. 44).

Zusammenfassend läßt sich sagen, daß die Expansion des Dienstleistungssektors im Ruhrgebiet den Frauen zwar neue Arbeitsmöglichkeiten eröffnete, ihre Lage auf dem Arbeitsmarkt blieb aber nach wie vor prekär. So gingen in Bochum von 1980-1987 7,2 % der Frauenarbeitsplätze verloren, und obwohl die Zahl der Beschäftigten seit Jahren wieder steigt, konnte der vorherige Abbau bis Ende der 80er Jahre nicht ausgeglichen werden (Gleichstellungsstelle Bochum 1989, S. 10).

Analysen über die Situation von Frauen auf dem Arbeitsmarkt sind nur dann realitätsgerecht, wenn sie auch den Teilzeitbereich umfassen. 1989 betrug der Anteil der teilzeitarbeitenden Frauen im Ruhrgebiet 22 %, er lag damit 4 % über dem Bundesdurchschnitt. So wären z.B. die positiven Beschäftigungseffekte der letzten Jahre in einigen Branchen (wie dem Handel) daraufhin zu überprüfen, ob es sich hierbei nicht lediglich um eine Verlagerung von Vollzeit- auf Teilzeitarbeitsplätze handelt. In Bochum gingen seit 1980 die Vollzeitarbeitsplätze für Frauen um 3 % zurück, während die Teilzeitarbeitsplätze um 7,2 % zunahmen. Diese Entwicklung läuft offensichtlich konträr zu den Wünschen der Frauen, die mit zunehmender Tendenz einen Vollzeitarbeitsplatz preferieren (ebd., S. 34-35).

Zu beachten ist, daß die offiziellen Statistiken keinerlei Angaben machen zu den sogenannten geringfügigen Beschäftigungsverhältnissen, bei denen der Anteil der Frauen besonders hoch sein dürfte. Nach einer 1985 in Oberhausen durchgeführten Arbeitsstätten- und Beschäftigtenzählung lagen dort rund 40 % der Teilzeitarbeitsplätze für Frauen unterhalb der Versicherungspflichtgrenze (LETTKAU 1988, S. 8).

In Anbetracht einer zu vermutenden zahlenmäßig starken "stillen Reserve" im Ruhrgebiet muß damit gerechnet werden, daß hier besonders viele Frauen auf derartige Beschäftigungsverhältnisse verwiesen sind. Hierfür spricht z.B. der niedrige Anteil der Frauen an den sozialversicherungspflichtig Beschäftigen, der zwar von 31,7 % (1976) auf 37 % (1990) gestiegen ist, aber damit immer noch unter dem des Landes NRW mit 38,6 % (1990, NRW *mit* Ruhrgebiet!) liegt.

Mit den geringen Arbeitsmarktchancen der Ruhrgebietsfrauen korrespondiert eine hohe Arbeitslosenrate: Dezember 1990 betrug sie 12,2 % (gegenüber 10 % bei den Männern im Ruhrgebiet und 9,9 % bei den Frauen in NRW) (LAA 1991). Bei einem Anteil der Frauen an den Arbeitslosen im Ruhrgebiet von insgesamt 43,3 %, zeigt dieser Wert, in Relation gesetzt zum Beschäftigungsanteil von 37 %, daß Frauen auf dem Arbeitsmarkt noch immer krass benachteiligt sind.

Dieser Eindruck verstärkt sich noch, wenn nicht nur die quantitative, sondern auch die qualitative Ebene berücksichtigt wird. Im Produktionssektor arbeitet der weitaus größte Teil der Frauen als un- und angelernte Arbeiterinnen ohne Qualifizierungs- und Aufstiegschancen. Aber auch die Frauen im Dienstleistungssektor müssen sich mehrheitlich mit Arbeitsplätzen der unteren Wertskala bescheiden. 1987 arbeiteten die Frauen überwiegend als Büro- und Verwaltungsangestellte, Verkäuferinnen, Krankenpflegerinnen und Sprechstundenhilfen, in Reinigungsberufen, Sozialberufen, Verkehrsberufen, als Gästebetreuerinnen und in der Hauswirtschaft, im Bankfach und in der Körperpflege - bezüglich der Anzahl der Arbeitsplätze genau in dieser Reihenfolge (Wissenschaftliche Dienste 1988). Dieses Berufs- und Branchenset, ergänzt durch die Ergebnisse arbeits- und industriesoziologischer Untersuchungen über geschlechtsspezifische Arbeitsplatz- und Tätigkeitshierarchien in Dienstleistungsberufen, die auch im Ruhrgebiet den allgemeinen Trends gefolgt sein werden, läßt das Resümee zu, daß die Lage der Frauen auch im Dienstleistungssektor alles andere als perspektivreich und gesichert ist.

Die geringe Erwerbsbeteiligung, die hohe Arbeitslosigkeit und niedrige Einkommen haben für viele Frauen Armut zur Folge. Viele von ihnen erhalten keine Leistungen von seiten des Arbeitsamtes (1987 in Bochum 41,7 % der arbeitslosen Frauen), sie stellen mit 70 % den Hauptanteil der SozialhilfeempfängerInnen.

Doch die absoluten Verliererinnen der wirtschaftlichen und sozialen Entwicklung sind die Ausländerinnen. Sie verloren von 1978 bis 1986 über 9 % der sozialversicherungspflichtigen Arbeitsplätze und haben seither kaum eine Aussicht auf Verbesserung ihrer Arbeitsmarktsituation. Nicht berechtigt, Sozialhilfe in Anspruch zu nehmen, sind sie entweder auf die Versorgung durch die Familie angewiesen oder fallen der Verelendung anheim.

Arbeitsmarktperspektiven der jungen Frauen im Ruhrgebiet

Nach Angaben der Arbeitsbehörden streben die jüngeren Frauen des Ruhrgebiets eine stärkere Integration in den Arbeitsmarkt an als ihre Mütter. Um dieses Ziel zu erreichen, haben sie ihre Bildungs- und Berufausbildungsanstrengungen erheblich erhöht. Dabei standen ihnen allerdings konservative Strukturen und Rollenmuster im Wege. Verglichen mit benachbarten Großstadtregionen waren Frauen im Ruhrgebiet bildungsmäßig erheblich benachteiligt - auch das eine "Altlast" des Reviers. Inzwischen haben die Frauen im Ruhrgebiet ihre Position zwar verbessert, gleichwohl gibt es immer noch Aufholbedarfe in bezug auf die Bildungschancen der Männer (Wissenschaftliche Dienste 1988, S. 4-5; Dokumentation Dortmund 1989; Stadt Duisburg 1989, S. 7-90). Diese Differenz haben allerdings nicht die jungen Frauen zu verantworten, sie sind vielmehr gesellschaftlich bedingt.

Junge Frauen haben mit folgenden restriktiven Bedingungen auf dem Arbeits- und Ausbildungsmarkt zu kämpfen:

- für sie ist der Übergang von allgemeinbildenden Schulen in das Berufssystem und zur Universität schwieriger als für Männer;
- sie haben größere Probleme, einen Ausbildungsplatz zu bekommen und brauchen in der Regel hierfür einen höheren schulischen Abschluß;
- ihre Wahlmöglichkeiten bei den Ausbildungsberufen sind reduziert - nur 25 % aller Ausbildungsplätze stehen beiden Geschlechtern offen, 20 % nur den jungen Frauen, 50 % den Männern;
- die Ausbildungsstellen für junge Frauen in qualifizierten Berufen nehmen ab, sie werden in Berufe mit kürzerer Ausbildungsdauer, hohem Berufsverlustrisiko und geringen Transferqualifikationen verdrängt;
- sie haben nach der Berufsausbildung größere Schwierigkeiten, einen Arbeitsplatz zu bekommen - entsprechend höher ist ihr Anteil an den Arbeitslosen.

Wenn die weitaus meisten jungen Frauen im Ruhrgebiet auch heute noch in Berufen ausgebildet werden, die weder qualitativ, noch quantitativ, noch einkommensmäßig eine Perspektive bieten, dann wird die bestehende Misere in die Zukunft hinein verlängert. Es ist längst nachgewiesen, daß auch bei den Ausbildungsplätzen das Angebot die Nachfrage bestimmt und die Entscheidung vieler Frauen für einen sogenannten typischen Frauenberuf nur aufgrund einer resignativen Anpassung an vorgefundene Möglichkeiten fällt und nicht etwa, weil keine anderen Berufswünsche gegeben sind (LETTKO 1988, S. 16; Stadt Duisburg 1989, S. 17-58).

Nun bringen allerdings Bildungs- und Ausbildungsanstrengungen allein den Frauen noch keinen Arbeitsplatz, wie die Fakten zeigen. Selbst besser qualifizierte Frauen sind häufiger arbeitslos als schlechter qualifizierte Männer, dies gilt für die jungen Frauen, wenn sie von der Ausbildung in den Beruf wechseln, dies gilt aber auch für Frauen allgemein. "Es hilft den Frauen wenig, wenn sie, wie in der Vergangenheit, durch zunehmende Bildungsbeteiligung ihr Bildungsniveau erhöhen, aber dadurch die Gleichstellung im Beruf nicht erreichen" (Gleichstellungsstelle Bochum 1989, S. 44).

Meine Absicht war es, mit dieser Situationsbeschreibung einen Maßstab zu liefern für die Beurteilung der staatlichen Strukturpolitik im Ruhrgebiet, soweit sie den Anspruch erhebt, einen Beitrag zur Lösung der Arbeitsmarktprobleme von Frauen zu liefern. An dieser Stelle nochmals zusammengefaßt die zentralen Aspekte:

- Frauen im Ruhrgebiet haben nur einen unterdurchschnittlichen Anteil an den Erwerbstätigen;
- sie arbeiten vor allem in Berufen mit geringem Einkommen sowie hohem Arbeitsplatzrisiko und haben kaum Qualifizierungs- und Aufstiegschancen;
- sie werden überwiegend in Berufen ausgebildet, die diese Diskriminierung auch für die Zukunft fortschreiben;
- sie sind weit überdurchschnittlich von Arbeitslosigkeit und Armut betroffen.

Frauen im Ruhrgebiet brauchen also nicht nur mehr Arbeitsplätze, sie brauchen auch qualitativ höherwertige Arbeitsplätze und eine Verbesserung ihrer Einkommenssituation.

Strukturpolitik im Ruhrgebiet und deren Auswirkungen auf die Arbeitsmarktlage und die Erwerbsarbeit von Frauen

Bis Mitte der 80er Jahre werden frauenspezifische Probleme bei der Krisensteuerungs- und Strukturpolitik in keiner Weise berücksichtigt. Sofern Frauen an den getroffenen Maßnahmen partizipierten, geschah dies zufällig und beiläufig, aber nicht geplant.

Seit Beginn der Montankrise ist die Steuerungspolitik geprägt von dem Versuch, gleichzeitig - wenn auch unterschiedlich gewichtet in den verschiedenen zeitlichen Phasen - die montanindustrielle Basis der regionalen Wirtschaft zu erhalten und zu stärken und den Wandel hin zu einer differenzierten, moderneren Ökonomie und Gesellschaft in der Region zu forcieren. Dieser Spagat ist hinsichtlich seiner Auswirkungen sehr umstritten (WIENEMANN/ KRUMMACHER 1985, S. 46-58; WIENEMANN 1988, S. 15-40; PETZINA 1990, S. 429-455).

Ohne im einzelnen auf die verschiedenen Programme einzugehen, lassen sich die Zielsetzungen staatlicher Strukturpolitik wie folgt umreißen: Nachdem in den 50er Jahren Wirtschaft und Politik darauf bedacht waren, das Arbeitsmarktmonopol der Montanindustrie nicht durch Neuansiedlungen anderer Branchen zu gefährden, standen die politischen Instanzen mit dem Niedergang des Bergbaus vor der Aufgabe, neue Arbeitsplätze ins Ruhrgebiet holen zu müssen. Dies zu einem Zeitpunkt, wo die Blütezeit der räumlichen Expansion und damit die Neugründung von Betrieben bereits zu Ende ging.

Die Neuindustrialisierung des Ruhrgebiets sollte über die Modernisierung der Infrastruktur, der Siedlungsstruktur und der Arbeitskräftestruktur sowie durch eine erhöhte Mobilität der Arbeitskräfte erreicht werden. Aus diesen Gründen wurde die Auflösung der alten Wohn- und Reproduktionsstrukturen vorangetrieben, die Durchsetzung neuer Konsummodelle gefördert, die Verkehrsinfrastruktur auf den Transport von Arbeitskräften und Massen-Konsumgütern hin erweitert, eine breitangelegte Qualifizierungsoffensive mit dem Ausbau von Schulen und Hochschulen begonnen, sowie das Angebot an öffentlichen Dienstleistungen drastisch erhöht. Auf diese Weise sollten junge Arbeitskräfte und auch die Arbeitsmarktreserven - sprich Frauen - für den Arbeitskräftebedarf moderner Wirtschaftsbranchen rekrutiert werden.

Im Montansektor, vor allem im Bergbau und in der Stahlindustrie, wurden die Modernisierung und Rationalisierung der Produktionskapazitäten sowie deren Konzentration mit staatlichen Subventionen gefördert, der dadurch bedingte forcierte Arbeitsplatzabbau sozial abgefedert.

Gesellschaftstheoretisch ausgedrückt wurde hier der Versuch gemacht, den Wandel des Ruhrgebiets von einer patriarchalisch-paternalistischen Gesellschaft in eine fordistische durch staatliche Steuerung voranzutreiben. Diese Pläne konnten mit dem offenen Ausbruch der allgemeinen Krise des fordistischen Vergesellschaftungsmodells infolge weltwirtschaftlicher, politischer und sozialer Umbrüche Mitte der 70er Jahre nur teilweise realisiert werden (WANNÖFFEL/ WUPPER 1987, S. 162-170; KETTSCHAU/ NYSSEN 1987, S. 240-249).

Aus heutiger Sicht bilanziert läßt sich sagen, daß der strukturelle Wandel des Ruhrgebiets zwar ein Stück weit vorangekommen ist, aber hinsichtlich Ausmaß und Geschwindigkeit nicht so positiv und schnell verlief, wie immer aus Gründen des Zweckoptimismus prognostiziert worden war. Vor allem konnte das Ruhrgebiet seine - im Vergleich zu anderen, prosperierenden Ballungsräumen - negative Bilanz bei den wichtigsten Strukturmerkmalen nicht verbessern.

Die "bisher unvollständig gebliebene Modernisierung" (KETTSCHAU/ NYSSEN 1987, S. 242) der Region zeigt sich besonders deutlich in der Geschichte der Frauen[2]. Diese sind nämlich nicht nur im Bildungsbereich und auf dem Arbeitsmarkt, sondern auch im öffentlichen Leben und in der Politik deutlich unterrepräsentiert. "Vereine, Parteien und Gewerkschaften im Revier sind bis heute 'Männersache'" (ebd., S. 241).

Zu einer eigenständigen Frauenpolitik kommt es erst seit 1984. Durch eine Änderung der Gemeindeordnung NRW wird die Einrichtung von Kommunalen Gleichstellungsstellen möglich, was in den folgenden Jahren auch quasi flächendeckend geschah. Die Gleichstellungsbeauftragte soll im Rathaus Ansprechpartnerin für frauenspezifische Belange sein. Sie ist in der Regel dem Stadtdirektor zugeordnet, meistens mittel- und kompetenzlos. Damit entsprechen diese Gleichstellungsstellen bei weitem nicht den Vorstellungen der Frauen, die als Minimum eigene Finanzen und Rechte für die Gleichstellungsbeauftragten fordern.

Seit dem 31.10.1989 gibt es auch ein Landesgesetz zur Frauenförderung in staatlichen Institutionen,[3] das diese verpflichtet, Frauen bei Neueinstellungen und Beförderungen bevorzugt zu berücksichtigen, gleiche Qualifikation vorausgesetzt. Die Erfolge dieser 'positiven Diskriminierung' dürften eher mäßig sein, anbetrachts des Beharrungsvermögens vor Ort und gut funktionierender Männerbünde - Mann geht auch bereits gerichtlich gegen dieses Gesetz vor.

Mit der neuen Landesregierung wurde zudem ein eigenes Frauenministerium (Ministerium für die Gleichstellung von Mann und Frau) etabliert, sicherlich eine Verbesserung gegenüber der vorherigen Ansiedlung der Gleichstellungspolitik in einem Staatssekretariat. Über die Folgewirkungen lassen sich heute noch keine Aussagen treffen.

Vor dem Hintergrund eines sich abzeichnenden verstärkten Abbaus von Arbeitsplätzen in den Montansektoren, legte die Landesregierung 1987 das

Programm "Zukunftsinitiative Montanregionen" (ZIM) vor, 1989 das Programm "Zukunft in den Regionen Nordrhein-Westfalens" (ZIN). Im Rahmen dieser Programme, ergänzt durch Mittel aus den EG-Programmen RESIDER und EFRE, stehen 17 Mill. DM für spezifische Frauenfördermaßnahmen zur Verfügung. Diese Maßnahmen sind den Problemkomplexen "Übergang Schule - Beruf, betriebliche Frauenförderung, Neue Technologien" zugeordnet. Bisher wurden zwölf kommunale Beratungsstellen "Frau und Beruf" und zwei Projekte zur technologieorientierten Qualifizierung von Frauen eingerichtet. Die Arbeit dieser Stellen ist zeitlich begrenzt (zunächst 3 Jahre), sie sind entweder der Gleichstellungsstelle, der Volkshochschule oder dem Amt für Wirtschaftsförderung zugeordnet - ihre direkten Einflußmöglichkeiten sind daher eher gering. Ihre Arbeit beschränkt sich denn auch überwiegend auf Öffentlichkeitsarbeit, Koordinierungs- und Beratungstätigkeit, Information über Frauenfördermöglichkeiten und Konzepte für Verwaltung und Betriebe sowie auf Qualifizierungsmaßnahmen (SACK 1990, S. 58-59).

Was die Erfolge dieser Arbeit anbelangt, so stimmt der Erfahrungsbericht der Landesregierung über "Gleichstellungspolitische Projekte im Rahmen der Strukturpolitik des Landes NRW" vom April 1990 eher skeptisch. Bis zu diesem Zeitpunkt war noch in keinem Betrieb ein Frauenförderplan initiiert worden. So reichen die Anreize und Argumente offensichtlich "nicht aus, um eingefahrene, an männlichen Interessen orientierte unternehmenspolitische Routinen in Frage zu stellen" (S. 9). "Im großen und ganzen ist der Erfahrungsbericht eine Aufzählung von Bekanntem mit einigen kritischen Anmerkungen. Perspektiven und Forderungen für die weitere Arbeit fehlen. Sie hätten zum Beispiel darin bestehen können, Kompetenzen zu fordern, das heißt, reale Einflußmöglichkeiten für Frauen bei der Auftragsvergabe. ... Die Beschränkung der bestehenden Möglichkeiten wird in dem Bericht nicht deutlich, und es werden keine Kriterien aufgestellt, die für eine effektive Arbeit notwendig wären" (ebd.).

Auf relativ große Resonanz bei den Frauen sind die Qualifizierungsangebote der Projekte gestoßen. Deren Wirkung kann aber anbetrachts der inhaltlichen und zeitlichen Einschränkungen (die meisten Angebote liegen im Bereich der EDV-Anwendung) nur begrenzt sein. Vor einer Überschätzung, wie sie in Sonntagsreden der Politiker oft zu hören ist, kann deshalb nur dringend gewarnt werden, da eine effektive und nachhaltige Verbesserung der Qualifizierungsbedingungen für Frauen erheblich umfassendere und tiefgreifendere Veränderungen im Bildungs-, Ausbildungs- und Weiterbildungssystem zur Voraussetzung hat.

Desweiteren sei nochmals darauf verwiesen, daß die Probleme der Frauen auf dem Arbeitsmarkt und in der Arbeit nicht in erster Linie auf reale oder unterstellte Qualifizierungsdefizite zurückzuführen sind, wie inzwischen in zahlreichen Arbeiten nachgewiesen worden ist (KRONENWETT-LÖHRLEIN 1989, S. 361-377; GOLDMANN 1990, S. 13-21; GOTTSCHALL 1990, S. 142-148). "Es geht ganz offensichtlich nicht nur um Weiterbildung und Qualifizierung. Wie wäre es sonst zu erklären, daß gerade bei den formal hochqualifizierten Frauen die Arbeitslosenquote sowohl im Vergleich zu den Männern als auch im Vergleich zu den darunter liegenden Qualifikationsstufen ausgesprochen hoch ist. Der Satz, daß mit zunehmender Qualifikation die Arbeitsmarktrisiken abnehmen, ist im allgemeinen richtig, er trifft allerdings die Situation bei den Männern entschieden besser als bei den Frauen. ... Qualifizierung alleine reicht also nicht, sie ist notwendige, aber nicht hinreichende Bedingung für eine gleichberechtigte Teilhabe an der Arbeitswelt" (KRONENWETT-LÖHRLEIN 1989, S. 375). Damit wird nicht gegen Qualifizierungsmaßnahmen für Frauen gesprochen, sondern gegen illusionäre Einschätzungen ihrer Auswirkungen, gegen die Reduktion von Frauenpolitik auf diesen Bereich.

Nun gibt es aber noch seit April 1990 einen "Regionalen Arbeitskreis zur Verbesserung der Ausbildung und Beschäftigung von Frauen", der die frauenspezifischen Ansätze in der Region bündeln soll. Beteiligt an diesem Arbeitskreis sind Arbeitsamt, Wirtschaftsverbände, Kammern, Gewerkschaften, Schulbehörden, kommunale Träger der Jugendhilfe und die kommunalen Gleichstellungsstellen. Inhalte der Arbeit sind auch hier Öffentlichkeitsarbeit, Informationsaustausch, die Initiierung von Berufwettbewerben und Frauenprojekten. "Es zieht sich wie ein roter Faden durch alle Frauenprojekte der Landesregierung: Die Frauenprojekte sind kompetenz- und mittellos und haben einen appellhaften Charakter. Da, wo es wirklich um Entscheidungen geht - da sitzen immer noch die Männer" (SACK 1990, S. 59).

Bleibt noch das derzeitige Vorzeigeprojekt der Landesregierung im Ruhrgebiet, die "Internationale Bauausstellung Emscherpark (IBA)". In der Emscherzone, dem Aschenputtel des Ruhrgebiets, in der sich alle Probleme der Region in besonders hohem Maße konzentrieren, soll eine umfassende und radikale ökonomische, räumliche, kulturelle und ökologische Erneuerung im Verlauf der nächsten Jahre stattfinden. Die Umsetzung des Konzeptes soll im wesentlichen durch private Investoren erfolgen, öffentliche Mittel sind nur begrenzt vorhanden.

Mit dieser Konstellation sind die Chancen für die Realisierung von Frauenprojekten nur gering. Damit Fraueninteressen nicht gänzlich unbeachtet bleiben, haben Frauen aus der Region durchgesetzt, daß Vertreterinnen von ihnen an der Beratung über das Gesamtkonzept und die Teilkonzepte beteiligt werden.

Bislang gibt es nur wenige geförderte Frauenprojekte im Rahmen der IBA: ein Wohnungsbauprojekt, ein Beschäftigungs- und Qualifizierungsprojekt, ein Projekt für sogenannte 'nachholende Ausbildung' und eines zur Absicherung der Arbeit eines schon bestehenden Frauenbildungs- und Ferienhauses.

Das Hauptdefizit derartiger Frauenprojekte ist nach Meinung von Gabriele STURM von der Abteilung Raumplanung der Universität Dortmund, "daß es viel zu wenige sind, daß einige Planungsbereiche - wie z.B. Verkehr - und fast alle weitreichenden Entscheidungspositionen davon relativ unberührt bleiben, und daß die Mehrheit der Frauen gemäß historisch gewachsener Unterdrückungstradition ihre Handlungsmöglichkeiten auf einen subjektiv privaten Raum beschränkt sieht" (1991, S. 78).

Allerdings setzen auch die staatlich initiierten Programme immer wieder nur an der Person der Frauen an (diese werden quasi als defizitäre Wesen behandelt) und nicht an den Strukturen, die doch letztlich die Lage der Frauen entscheidend determinieren. Diese Vorgehensweise vereinfacht die spätere Schuldzuweisung: sollten die Maßnahmen scheitern, war nicht die Politik falsch und unzulänglich, sondern die Frauen haben versagt.

Dabei hätten die Landesregierung und die Kommunen durchaus die Möglichkeit, direkt Frauenförderung zu betreiben. Sie könnten in ihren Institutionen bevorzugt Arbeitsplätze für Frauen schaffen, und zwar auf allen Hierarchieebenen. Im Gegensatz zu einer solchen aktiven Beschäftigungspolitik wirkt sich die seit Jahren betriebene Politik des Personalabbaus im Öffentlichen Dienst besonders für die Frauen krisenverschärfend aus. Wie bereits erwähnt, könnte die staatliche Auftragsvergabe an die Privatwirtschaft mit beschäftigungswirksamen, frauenfördernden Auflagen gekoppelt werden. Zwei Jahre lang gab es in NRW einen Erlaß, der besagte, daß diejenigen Firmen, die überdurchschnittlich viele weibliche Auszubildende beschäftigen, bei der Vergabe öffentlicher Gelder auch dann bevorzugt berücksichtigt werden können, wenn sie nicht das günstigste Angebot abgeben. Die EG-Kommission sah hierin einen Verstoß gegen geltendes EG-Recht und drohte dem Land NRW mit einem Vertragsverletzungsverfahren vor dem Europäischen Gerichtshof. Daraufhin hob die Landesregierung den Erlaß auf. Europaparlamentarierinnen und Europaexpertinnen halten diesen Schritt der Landesregierung für falsch, sie sehen vielmehr sehr wohl die Möglichkeit, Frauenförderung bei der Vergabe öffentlicher Aufträge so zu regeln, daß sie mit dem EG-Recht in Einklang steht - vorausgesetzt, es besteht hierzu ein ernsthafter politischer Wille. Bei der staatlichen Infrastrukturpolitik könnten die Belange der Frauen stärker gewichtet bzw. vorrangig berücksichtigt werden. Der Zusammenhang zwischen der öffentlichen Infrastrukturausstattung in den Bereichen Nahverkehr, ganztägige Kinderbetreuungsmöglichkeiten und Schulen, Wohnumfeld- und Stadtteilgestaltung, um nur einige zu nennen, und der Realisierbarkeit von Erwerbsarbeitswünschen von Frauen ist länglich bekannt. Auch hier hat das Ruhrgebiet noch erhebliche Nachholbedarfe.

Gemessen an der oben aufgeführten Problemkonstellation, liefert die Politik der Landesregierung und Kommunen bestenfalls den berühmten Tropfen auf den heißen Stein. Sie ist von ihren quantitativen wie qualitativen Dimensionen her nicht geeignet, die Situation der Ruhrgebietsfrauen grundlegend zu verbessern. Den Stellenwert, den Frauen und Frauenarbeitsplätze im Rahmen des Strukturwandels für Politiker hat, dokumentiert diese Passage aus einer Veröffentlichung der Landesregierung: "Um Männerarbeitsplätze in neuen Produktionsbereichen zu schaffen, müssen auch Frauen qualifiziert und beruflich gefördert werden, für die Entwicklung komplementärer, auf die neuen Produktionsbereiche abgestimmte Berufsfelder, wie Planung und Organisation" (zit. nach SACK/ SCHULZ/ WIENEMANN 1989, S. 21). Von einer solchen Politik haben Frauen wenig zu erwarten.

Anmerkungen

1 Weitgehend ausgeblendet bleibt so z.B. der Zusammenhang zwischen der Situation der Frauen im Bereich der Erwerbsarbeit und den Bedingungen der Reproduktionsarbeit sowie der infrastrukturellen Versorgung, obwohl hier ausgeprägte Wechselwirkungen gegeben sind.

2 Zur Bewertung dieser Modernisierung unter frauenpolitischen Gesichtspunkten STURM (1991, S. 70-79).

3 Gesetz zur Förderung der beruflichen Chancen für Frauen im öffentlichen Dienst (Frauenförderungsgesetz) vom 31.10.1989 (Gesetz- und Verordnungsblatt für das Land Nordrhein-Westfalen - Nr. 51 vom 17.11.1989).

Literatur

Arbeitskammer des Saarlandes: Die Situation der Frauen am saarländischen Arbeitsmarkt. Saarbrücken 1982.

BREYVOGEL, Wilfried u.a.: Land der Hoffnung - Land der Krise. Jugendkulturen im Ruhrgebiet 1900-1987. Bonn 1987.

Dokumentation Dortmund: Ausbildungsplatzsituation und Jugendarbeitslosigkeit 1988. Sitzung des Jugendwohlfahrtsausschusses vom 12.06.1989. Dortmund 1989.

GOLDMANN, Monika: Qualifizierung und Förderung von Frauen angesichts technisch-organisatorischer Veränderungen - eine Herausforderung für die Betriebe. In: Ministerium für Arbeit, Gesundheit und Soziales des Landes NRW: Technikeinsatz und Gestaltung der Arbeitsorganisation - Eine Chance zur Gleichstellung von Frauen. Düsseldorf 1990, S. 13-21.

GOTTSCHALL, Karin: Frauenarbeit und Bürorationalisierung, Frankfurt/Main; New York 1990.

HERRMANN, Irmgard/ MARTINY, Christiane: Frauenerwerbstätigkeit im Strukturwandel des Ruhrgebiets. Materialien zur Analyse der Wirtschafts- und Sozialstruktur. Beiträge zur Sozialforschung NF Heft 1/1983. Bochum 1983.

JOACHIM, Peter: Der Tertiärsektor in der Ruhrwirtschaft. Bonn 1988.

KETTSCHAU, Irmhild/ NYSSEN, Elke: "Wir haben uns auf den Weg gemacht". Notizen zur Frauenbewegung im Ruhrgebiet. In: BREYVOGEL u.a., 1987, S. 240-249.

KRONENWETT-LÖHRLEIN, Eva: Arbeitsmarkt und Beschäftigung in Nordrhein-Westfalen. Der Strukturwandel zugunsten der Angestellten und Höherqualifizierten. In: FRICKE, Werner u.a.: Jahrbuch Arbeit und Technik in Nordrhein-Westfalen 1989. Bonn 1989, S. 325-386.

Landesarbeitsamt Nordrhein-Westfalen (LAA): Presseinformationen Nr. 47 vom 22.5.1989 und Nr. 74 von 19.10.1990. Düsseldorf.

das.: Informationen zum Arbeitsmarkt Nr. 11/1990: Sonderuntersuchung für Arbeitslose - Frauen. Düsseldorf.

das.: Statistische Mitteilung. Sonderhefte 5/90 und 3/91: Frauen und Arbeitsmarkt. Düsseldorf.

Landesregierung NRW: Erster Bericht der Landesregierung zum Frauenförderkonzept NRW. Düsseldorf 1988.

LETTKO, Barbara: Frauenerwerbstätigkeit und Entwicklung von Armut in Oberhausen. Dortmund 1988.

PETZINA, Dietmar: Wirtschaft und Arbeit im Ruhrgebiet 1945 bis 1985. In: KÖLLMANN, Wolfgang u.a.: Das Ruhrgebiet im Industriezeitalter. Düsseldorf 1990, S.492-567.

SACK, Kerstin: Arbeitskreise und Zauberworte. Die Frauenprojekte der Landesregierung. In: Revier 5 (1990), S. 58-59.

SACK, Kerstin/ SCHULZ, Rosemarie/ WIENEMANN, Marianne: Frauen - Ruhrgebiet. Essen 1989.

Stadt Duisburg: Berufsbildungsbericht Duisburg 1989. Duisburg 1989.

STURM, Gabriele: Widerstandsformen von Frauen und Modernisierung im Emscherraum. In: MÜLLER, Sebastian u.a.: Internationale Bauausstellung Emscherpark - Balanceakt zwischen internationaler Kapitalverwertung und lokaler Verbesserung der Lebensverhältnisse. Dortmund 1991.

WANNÖFFEL, Manfred/ WUPPER, Hans: Von der "schnellen Mark" zur "mobilen Einsatzreserve". Jugend und Arbeitsmarkt in den fünziger Jahren. In: BREYVOGEL u.a., 1987, S. 162-170.

WEG, Marianne: Referat über bezahlte Frauenarbeit. In: Frauenbilder. Wissenschaftliche Beiträge zu den 10. Duisburger Akzenten 1986. Duisburg 1988, S. 103-107.

WIENEMANN, Marianne: Vom Elend der Strukturpolitik in ökonomisch schrumpfenden Regionen. Das Ruhrgebiet zwischen High-Tech-Euphorie und montanindustriellem Traditionalismus. In: KRUMMACHER, Michael u.a.: Strukturkrise Ruhrgebiet - Befunde, Analysen, Perspektiven. Arbeitsmaterialien des Weiterbildungszentrums der Ruhr-Universität Bochum. Bochum 1988, S. 15-40.

WIENEMANN, Marianne/ KRUMMACHER, Michael: Resteverwertung oder Renaissance durch Neue Technologien?. In: Arbeitsgruppe Ruhrgebiet/ Arbeitsgruppe München: Regionalentwicklung zwischen Technologieboom und Resteverwertung. Bochum 1985, S. 21-91.

Wissenschaftliche Dienste, Deutscher Bundestag: Antwort auf eine Anfrage der Bundestagsfraktion der GRÜNEN zur Situation der Frauen im Ruhrgebiet. Bonn 1988.

FLEXIBLE ARBEITSZEITEN IM EINZELHANDEL
Auswirkungen auf die Arbeits- und Lebenswelt von Frauen[1]

Maria Funder/Birgit Meiners/Irene Raehlmann

Problemstellung und Zusammensetzung der Untersuchungsgruppen

Anhand von drei betrieblichen Fallstudien werden die Auswirkungen flexibler Arbeitszeiten auf zeitbedingte Belastungen und Beanspruchungen in der Arbeits- und in der außerbetrieblichen Lebenswelt erforscht. Die Untersuchung wird in Betrieben des Einzelhandels durchgeführt, der ein interessantes Untersuchungsfeld darstellt, um Formen der Arbeitszeitflexibilisierung und ihre Folgewirkungen analysieren zu können. Im Unterschied zum Produktionssektor wird der Einzelhandel mit einer diskontinuierlichen Nachfrage und permanenten Kapazitätsschwankungen konfrontiert. Das Moment der 'Ungewißheit' stellt ein wesentliches Kennzeichen von Dienstleistungsarbeit dar. Sie entsteht im Verkauf durch die Unbestimmtheit bzw. Kontingenz des Kundenverhaltens, bei der Sortimentsgestaltung wie auch auf der organisatorischen Ebene (vgl. ENGFER 1989, S. 39). Produktion auf Vorrat ist ausgeschlossen (vgl. WIESENTHAL 1985, S. 15). Weder der Personaleinsatz noch die Arbeitszeitgestaltung bleiben hiervon unberührt. Der "zeitlichen Komponente" kommt bei der betrieblichen Personaleinsatzplanung im Handel folglich ein ungleich höherer Stellenwert als in der Industrie zu (vgl. ENGFER 1984, S. 125). Arbeitszeitflexibilisierung - gemeint sind jene Beschäftigungsverhältnisse und Formen der Arbeitszeitgestaltung, die entweder vom Normalarbeitszeitverhältnis abweichen und/oder bei denen die Lage der Arbeitszeit variiert (vgl. ebd., S. 224) - wird zu einem wichtigen Thema der Personalpolitik. Insbesondere durch die zunehmende Entkoppelung von Arbeits- und Ladenöffnungszeiten gewinnen Arbeitszeitmodelle und Personaleinsatzpläne, die eine optimale Anpassung an die Kundenfrequenzen und Schwankungen des Arbeitsanfalls gewährleisten, an Bedeutung.

Bezogen auf die Beschäftigtenstruktur bzw. Dauer der Arbeitszeit läßt sich feststellen, daß verstärkt seit den 70er Jahren Teilzeitarbeitsplätze im Einzelhandel geschaffen wurden, die fast ausnahmslos mit Frauen besetzt wurden. Es gibt mittlerweile verschiedenste Varianten von Teilzeitarbeit. Diese unterscheiden sich nicht nur in Bezug auf ihre Dauer (unterschiedliche Stundenkontingente), sondern auch durch ihre Lage in der Zeit. Typisch für den Einzelhandel ist folglich sowohl eine chronometrische, d. h. die Dauer der Arbeitszeit betreffende, als auch eine chronologische, sich auf die Lage der Arbeitszeit beziehende Flexibilisierung der Arbeitszeit. Angesichts zunehmender Flexibilisierungstendenzen im Einzelhandel, die erst jüngst mit der Einführung des Langen Donnerstags noch verstärkt wurden (vgl. RAEHLMANN u.a. 1991), stellt sich die Frage, welche Belastungen und Beanspruchungen hieraus für die Beschäftigten erwachsen. Die Untersuchung konzentriert sich dabei vor allem auf jene Belastungen und Beanspruchungen, die aus der Dauer und Lage der Arbeitszeit resultieren.

Die ausgewählten Untersuchungsbetriebe - ein Kaufhaus, ein Textilkaufhaus und ein Selbstbedienungswarenhaus - praktizieren die im Handel gängigen Arbeitszeitmodelle. Für das Kaufhaus gilt beispielsweise ein roulierendes Freizeitsystem, d. h. die Vollzeitbeschäftigten verfügen über einen Jahresarbeitszeitplan, sie sind in sechs Freizeitgruppen eingeteilt, ihr "freier" Tag verschiebt sich jeweils um einen Tag in der Woche. Im SB-Warenhaus existiert kein roulierendes System, stattdessen wird die Lage des "freien" Tages ausgehandelt. Hiervon ausgeschlossen war bislang der Samstag. Erst durch das nach Abschluß der Haupterhebungsphase eingeführte neue Arbeitszeitmodell wurde diese Regelung - allerdings nur für die Gruppe der Vollzeitbeschäftigten - aufgehoben. Es gibt im Prinzip "feste" Arbeitszeiten, wobei jedoch ein "gewisses Maß an Flexibilität" - so der von uns befragte Marktleiter des SB-Warenhauses - für notwendig erachtet wird. Diese bezieht sich sowohl auf veränderte betriebliche Anforderungen als auch auf individuelle Arbeitszeitwünsche. Im Textilkaufhaus wurden vor einigen Jahren variable Arbeitszeiten eingeführt. D.h., die Beschäftigten verfügen über ein Arbeitszeitkonto, Minus- oder Plusstunden können auf den nächsten Monat übertragen werden; die Zahlung des Monatslohns bleibt hiervon unberührt. Teilzeitkräfte werden - vor allem im Textilkaufhaus und im Kaufhaus - mit einem höheren Maß zeitlicher Unbestimmtheit konfrontiert. Dies gilt im übrigen auch für die Gruppe der geringfügig Beschäftigten, größtenteils ehemalige Mitarbeiterinnen, und besonders für Aushilfskräfte im Textilkaufhaus, die zum Teil sogar "auf Abruf" arbeiten. Hier handelt es sich um Arbeitskräfte, die sehr kurzfristig - häufig auch telefonisch - über ihren Arbeitseinsatz informiert werden. Sie werden größtenteils in den Schlußverkaufsphasen und bei Sonderverkäufen eingesetzt. Bei dieser Beschäftigtengruppe liegt sowohl eine chronologische als auch eine chronometrische Flexibilisierung der Arbeitszeit vor.

Um alle Formen flexibler Arbeitszeiten zu berücksichtigen, wurden drei Untersuchungsgruppen gebildet: vollzeit-, teilzeit- und geringfügig beschäftigte Frauen. Da dem Wirkungszusammenhang von betrieblicher und außerbetrieblicher Lebenswelt in unserer Untersuchung ein hoher Stellenwert zukommt, haben wir auch außerbetrieblich stark und weniger stark belastete/beanspruchte Frauen voneinander unterschieden. D.h., befragt wurden Frauen, die außerbetrieblich zeitlich weniger stark oder zeitlich stark, wie durch die Betreuung von Kindern, gebunden sind. Darüber hinaus wurden Gespräche mit den Lebenspartnern der Frauen geführt. Während sich die Hauptuntersuchung auf insgesamt 123 Intensivinterviews stützt, wurden im Rahmen der Voruntersuchung 13 Gespräche mit im Einzelhandel beschäftigten Frauen und ihren Lebenspartnern geführt.

Zeit als theoretischer Bezugsrahmen

Zeit ist ein grundlegender Ordnungsfaktor sozialer Wirklichkeit. Eine ihrer wesentlichen Funktionen besteht darin, menschliche Tätigkeiten zu koordinieren und zu synchronisieren und ihre gesellschaftliche Integration zu realisieren. Mithin ist Zeit ein sozialer Tatbestand. Ihre Strukturen verändern sich mit dem gesellschaftlichen Wandel. Die Entwicklung der kapitalistischen Industriegesellschaft hat zu einer Neuorganisation der Zeit geführt. So wurde mit dem Übergang von der Agrar- zur Industriegesellschaft Zeit als Maß für Arbeitsaufgaben abgelöst durch die Zeit als Maß für Arbeitseinsatz mit Hilfe mechanischer Zeitmessung (vgl. THOMPSON 1973, S. 81). Für die aufgabenbezogene Zeiteinteilung ist kennzeichnend, daß sie für den Menschen einsichtiger ist als die Arbeit nach der Uhr. Aus heutiger, an der Zeitökonomie orientierten Sicht erscheint eine solche Arbeitsauffassung als "verschwenderisch und ohne jeden Sinn für Dringlichkeit" (vgl. ebd., S. 84). Spätestens mit dem Aufkommen von Manufaktur und Fabrik wurde die Vorherrschaft der aufgabenorientierten Zeiteinteilung gebrochen. Durch eine Vielzahl von Maßnahmen, wobei der protestantischen Ethik eine herausragende Bedeutung zukommt, wurden die neuen Arbeitsgewohnheiten und die neue Zeitdisziplin in einem mehrere Generationen dauernden Sozialisierungsprozeß durchgesetzt. Dazu schreibt Max WEBER: "Nicht Muße und Genuß, sondern nur Handeln dient dem unzweideutig geoffenbarten Willen Gottes zur Mehrung seines Ruhmes. Zeitvergeudung ist also die erste und prinzipiell schwerste aller Sünden. ... Zeitverlust durch Geselligkeit, faules Gerede, Luxus, selbst durch mehr als der Gesundheit zuträglichen Schlaf ist ... absolut verwerflich" (WEBER 1965, S. 167-168). Die entwickelte Industriegesellschaft hat auf dem Faktor Zeit als einer knappen Ressource ihr Rationalitätsmodell aufgebaut, für sie ist das Haushalten mit der Zeit typisch. Zeitordnungen sind somit ein Ergebnis sozialer Auseinandersetzungen - Ausdruck von Macht und Herrschaft. Damit deutet sich an, daß mit der Behandlung von Zeit zugleich ein wesentlicher Interessenkonflikt des gesellschaftlichen, wirtschaftlichen und kulturellen Lebens und Selbstverständnisses sowie dessen Entwicklung angesprochen wird.

Zeitknappheit ist nicht nur ein gesellschafts-, sondern vor dem Hintergrund unterschiedlicher Zeitkulturen von Männern und Frauen auch ein geschlechtsspezifischer Tatbestand, der zudem von der Schichtstruktur geprägt wird. Zwar waren von Beginn der Industriegesellschaft an sowohl Männer als auch Frauen der Lohnarbeit und den damit verbundenen Zeitrestriktionen unterworfen; gleichzeitig bedingte aber die geschlechtsspezifische Arbeitsteilung die Beibehaltung eines aufgabenorientierten Zeitverständnisses bei der Frau. Es sind die reproduktiven Aufgaben der Fürsorge, Pflege und Erziehung, die ein solches Verhältnis zur Zeit voraussetzen. In aller Regel ist es auch die Frau, die für die reproduktive und psychische Versorgung des Mannes zuständig ist (vgl. TORNES 1988). Der Prozeß der Verinnerlichung, eigene Zeit für andere zur Verfügung zu stellen, beginnt bereits mit der frühen Sozialisation, indem u.a. durch häufige Unterbrechungen des Mädchenspiels Elemente für ihre spätere Geschlechtsrollenidentität eingeübt werden. So haben sich bei Männern und Frauen unterschiedliche Zeithorizonte herausgebildet. Die Zeitorientierung der Frau bleibt vom Zeitdruck nicht verschont. Von ihr wird erwartet, die familiale Zeit mit den Zeitanforderungen externer Bereiche, wie Beruf, Kindergarten, Schule in Einklang zu bringen. Diese Verschränkung gesellschaftlicher Teilsysteme mit jeweils unterschiedlichen Positionen, Rollen und Erwartungen verschärft den Zeitdruck. "Neben dem externen Kompatibilitätspostulat besteht folglich auch innerhalb des Teilsystems das Abstimmungserfordernis von Zeitbudgets und Terminen, das zusätzlich die Zeitknappheit erhöht und um so schwieriger zu erfüllen ist, je größer das Gewicht des externen Zeitzwangs ist" (SCHÖPS 1980, S. 158f).

Es stellt sich nun die Frage, in welcher Weise bei diesen komplexen Zeitstrukturen Maßnahmen zur Arbeitszeitflexibilisierung wirken. Könnten sie eine geeignete Strategie gegen Zeitknappheit sein? Kann mit dem Ende starrer Arbeitszeiten der Mangel an Zeit eher gemildert werden, und zwar im Sinne der Ermöglichung von mehr Zeitsouveränität? Kommt es gar zu einem Verlangen nach mehr Zeit für sich selbst im Sinne der von Helga NOWOTNY beschriebenen "Eigenzeit", also dem Wunsch, über eigene Zeit verfügen zu wollen (vgl. NOWOTNY 1989)? Oder würde sich eher eine Verschärfung des Problems ergeben? Bei einer positiven Antwort würde die Zeitnot keineswegs verschwinden, denn das würde heißen, den Rationalisierungsprozeß der Neuzeit wieder rückgängig zu machen. Dort, wo die Beschäftigten die Dauer und die Lage ihrer Arbeitszeit beeinflussen können, besteht ggf. viel eher die Chance, durch Handlungs- und Planungsperspektiven die Zeitknappheit in der Arbeits- und außerbetrieblichen Lebenswelt zu reduzieren. Damit kann Arbeitszeitflexibilisierung zur Entlastung beitragen. Die Einflußnahme der Beschäftigten, die von ihren aktuellen, aber auch längerfristigen Bedürfnissen und Interessen bestimmt wird, kann für sie aber mit durchaus problematischen Folgewirkungen verbunden sein. So beinhaltet - angesichts der gegebenen, an der männlichen Normalbiographie orientierten Sozialordnung - eine familienbedingte Reduktion der Arbeitszeitdauer im Alter häufig eine unzureichende Versorgung. Die Chance der Beschäftigten, ihre Bedürfnisse und Interessen zu realisieren, ist gleichwohl begrenzt. Sie wird gebrochen durch betriebliche Strategien, durch die Nachfrage nach Arbeitskräften auf dem externen Arbeitsmarkt, durch Personaleinsatzpläne und durch überbetriebliche Rahmenbedingungen, wie Tarifverträge, Gesetze, gesamtwirtschaftliche und branchenspezifische Entwicklungen. Diese Bedingungen und Maßnahmen beeinflussen die Dauer und die Lage der Arbeitszeit erheblich und können ambivalente aktuelle und längerfristige Konsequenzen für die Beschäftigten haben. Um Fragen von Belastungen und Beanspruchungen durch Zeit im Kontext von Arbeitszeitflexibilisierung empirisch bearbeiten zu können, ist der theoretische Bezugsrahmen noch weiter zu präzisieren, und zwar mit Blick auf ein angemessenes Belastungskonzept. Dem Gedanken der Einheit von Arbeits- und Lebenswelt wird noch nicht selbstverständlich gefolgt, obwohl er bereits von Max WEBER und Georges FRIEDMANN als ein untersuchungsleitendes Prinzip bestimmt wurde (vgl. WEBER 1924; FRIEDMANN 1952, 1959). Bei der vorherrschenden Konzentration der Belastungsforschung auf das innerbetriebliche Geschehen betrachten wir das sozialwissenschaftliche Konzept der integrierten Belastung, in dem die Arbeits- und die außerbetriebliche Lebenswelt als ein Wirkungszusammenhang verstanden werden, als einen geeigneten Ansatz (vgl. RAEHLMANN u.a. 1990).

Methodisches Vorgehen

Den Anforderungen des integrierten Belastungskonzepts entsprechend haben wir zeitbedingte Belastungen und Beanspruchungen nicht nur im Rahmen von Intensivinterviews erhoben, sondern auch im Kontext der betrieblichen Gesamtorganisation und deren Einbettung in branchenspezifische Zusammenhänge sowie in umfassendere gesellschaftliche und ökonomische Rahmenbedingungen. Hierzu wurden Literaturstudien, teilnehmende Beobachtungen, Dokumentenanalysen und Expertengespräche mit den Betriebsparteien durchgeführt. Unser erkenntnisleitendes Interesse, die betriebliche und die außerbetriebliche Lebenswelt gleichermaßen und gleichrangig zu untersuchen, stößt an Grenzen. Der als privat definierte Charakter der Familie verbietet eine teilnehmende Beobachtung, wie wir sie in den Betrieben durchgeführt haben. Daher erscheint es um so wichtiger, auch die Lebenspartner der befragten Frauen in die Untersuchung einzubeziehen, denn die außerbetriebliche Lebenswelt läßt sich nur durch unterschiedliche Perspektiven erschließen.

Im folgenden werden wir kurz den Aufbau der qualitativen, halbstandardisierten Leitfäden für die Intensivinterviews mit den beschäftigten Frauen vorstellen. Der Leitfaden gliedert sich in neun Themenbereiche. Die Leitfäden für die Lebenspartner stimmen, abgesehen von den betrieblichen Themen, mit denen der Frauen im wesentlichen überein. Im ersten Themenbereich werden Fragen zu den privaten Lebensverhältnissen sowie zur Schul- und Berufsausbildung gestellt. Aspekte der Erwerbs- bzw. der Berufsbiographie sind Thema des nächsten Fragenkomplexes. Dieser Rückblick konzentriert sich auf gewollte bzw. ungewollte Unterbrechungen und ihre Folgen für das alltägliche Zeitgefüge. Diese zeitbedingte Belastungsgeschichte in ihrer Verschränkung von beruflicher und privater Biographie zu erheben, rechtfertigt sich aufgrund der Annahme, daß das aktuelle Bewältigungsvermögen u.a. von der Vergangenheit mitbestimmt wird.

In einem dritten Themenbereich steht die betriebliche Arbeitszeitgestaltung im Mittelpunkt. Zunächst geht es um die vertraglich vereinbarten

Arbeitszeiten sowie um das Erleben von Perspektivenwechsel - von zu Hause in den Betrieb. Da das Bewältigungsvermögen beeinflußt wird von der Qualifikation, den Kontrollchancen und den Handlungsspielräumen, werden auch diese Aspekte berücksichtigt. Thematisiert werden ferner Formen sozialer Unterstützung, aus denen sich auch Verpflichtungen ergeben, die die Bewältigungsmöglichkeiten wiederum einschränken können. Die tatsächliche Arbeitszeit wird im vierten Themenbereich aufgeschlüsselt. Zudem geht es um Veränderungen, wie um den Wechsel von Vollzeit- auf Teilzeit oder zu geringfügiger Beschäftigung und umgekehrt sowie um die Gründe dafür und ihre Folgen für die berufliche Situation. Hierbei interessieren der kollegiale Zusammenhang, der berufliche Aufstieg/Abstieg, die Arbeitsinhalte, die soziale Absicherung. Mit Blick auf die Bewältigungschancen werden die Einflußmöglichkeiten bei der Festlegung der Arbeitszeiten behandelt.

Der fünfte Themenbereich gilt der außerbetrieblichen Lebenssituation. Zunächst beschäftigt uns, wie der Wechsel vom Betrieb nach Hause wahrgenommen und vollzogen wird. Es wird nach Arbeiten gefragt, die vor und nach der Erwerbstätigkeit erledigt werden (müssen). Erhoben werden darüber hinaus die Zeitstrukturen aller Familienmitglieder. Die Analyse dieser unterschiedlichen Zeitstrukturen legt offen, mit welchen Koordinationsproblemen Frauen konfrontiert werden. Für das Ausmaß der Beanspruchung im privaten Lebensbereich ist die Aufteilung der Haus- und Beziehungsarbeit entscheidend sowie - nicht losgelöst hiervon - die Selbstbeanspruchung, die sich aus den entsprechenden Standards ergibt. Auch bezogen auf die private Lebenssphäre wird nach Möglichkeiten sozialer Unterstützung und sozialen Netzwerken gefragt. Wichtig für die Bewältigung sind ferner die von Arbeit freien Zeiten, so der Umfang der täglichen Regenerationsarbeit und das Ausmaß der Zeit für sich. Hierbei geht es zudem um die Gestaltung des wöchentlichen "freien" Tages, des langen/kurzen Wochenendes und der Ferien.

Der Bewältigungsprozeß ist Thema des sechsten Fragenkomplexes. Im Mittelpunkt stehen eher allgemeine Beanspruchungen, Über- und Unterforderungen in der betrieblichen und der außerbetrieblichen Lebenswelt. Sodann werden zeitbedingte Belastungen und Beanspruchungen und deren Attribution thematisiert. In Anlehnung an Niklas LUHMANN werden Techniken im Umgang mit Zeitknappheit erörtert (vgl. LUHMANN 1968, S. 3f.). Im einzelnen handelt es sich um folgende Verfahren: Planung, zeitliche Prioritätensetzung, Steigerung des Tempos, gleichzeitige Erledigung und Delegation von Aufgaben, Routine und Gewohnheiten. Die Problematik wird auf Situationen zugespitzt, wo diese Techniken nicht mehr bzw. kaum noch greifen. Im Zusammenhang damit werden kognitive Auseinandersetzungen, unspezifische Verhaltensweisen und emotionale Reaktionen behandelt. Schließlich wenden wir uns der Belastungsgeschichte und -dynamik zu und richten unsere Aufmerksamkeit auf Veränderungen des Bewältigungsrepertoires im Lebenslauf unter den Bedingungen von Zeitknappheit. In einem siebten Themenbereich diskutieren wir Folgen des Bewältigungshandelns mit Blick auf die für den Verkaufsberuf typischen Beanspruchungen. Diese können sich in charakteristischen Beschwerden und Krankheiten zeigen. Veränderungsperspektiven sind Thema des achten Bereichs. Unter Umsetzungsaspekten fragen wir zudem nach Ansatzpunkten zur Verbesserung der betrieblichen Arbeitszeiten. Da Bewältigungsmöglichkeiten nicht nur von der Vergangenheit, sondern auch von der Zukunft bestimmt werden, leiten wir im Themenbereich neun über zu privaten und beruflichen Wünschen und Zielen, wobei auch die Vergangenheit bilanziert wird.

Ergebnisse der empirischen Untersuchung

Im folgenden werden wir erste Ergebnisse, die im Rahmen des Pretestes gewonnen wurden, vorstellen. Im einzelnen handelt es sich um: (1.) Aspekte der betrieblichen Arbeitszeitgestaltung, (2.) Perspektivenwechsel, (3.) Ursachen zeitlicher Gebundenheit im außerbetrieblichen Lebensbereich und die Relevanz sozialer Netzwerke sowie (4.) Techniken im Umgang mit Zeitknappheit und (5.) zeitbedingte Veränderungen des Bewältigungsrepertoires.

Aspekte der betrieblichen Arbeitszeitgestaltung

Wie bereits ausgeführt, praktizieren die in die Untersuchung einbezogenen Einzelhandelsbetriebe unterschiedliche Arbeitszeitmodelle. Die Bewertung des jeweiligen Arbeitszeitsystems hängt vor allem von den Möglichkeiten eigener Zeitkontrolle ab. Je nachdem, wie ausgeprägt die Chancen sind, individuelle Präferenzen einzubringen, fällt auch die Beurteilung der Arbeitszeitgestaltung aus, die von uneingeschränkter Ablehnung bis zu ihrer Akzeptanz reicht. Dabei lassen sich auf der Abteilungsebene Unterschiede im Hinblick auf die Berücksichtigung von Arbeitszeitwünschen erkennen. Als nicht unerheblich erweist sich hierbei der jeweils vorherrschende Lenkungsstil der Abteilungsleitung; der eher partizipativ oder eher autoritär sein kann. Es zeigte sich, daß nicht nur in partizipativ, sondern auch in patriarchalisch geführten Abteilungen Gestaltungsspielräume vorhanden sind. So werden bei Abstimmungsprozessen neben Abteilungserfordernissen individuelle Interessen berücksichtigt.

Von Samstagsarbeit sind - mit einer Ausnahme - alle Frauen betroffen. Der Großteil bewertet diese negativ, gleichwohl gibt es auch Stimmen, die Wochentage als "freie" Tage bevorzugen, da diese sich besser zur Erledigung von Besorgungen eignen. Die ablehnende Haltung ist verständlich, kommt dem Wochenende doch ein gesellschaftlich hoher Stellenwert zu. Hierzu heißt es in einem Interview: "Also, ich find's nicht schön (samstags zu arbeiten, d.V.). Ja, wer würde das schon gut finden? Wenn andere dann samstags erst mal gut frühstücken und dann in die Stadt pirschen ..." (P2/B1/TZb)[2]

Bei der Auswertung der Aussagen zur Dauer und Lage der Arbeitszeit fällt auf, daß die außerbetrieblich stark gebundenen Frauen, die einer Teilzeitbeschäftigung nachgehen, in der Mehrzahl einen weitreichenderen Planungshorizont aufweisen als z.B. eine Frau ohne Kinder, deren Arbeitszeit jeweils von Woche zu Woche neu bestimmt wird. Offenbar erfolgt die Festlegung von Arbeitszeiten nicht unter vollständiger Ausblendung individueller Zeitpräferenzen. Insgesamt gesehen erfolgt die betriebliche Berücksichtigung individueller Zeitpräferenzen jedoch selektiv. D.h., während es einem Teil der Beschäftigten offenbar gelingt, günstige Arbeitszeiten auszuhandeln, hat ein anderer Teil nur geringe Chancen, Arbeitszeitwünsche zu realisieren. Dabei ist die Durchsetzungsfähigkeit der Beschäftigten auch abhängig von ihrer Verhandlungsposition im Betrieb, die u.a. bestimmt wird durch die Qualifikation, die Dauer der Betriebszugehörigkeit sowie von der Arbeitsmarktlage.

Wahrnehmung von Perspektivenwechsel

Durch den Wechsel des zeitlichen Bezugssystems ergeben sich ebenfalls zeitliche Belastungen und Beanspruchungen. Dies wird besonders deutlich, wenn man die Aussagen zum Perspektivenwechsel analysiert. Gemeint ist hier der Wechsel zwischen Betrieb und außerbetrieblichem Lebensbereich und umgekehrt. Hier zeigen sich deutliche Unterschiede zwischen Frauen, die zeitlich außerbetrieblich stark und weniger stark gebunden sind. Insbesondere erwerbstätige Mütter erleben den Prozeß des Sich-Umstellen-Müssens, d.h., den Wechsel zwischen betrieblichen Zeitstrukturen und den Zeitordnungen von Kindern als besonders beanspruchend (vgl. hierzu auch BECKER-SCHMIDT/ KNAPP 1990). Eine der befragten Mütter schildert diesen Prozeß wie folgt:

> "(Können Sie sofort die Gedanken an den Betrieb abschütteln, d.I.) Ja, ich mußte das machen, denn ich habe am Anfang gemerkt, als der D. (ihr vierjähriges Kind, d.V.) noch sehr klein war, daß ich manchmal aggressiv nach Hause kam. Ich bin dann gleich explodiert, bin zornig geworden und da habe ich mir gedacht: Mensch, der hat doch mit meiner Arbeit nichts zu tun. Der freut sich darauf, daß ich von der Arbeit komme ... Das hat für mich auch Kampf bedeutet, aber ich mache das jetzt wie ein Computer, wie ein Automat, ab 1/2 7 habe ich mit dem Betrieb nichts mehr am Hut. Dann ist nur noch mein Sohn da und dann versuch ich, so als wenn ich morgens aufstehe, fit, frei, fröhlich, daß ich ihm dann so gegenübertrete." (P6/B2/VZb)

In umgekehrter Richtung verhält es sich ähnlich: Zeitlich weniger stark gebundene Frauen können oftmals nach Betreten des Betriebes familiäre Probleme hinter sich lassen, außerbetrieblich stark gebundenen Frauen gelingt das nicht in gleicher Weise. Bei den befragten Männern sieht dies ganz anders aus; sie haben offenbar mehr Zeit, sich umzustellen und zu regenerieren:

> "Normalerweise ist das so: Ich komme nach Hause, stelle mir den Fernseher an, laß mir die Badewanne einlaufen, lege ich mich in die Badewanne und ruh mich erstmal gut aus." (P1M/B1/VZa)

Aspekte der außerbetrieblichen Lebenswelt und (Erwerbs-) Biographie von Frauen

Die in die Voruntersuchung einbezogenen Frauen weisen erwartungsgemäß typisch weibliche Lebensverläufe auf, die geprägt sind von zum Teil einschneidenden privaten und/oder beruflichen Zäsuren. Mit Ausnahme der beiden jüngeren Frauen haben alle anderen bereits Berufsunterbrechungen, Wechsel des Beschäftigungsverhältnisses oder zeitlich begrenzte Stundenreduzierungen erlebt. Im Unterschied zu den Vollzeitbeschäftigten haben Teilzeit- und Pauschalkräfte ihre Erwerbstätigkeit bereits für ein oder mehrere Jahre unterbrochen, was größtenteils mit der Übernahme der Kinderbetreuung begründet wird. Bei einigen Frauen resultiert die Berufsunterbrechung auch aus der Übernahme von Pflegediensten, wie der Betreuung von kranken Angehörigen, alten Eltern. Hier liegt zudem häufig ein Wechsel von einer Vollzeit- zu einer Teilzeitbeschäftigung bzw. geringfügiger Beschäftigung vor. Auch ist es durchaus kein Zufall, daß diese Frauen ausnahmslos verheiratet sind, da nach wie vor Teilzeitarbeit eine Domäne von verheirateten Frauen darstellt. Diese "spezifisch weibliche Arbeitsform war historisch niemals als existenzsichernde Erwerbsmöglichkeit gedacht. Ihre Ausübung setzt die Existenz eines vollerwerbstätigen Ehepartners voraus, der mit seinem Einkommen den Hauptteil der Kosten des Lebensunterhalts beider bzw. einer Familie bestreitet" (BEER 1990, S. 270).

Zeitbedingte Belastungen und Beanspruchungen im außerbetrieblichen Lebensbereich entstehen insbesondere durch die weitgehende Alleinzuständigkeit von Frauen für die Haus- und Beziehungsarbeit. Die innerfamiliale Arbeitsteilung zwischen den Geschlechtern geht immer noch zu Lasten der Frauen. Entscheiden sich Frauen für Beruf und Familie, können sie oftmals nicht auf die Unterstützung des Lebenspartners zurückgreifen. Die Gespräche mit den Lebenspartnern bestätigen dies nachdrücklich, so wird die Verantwortung für gemeinsame Kinder und der Hauptteil der Reproduktionsarbeit immer noch den Frauen aufgebürdet. Wie selbstverständlich erwarten ihre Partner, daß Frauen ihre Erwerbstätigkeit aufgeben, sie für eine bestimmte Zeit unterbrechen oder von einer Vollerwerbstätigkeit auf Teilzeitarbeit übergehen, um die Kinderbetreuung zu übernehmen oder Angehörige zu pflegen. Dieser Sachverhalt korrespondiert mit den Ergebnissen zum Themenbereich Sozialisation; kaum einer der befragten Männer hat in seiner Kindheit Hausarbeit gemacht, noch Erfahrungen mit einem eigenen Haushalt gesammelt. Eine Ausnahme bildet hier lediglich einer der Befragten, dessen Mutter erwerbstätig ist. Hausarbeit leisten die befragten Lebenspartner in der Regel erst nach Aufforderung, dabei handelt es sich um Einkäufe nach genauen Angaben und kleinere Arbeiten im Haushalt.

Rechnet man zusammen, wieviel eigene Zeit den befragten Frauen nach Abzug der Hausarbeit, der Daseinsfürsorge für andere noch bleibt und kontrastiert diese mit den erwerbsarbeitsfreien Zeitressourcen der Lebenspartner, wird deutlich, daß sie über ein weitaus geringeres Quantum an "Eigenzeit" verfügen als ihre Lebenspartner. Dies trifft vor allem auf Mütter kleinerer Kinder zu. Insgesamt gesehen ist der Zeitaufwand für Hausarbeit relativ groß; er umfaßt drei und mehr Stunden pro Tag und nimmt mit der Größe des Haushalts sogar noch zu. Hierzu konnte weiterhin festgestellt werden, daß die zeitliche Organisation der Hausarbeit in Form von Arbeitsplänen häufig zu Makulatur wird, vor allem wenn Hausarbeit und Kinderbetreuung zeitgleich erfolgen muß. D.h., die Realisierung der eigenen Zeitplanung wird permanent in Frage gestellt, was als sehr beanspruchend erlebt wird. Vergleicht man die Aussagen der Frauen zur zeitlichen Gestaltung der Haus- und Beziehungsarbeit mit denen der Männer, dann fällt auf, daß die Lebenspartner Hausarbeit als genau terminierbare Aufgabe, die ohne Unterbrechung erledigt werden kann, betrachten. Den Frauen wird eine gewisse Unfähigkeit im Umgang mit der Zeit, die es möglichst effektiv zu nutzen gilt, vorgehalten. Dies kommt z.B. im Unverständnis eines Lebenspartners für die sogenannte Unfähigkeit der Partnerin, Arbeiten zügig zu Ende zu bringen, also vorhandene Zeitressourcen optimal auszunutzen, zum Ausdruck. So vertritt er die Auffassung:

> "... von dem Ablauf der Arbeit, da werden für mich ganz einfach zu viele Pausen gemacht. Es wird sich für diese Arbeiten viel zu viel Zeit gelassen. Ich bin z.B. 'nen Typ, wenn ich Urlaub hab ... dann versuch ich halt rucki-zucki die Wohnung aufzuräumen. ... wie Schlafzimmermachen, Raussaugen, Abwaschen, das versuch ich dann so schnell wie möglich zu machen, ... damit ich dann halt nach diesen Arbeiten noch so viel wie möglich Zeit für mich hab bzw. mit dem Kind zusammen. Alles rucki-zucki, dann aber auch ausgiebig Zeit danach, das ist mein Motto. Und wenn die Frau z.B. nach dem gleichen Motto verfahren würde, in dem Erziehungsjahr z.B., dann behaupte ich ganz einfach, hätte sie für sich und das Kind viel mehr Zeit gehabt, viel mehr Zeit." (P2M/B1/TZb)

Hier konfligieren offenbar unterschiedliche Zeitorientierungen miteinander: Zeitökonomie auf der einen Seite und ein aufgabenorientiertes Zeitverständnis wie es ROUSSEAU (1971, S. 72) mit Blick auf Beziehungsarbeit formuliert, nämlich die Fähigkeit, Zeit verlieren zu können, auf der anderen Seite. Die meisten Frauen, so stellte sich heraus, weisen relativ hohe Hausarbeitsstandards auf. Diese sind unabhängig davon, wie alt die Frauen sind und welche Lebenskonzepte sie verfolgen. In der Konsequenz ergibt sich hieraus eine hohe Selbstbeanspruchung der Frauen. Relativierungen, also eine Reduktion auf ein kulturell noch akzeptables Maß, entstehen in der Regel erst durch einschneidende private Veränderungen, wie z.B. durch den Tod des Partners. Bei erwerbstätigen Müttern wurde nach der Geburt der Kinder die mit der Reduktion der Standards gewonnene Zeit jedoch schon bald durch neu hinzukommende zeitliche Anforderungen mehr als kompensiert.

Soziale Netzwerke - so zeigte sich - schaffen vielfach erst die Voraussetzungen dafür, daß Frauen Erwerbsarbeit leisten können. Aufgrund der geschlechtsspezifischen Arbeitsteilung fehlt - wie bereits ECKART (1988) konstatiert - in den herkömmlichen Formen von Ehe und Familie die Person, die für die berufstätige Frau die komplementäre Rolle im Privatleben spielt, "Kontrasttugenden" (HABERMAS 1981) verkörpert und Reproduktionsaufgaben erledigt (vgl. auch BEER 1990, S. 288 f.). Ein nicht unerheblicher Teil dieser Aufgaben wird von weiblichen Verwandten und/oder Freundinnen übernommen, woraus sich jedoch wiederum Verpflichtungen ergeben können. Unterstützungsleistungen lassen sich jedoch nicht nur in der außerbetrieblichen Lebenswelt konstatieren, auch im Betrieb gibt es Formen gegenseitiger Hilfeleistungen, die ebenfalls ambivalent zu beurteilen sind: so tragen sie einerseits zwar zur Entlastung bei, z.B. können durch den Tausch von Arbeitstagen außerbetriebliche zeitliche Koordinationsprobleme abgemildert werden, andererseits wirken sie aber auch belastungsverschärfend bzw. führen zu erheblichen Beanspruchungen, indem Frauen aus Gründen der Kollegialität arbeiten gehen, obwohl sie nicht gesund sind.

Vom Umgang mit Zeitknappheit

Chronische Zeitknappheit hat sich zu einem Problem entwickelt, von dem alle befragten Frauen mehr oder weniger intensiv tangiert werden. Woraus diese jedoch resultiert, wie sie sich äußert und erlebt wird, hängt einerseits von der Art des Beschäftigungsverhältnisses und der Lage der individuellen Arbeitszeit ab sowie andererseits von außerbetrieblichen zeitlichen Restriktionen. Mit dem unterschiedlichen zeitlichen Umfang der Erwerbsarbeit und der Hausarbeit/Kinderbetreuung hängt auch die Rolle, die der Zeit im gesamten Belastungskontext zukommt, zusammen. Vollzeitbeschäftigte fühlen sich vor allem dann stark beansprucht, wenn sich die ohnehin lange tägliche Abwesenheit von zu Hause durch Überstunden weiter verlängert, was für eine Alleinerziehende noch zusätzliche Koordinierungsprobleme aufwirft; bei Teilzeitbeschäftigten ist es vor allem die Lage der Arbeitszeit (vormittags/nachmittags). Gleichwohl kann diese zeitliche Limitierung auch eine entlastende Wirkung haben. Ebenso häufig werden in diesem Zusammenhang Beanspruchungen genannt, die aus Schwankungen der Arbeitsintensität resultieren und durch unterschiedliche Kundenfrequenzen verursacht werden. Belastungen und Beanspruchungen ergeben sich weiterhin durch die auf den Personalabbau zurückzuführende Arbeitsintensivierung, die in der Vorweihnachtszeit und im Schlußverkauf nochmals ansteigt. Im Umgang mit Zeitknappheit werden unterschiedliche Techniken verwandt, die in ihren Auswirkungen sowohl belastungsmindernd, als auch verschärfend wirken können. Die meisten Frauen favorisieren Techniken wie das Setzen von Prioritäten, das Umdisponieren, Temposteigerungen oder ein gleichzeitiges Erledigen von Arbeiten, aus denen sich allerdings häufig zusätzliche Beanspruchungen ergeben. Diese Techniken greifen jedoch nicht in Belastungsphasen, die sich ihrem Einfluß weitestgehend entziehen. Zu nennen sind der Schlußverkauf, die Inventur und Zeiten, in denen betriebliche und außerbetriebliche Belastungen und Beanspruchungen, z.B. Kinderkrankheiten, kumulieren. Wie solche Phasen empfunden und in welcher Weise sie bewältigt werden, wird u.a. von der Art der kognitiven Auseinandersetzung beeinflußt.

Belastungsgeschichte und -dynamik. Veränderungen des Bewältigungsrepertoires

Betrachtet man die Belastungsgeschichte und -dynamik, zeigt sich, daß die meisten der befragten Frauen ihr Bewältigungsrepertoire im Laufe der Jahre verändert, d.h., in der Regel eingeschränkt haben. Mehrere Frauen haben früher über ein breiteres Repertoire verfügt und z.B. regelmäßig Sport betrieben. Eine Ursache dieser Veränderung wird in der Lage der Arbeitszeit gesehen, die eine Teilnahme an abendlichen Sportkursen erschwert, wenn nicht unmöglich macht; eine andere Ursache hängt mit der Betreuung von Kindern zusammen. So führt bei einigen Frauen spätestens die Geburt von Kindern zur Aufgabe sportlicher Aktivitäten:

> "Ich möchte gern Sport machen, geht nicht, kann ich zeitlich nicht einhalten. Da müßte der D. (Sohn) drunter leiden, das mache ich nicht." (P6/B2/VZb)

Aber nicht nur das Bewältigungsrepertoire unterliegt Veränderungen, auch die Wahrnehmung von Belastungen als beanspruchend ist davon nicht ausgenommen. Dabei sind die Schnittstellen von Belastungsveränderungen in der Regel eng an die individuellen, vor allem privat-familiären Aspekte ihrer Biographien gekoppelt und damit entsprechend uneinheitlich. Zu nennen sind u.a. einschneidende außerbetriebliche Veränderungen, die Markierungen ihrer jeweiligen Belastungsgeschichte darstellen, wie die Geburt der

Kinder, die Erwerbslosigkeit des Partners, sein beruflicher Auf- und Abstieg, Scheidung oder der Tod des Partners.

Auf die Prozeßhaftigkeit von Belastungen und Beanspruchungen weist insbesondere die von den beiden ältesten Frauen registrierte nachlassende Belastbarkeit hin, die sich in einem größeren Bedürfnis nach Pausen, nach Langsamkeit äußert. Weiterhin sind in diesem Zusammenhang erwerbsarbeitsseitige Belastungsveränderungen sowie Erfahrungen mit kollektiven Verarbeitungsweisen, wie auf der betrieblichen Ebene durch ein Engagement in der betrieblichen Interessenvertretung und in der außerbetrieblichen Lebenswelt durch die Teilnahme an Gesprächskreisen, zu nennen, die das Bewältigungsvermögen und nicht zuletzt die Veränderungsperspektiven prägen können.

Weitere Perspektiven

Abschließend möchten wir noch auf die weiteren Untersuchungsschritte eingehen, wie auf die Zusammensetzung der Untersuchungsgruppen in der Hauptphase, an der aus jedem Betrieb 30 Frauen teilnehmen werden, die sich sowohl im Hinblick auf die Art des Beschäftigungsverhältnisses als auch durch unterschiedliche außerbetriebliche Belastungen voneinander unterscheiden.

Die außerbetriebliche Gebundenheit der Frauen wurde bei der Projektentwicklung im wesentlichen an der Betreuung von Kleinkindern, Kindergarten- und Schulkindern festgemacht. Es zeigte sich jedoch im Verlauf der Pretestphase, daß bei dieser Festlegung eine Gruppe von Frauen gänzlich ausgeklammert wird, nämlich sogenannte "Graue Töchter". Das sind häufig, aber nicht immer, unverheiratete Frauen in den fünfziger Jahren, die ihre alten Eltern versorgen, pflegen und zum Teil auch mit ihnen zusammenleben. Unter wissenschafts- und gesellschaftspolitischen Aspekten ist es wichtig, diese Gruppe, deren Zahl und Bedeutung in Zukunft zunehmen dürfte, zu berücksichtigen. Hier zeigt sich schließlich deutlich, daß Frauen mit nicht entgoltener Beziehungsarbeit und Betreuungsaufgaben befaßt sein können, unabhängig davon, ob sie eine eigene Familie gegründet haben oder nicht. Auch werden nicht nur Frauen, die mit einem Ehepartner zusammenleben (also klassische Formen der Kleinfamilie oder Ehen ohne Kinder), sondern auch Alleinlebende, Alleinerziehende und Frauen, die eheungebundene Lebensformen praktizieren, in die Untersuchung einbezogen. Diese Lebensformen sind in den drei Untersuchungsbetrieben - so machen die Gespräche mit den Betriebsparteien und Beschäftigten deutlich - ausreichend vertreten.

Der Einzelhandel nimmt für den Dienstleistungssektor im Hinblick auf die Arbeitszeitgestaltung eine Schlüsselrolle ein. So experimentiert er schon seit Jahren mit flexiblen Arbeitszeiten. In diesem Zusammenhang kam es u.a. zu einem massiven Abbau von Vollerwerbsarbeitsplätzen und der Zunahme von Teilzeitarbeit sowie geringfügiger Beschäftigung. Auch bezogen auf die Lage der Arbeitszeit wurden - verstärkt seit der Einführung des Langen Donnerstags - neue Modelle der Arbeitszeitflexibilisierung eingeführt. Somit stellt der Einzelhandel ein ideales Untersuchungsfeld dar, um das Thema Arbeitszeitflexibilisierung zu bearbeiten sowie Auswirkungen auf die außerbetriebliche Lebenswelt - beispielsweise die Entstehung oder Verschärfung von zeitlichen Koordinations- und Synchronisationsproblemen - zu analysieren. Bereits die Ergebnisse der Voruntersuchung zeigen deutlich, daß der Bewältigungsprozeß von einer Vielzahl unterschiedlichster betrieblicher wie außerbetrieblicher Konstellationen beeinflußt wird. So u.a. von betrieblichen Rationalisierungsstrategien, den Möglichkeiten eigener Zeitkontrolle, der außerbetrieblichen Lebenssituation, wie der innerfamilialen Arbeitsteilung, der Selbstbeanspruchung durch Hausarbeits- und Erziehungsstandards, der Existenz sozialer Netzwerke und der erfolgreichen Anwendung von Strategien im Umgang mit Zeitknappheit. Dabei wird ein Wandel des Bewältigungsrepertoires vor allem durch Veränderungen der Dauer und Lage der Arbeitszeit sowie durch Zäsuren im privaten Lebenslauf hervorgerufen.

Anmerkungen

1 Die Untersuchung wurde im Rahmen des Programms "Arbeit und Technik" (ehemals "Humanisierung des Arbeitslebens") vom BMFT gefördert. Außer den Autorinnen dieses Beitrages arbeitete Alexander Glanz noch in dem Projekt.

2 Die erste Abkürzung bezieht sich auf das jeweilige Interview; mit B1 ist das Textilkaufhaus, B2 das Kaufhaus und B3 das SB-Warenhaus gemeint; TZ steht für Teilzeitbeschäftigte, VZ für Vollzeitbeschäftigte und PK für geringfügig Beschäftigte; mit der Abkürzung a wird die außerbetrieblich zeitlich weniger starke Gebundenheit angezeigt, während b außerbetrieblich zeitlich stark gebunden meint; M bedeutet, es handelt sich um ein Interview mit einem Lebenspartner.

Literatur

Becker-Schmidt, Regina/ Knapp, Gudrun-Axeli: Arbeiterin und Mutter: Zwischen Zeitmangel und Zeitverschwendung. In: Fricke, Werner (Hrsg.): Jahrbuch Arbeit und Technik 1990. Bonn 1990, S. 42-48.

Beer, Ursula: Geschlecht, Struktur, Geschichte. Soziale Konstituierung des Geschlechterverhältnisses. Frankfurt/Main; New York 1990.

Eckart, Christel: Töchter in der "vaterlosen Gesellschaft". Das Vorbild des Vaters als Sackgasse zur Autonomie. In: Hagemann-White, Carol/ Rerrich, Maria (Hrsg.): Frauen-Männer-Bilder. Bielefeld 1988, S. 170-192.

Engfer, Uwe; Rationalisierungsstrategien im Einzelhandel. Widersprüche der Organisation von Dienstleistungsarbeit, Frankfurt/Main; New York 1984.

ders.: Rationalisierungskonzepte im Dienstleistungssektor: Kontinuität oder Wandel? In: Faber, Christel/ Wehrsig, Christof (Hrsg.): Informatisierung und Rationalisierung. Konzepte und Befunde zum Einsatz von Warenwirtschaftssystemen im Handel. Werkstattbericht Nr. 66 "Mensch und Technik. Sozialverträgliche Technikgestaltung, Ministerium für Arbeit, Gesundheit und Soziales des Landes NRW. Bielefeld 1989, S. 27-44

Friedmann, Georges: Der Mensch in der mechanisierten Produktion. Köln 1952.

ders.: Grenzen der Arbeitsteilung. Köln 1959.

Habermas, Jürgen: Theorie des kommunikativen Handels. Zur Kritik der funktionalistischen Vernunft. Band II, Frankfurt/Main 1981.

Luhmann, Niklas: Die Knappheit der Zeit und die Vordringlichkeit des Befristeten. In: Die Verwaltung, 1 (1968), H. 1, S. 3-30.

Nowotny, Helga: Eigenzeit. Frankfurt/Main 1989.

Raehlmann, Irene/ Funder, Maria/ Glanz, Alexander/ Meiners, Birgit: Flexible Arbeitszeit und ihre Folgen für die Arbeits- und die außerbetriebliche Lebenswelt. Erste Ergebnisse einer Untersuchung über Belastungen/Beanspruchungen durch Zeit. In: Sozialer Fortschritt. Unabhängige Zeitschrift für Sozialpolitik, 39 (1990), H. 12, S. 279-283.

Raehlmann, Irene/ Meiners, Birgit/ Glanz, Alexander/ Funder, Maria: Der "Lange Donnerstag" - Arbeitszeitgestaltung im Einzelhandel. Ergebnisse betrieblicher Fallstudien. Zwischenbericht. Bochum 1991.

Rousseau, Jean-Jacques: Emile oder Über die Erziehung. Paderborn 19718.

Schöps, Martina: Zeit und Gesellschaft. Stuttgart 1980.

Thompson, Edward P.: Zeit, Arbeitsdisziplin und Industriekapitalismus. In: Braun, Rudolf/ Fischer, Wolfram/ GroSSkrank, Helmut u.a. (Hrsg.): Gesellschaft in der industriellen Revolution. Köln 1973, S. 81-112.

Tornes, Kristin: Frauen und Zeit. In: Hernes, Helga Maria (Hrsg.): Frauenzeit - Gebundene Zeit. Bielefeld 1988, S. 13-42.

Weber, Max: Methodologische Einleitung für die Erhebungen des Vereins für Sozialpolitik über Auslese und Anpassung (Berufswahlen und Berufsschicksal) der Arbeiterschaft der geschlossenen Großindustrie (1908). In: ders.: Gesammelte Aufsätze zur Soziologie und Sozialpolitik. Tübingen 1924, S. 1-60.

ders.: Die protestantische Ethik und der Geist der Kapitalismus (1904/5). München, Hamburg 1965.

Wiesenthal, Helmut: Themenraub und falsche Allgemeinheiten. In: Schmid, Thomas (Hrsg.): Das Ende der starren Zeit. Vorschläge zur flexiblen Arbeitszeit. Berlin 1985, S. 9-24.

FRAUEN UND COMPUTER oder:
Der Wettlauf mit dem 'giant phallus'

Barbara Eifert

Den Computer als einen Höhepunkt der technischen Entwicklung[1] zu bezeichnen, ist gerechtfertigt, da der Computer dem uralten Menschheitstraum der Erfindung einer Denkmaschine sehr nahe kommt[2]. Ein Computer, dessen elementare Funktionen Additionen und Vergleichsprozesse sind, ist zwar nicht in der Lage zu denken, kann aber mit Hilfe von Symbolen Denkprozesse simulieren (vgl. WEIZENBAUM 1977, S. 107)[3]. Diese Fähigkeit, gekoppelt mit der ungeheuren Schnelligkeit, mit der moderne Computer Aufgaben erledigen können, und die fortschreitenden Konstruktionsentwicklungen haben den Computer zu einem Exponaten der technischen Entwicklung werden lassen, der - gewünscht oder ungewünscht - in alle Lebensbereiche 'eindringt': ein 'giant phallus' (GAME/ PRINGLE 1984, S. 89) eben.

Das Thema "Frauen und Computer" hat in den letzten Jahren Hochkonjunktur, betrachtet man die Neuerscheinungen auf dem Büchermarkt oder wirft man einen Blick in die einschlägigen Computerzeitschriften[4]. Die Aktualität dieses Themas wird nicht zuletzt durch die Projekte der Frauenförderung in diesem Bereich unterstrichen[5]. Die Diskussion um Frauen und Computer, häufig auch unter dem Titel "Frauen und neue Technologien"[6] geführt, bezieht sich auf verschiedene Aspekte des Verhältnisses von Frauen zu Computern. Zentrale Themen, die ich im folgenden diskutieren werde, sind:

- Voraussetzungen, die Frauen aufgrund ihrer Sozialisation als Frauen im Umgang mit Computern mitbringen
- Der technische Haushalt als Widerspruch zur vielzitierten Technikdistanz von Frauen
- Anteile von Frauen an dem expandierenden Berufsfeld Computerarbeit

- Schattenseiten der Bildschirmarbeit: gesundheitliche Beeinträchtigungen
- Positionen und Bewertungen des zunehmenden Computereinsatzes unter Berücksichtigung der Auswirkung auf die Frauenerwerbsarbeit insgesamt

Frauen und Technik - ein schwieriges Verhältnis?

Das Thema Frauen und Technik[7] erfreut sich in den letzten Jahren zunehmender Beliebtheit. Zahlreiche Publikationen beschäftigen sich mit dem offenbar gewordenen unterschiedlichen Verhalten der Geschlechter in bezug auf Technik. Neben der historisch orientierten Forschung in diesem Bereich, die sich vor allem mit der Sichtbarmachung von Naturwissenschaftlerinnen und deren häufig verschwiegenen Leistungen befaßt, wird das Verhältnis von Frauen zur Technik diskutiert. Da das Verhältnis zur Technik und die Geschlechtsidentifikation (vgl. COCKBURN 1983) in einem direkten Zusammenhang[8] zu sehen sind, setzt die Ursachenforschung für "typisch" weibliche Fähigkeitsprofile bei der Untersuchung der frühen Sozialisationsbedingungen an. In ihrer gesamten Spannbreite reicht sie bis hin zur Erforschung eines Resultats spezifisch weiblicher und männlicher Sozialisation: des geschlechtsspezifisch segmentierten Arbeitsmarktes.

Ergebnisse zum Thema "Mädchen und Computer" aus einem der unstrittig[9] anerkannten Sozialisationsorte, der Schule[10], liegen seit Ende der 70er und Anfang der 80er Jahre vor. Die ersten Studien untersuchten ausschließlich die mathematischen Fähigkeiten von Mädchen und Jungen. Diese Studien gaben keinen Hinweis auf anlagebedingte Faktoren für unterschiedliche Fähigkeiten von Jungen und Mädchen in mathematisch-naturwissenschaftlichen Fächern. Empirische Erhebungen über die Einstellung zur Technik und den Umgang von Mädchen und Jungen mit ihr schlossen an diese ersten Studien Mitte der 80er Jahre an. Den Hintergrund für diese Untersuchungen bildeten alarmierende Ergebnisse über eine andauernde Unterrepräsentanz von Mädchen in naturwissenschaftlichen Fächern und der Mathematik an den allgemeinbildenden Schulen. Diese Unterrepräsentanz fiel umso mehr auf, als die Ende der 60er Jahre eingeführte Koedukation gerade zur Aufhebung der geschlechtsspezifischen Benachteiligungen von Mädchen in den Naturwissenschaften und der Mathematik hatte führen sollen[11].

Die Einführung der Computer in den Schulen eröffnete dann Anfang der 80er Jahre die Möglichkeit, die Unterschiedlichkeit der Geschlechter exemplarisch zu untersuchen. Bei einer solchen Untersuchung (BMFBW 1982) wurde bei über 1000 Jugendlichen zunächst deren allgemeine Technikakzeptanz abgefragt. Dabei erklärte die überwiegende Mehrheit den Satz "Technik ist und bleibt Männersache" für unzutreffend. Gleichwohl zeigten die Mädchen eine ausgeprägte Distanz gegenüber Technik, die sich primär in einem wesentlich geringer ausgeprägten Neugierverhalten gegenüber Technik äußerte (vgl. BMFBW 1982, S. 50ff).

Mitte der 80er Jahre wurden von der Projektgruppe "Informationstechnische Bildung" der Universität Konstanz 2600 Jugendliche in der Bundesrepublik in differenzierter Form zu Einstellungen zum Computer befragt. Dabei konnte die Annahme, Mädchen hätten ein distanziertes Verhältnis zum Computer, und Jungen seien von ihm fasziniert, "empirisch nicht nachgewiesen" (vgl. FAUSER 1989, S. 35) werden. Deutlich wurde, daß das Interesse von Mädchen und Jungen an einem praktischen Umgang mit dem Computer gleichermaßen hoch war. Auch bei der Gewichtung der sozialen Aspekte, also welche Vor- und Nachteile die neue Technologie den Menschen in der Arbeitswelt und im Privatleben bringt, zeigten sich keine signifikanten Unterschiede. Erhebliche Differenzen traten dagegen in drei Punkten auf:

- Jungen wollten wesentlich häufiger darüber Bescheid wissen, wie man Computer zur Freizeitgestaltung verwenden kann.
- Mehr Jungen wollten selbst programmieren.
- Jungen interessierten sich stärker für den technischen Aspekt, besonders für die Funktionsweisen von Computern.

Gerade die beiden letztgenannten Ergebnisse der Befragung deuten aber in Richtung Technikdistanz der Mädchen. Die Neigung zum eigenen Programmieren ist ein Hinweis auf das Interesse der Jungen am Entwurf und der Erprobung selbständiger, kreativer Lösungsmodelle. Diese stehen im Gegensatz zu reinen Anwendungsprogrammen, die zwar häufig ein hohes Maß an Abstraktionsvermögen erfordern, aber in der Regel nicht die gedankliche Zerlegung von Problemen in Einzelschritte verlangen. Auch die größere Motivation der Jungen, die technischen Abläufe des Computers kennenzulernen, ist ein Zeichen eines qualitativ höheren Interesses an Technik. Technische Prozesse nachvollziehen zu können, schafft nicht nur mehr Souveränität gegenüber der Technik, sondern ist auch ein Indikator für das Interesse an technischen Funktionsweisen allgemeinerer Art. Diese Interpretation wird auch von anderen Erhebungen unterstützt, da dort die durchaus interpretationsbedürftige Technikdistanz[12] von Mädchen bestätigt wird. So belegten in

Rheinland-Pfalz 1983/84 (vgl. SCHIERSMANN 1987, S. 11) an Gymnasien und integrierten Gesamtschulen 22% der Jungen, aber nur 6% der Mädchen den Grundkurs "Informatik". Eine Untersuchung in der Stadt Münster ergab, daß in der Jahrgangstufe 11 im Schuljahr 1985/86 62% der Jungen und 42% der Mädchen das Fach Informatik wählten, in der Jahrgangsstufe 12 jedoch nur noch 5% der Schülerinnen und in der 13. Jahrgangsstufe nur noch 1% (vgl. SANDER 1986), wohingegen der Anteil der Jungen konstant blieb. Einer vom Institut Frau und Gesellschaft (IFG) und der Zeitschrift BRIGITTE 1986 durchgeführten, für die Bundesrepublik repräsentativen Untersuchung zufolge hatten von den 14- bis 19-jährigen Frauen 43%, von den gleichaltrigen Männern dagegen lediglich 23% noch nie an einem Computer gesessen.

Faßt man die Ergebnisse dieser hier aufgeführten Studien zusammen, so ist für den Sozialisationsort Schule tendenziell keine Überwindung geschlechtsspezifischer Zuordnungsmuster in bezug auf Technik, insbesondere zu den Computern als den Exponenten der technischen Entwicklung zu konstatieren. In der erwähnten Untersuchung der Zeitschrift BRIGITTE/IFG (1986) wird diese Feststellung bestätigt. 45% der Jungen im Alter von 14 - 19 Jahren gaben an, sie seien durch die Schule an Computern interessiert, bei den Mädchen dieser Altersklasse waren es lediglich 27%. Trotzdem stellt die Koedukation insgesamt einen wichtigen sozialen Lernprozeß für Mädchen und Jungen dar, der aus einer kontinuierlichen Auseinandersetzung mit dem anderen Geschlecht resultiert[13]. Dennoch werden in diesem Lernprozeß geschlechtsspezifische Stereotype reproduziert, besonders augenfällig im mathematisch-naturwissenschaftlichen Bereich[14]. Bei der Untersuchung von Mathematikbüchern fand eine Berliner Pädagogin heraus, daß bei Aufgabenstellungen der durchschnittlich zu errechnende Verdienst von Frauen die Untergrenze der männlichen Verdienstmöglichkeiten darstellte. Auch die den Frauen zugedachten Berufe waren nicht auf der Führungsebene angesiedelt, sondern stellten Hilfstätigkeiten und traditionelle Frauenberufe dar. Garderobenfrauen und Hausfrauen bildeten das weibliche Berufsspektrum. Diese Ergebnisse fügen sich in eine Reihe von Untersuchungen zur Chancengleichheit (vgl. u.a. BREHMER 1982, HAGEMANN-WHITE 1984[15]) im koedukativen Bildungssystem ein. Konsens dieser Studien ist: Die Inhalte, Lernziele und Schulbücher, der Sprachgebrauch, die Interaktionen und Hierarchien sind am männlichen Geschlecht orientiert geblieben. Auf die unterschiedlichen Lebensperspektiven und Lebenskonzepte der Geschlechter wird nicht eingegangen. Bildungsbedürfnisse von Mädchen bleiben häufig unberücksichtigt (vgl. TAZ 9.11.90, S. 8)[16]. Insofern stellen auch die mathematisch-naturwissenschaftlichen Schulbücher häufig einen Faktor der Entmutigung für Mädchen dar. Die vorgegebenen Bilder, zusammen mit dem Fehlen weiblicher Vorbilder (z.B. als Mathematiklehrerinnen[17]) in der Gegenwart und der historischen Rezeption sind Bestandteile sozialisationsbedingter geschlechtsspezifischer Rollenstereotype, die individuell mehr oder weniger zum Tragen kommen.

Die Ausgangslage für den Umgang mit Technik stellt sich vor diesen sozialisationsbedingten Ausgangsbedingungen für Frauen zunächst schwieriger dar als für die "technikprivilegierten" Männer. Diese Erkenntnisse und Erfahrungen aus dem Weiterbildungsbereich haben bei verschiedenen Weiterbildungsträgern zu einem frauenspezifischen Konzept der EDV-Qualifizierung geführt. In Kursen, die ausschließlich für Frauen angeboten wurden, zeigte sich, daß die sozialisationsbedingte Technikdistanz von Frauen auf spezifische Zugangsweisen[18] im Umgang mit dem Computer zu reduzieren war. Diese spezifischen Herangehensweisen von Frauen lassen sich folgendermaßen zusammenfassen:

- Frauen sind in der Regel weniger technikfasziniert, sondern mehr gebrauchswertorientiert im Umgang mit dem Computer. Die Frage: wozu brauche ich das? taucht bei Frauen wesentlich häufiger auf als bei Männern.
- Frauen zeigen gegenüber dem Computer größere Unsicherheiten als Männer und haben von daher eine höhere Angstbereitschaft gegenüber dem Computer, z.B. ist die Angst, etwas kaputt zu machen, bei Frauen weitaus größer als bei Männern.
- Frauen zeigen häufig das Interesse und die Bereitschaft, kooperativ zu arbeiten.

Wenn diesen frauenspezifischen, sozialisationsbedingten Voraussetzungen Rechnung getragen wird, läßt sich die Technikdistanz von Frauen überwinden, das haben die Erfahrungen in den Frauenkursen gezeigt. Die Frage, die sich aus der Feststellung einer zunächst vorhandenen Technikdistanz bei Frauen ergibt, zielt ab auf die Einstellung von Frauen zu den Computern.

Auch hier möchte ich wieder auf eine Studie verweisen, die den Titel "Angst vor dem Computer - typisch weiblich?" (1984) trägt. In dieser Untersuchung wurden ComputerbenutzerInnen in verschiedenen öffentlichen Verwaltungen und Unternehmen im Hinblick auf ihre Einstellung gegenüber

Computern (hier: neue IuK-Technologien) befragt. Bezogen auf die allgemeinen gesellschaftlichen Auswirkungen, sowie auf die persönlichen, arbeitsplatzbezogenen Effekte äußerten sich Frauen durchweg kritischer als ihre männlichen Kollegen. Diese Bewertung resultierte aber aus einer völlig anderen Arbeitsplatzsituation der Computer-Benutzerinnen: Sie hatten (und haben) in der Mehrzahl Arbeitsplätze mit geringeren Entscheidungsspielräumen als Männer. Sie müssen sich in der Regel mehr mit der Aufbereitung von Daten als mit ihrer Auswertung beschäftigen. Die Untersuchungsergebnisse zeigen auch, daß Männer, deren Entscheidungsspielraum auf dem gleichen Niveau liegt wie der der Frauen, die gleiche kritische Einstellung zu Computern haben. Deutlich wurde in dieser Untersuchung herausgearbeitet, daß die Ablehnung des Computers keine typisch weibliche Eigenschaft ist - quasi aus der Psyche der Frau erklärbar - sondern vor dem realen Hintergrund der Arbeitsplatzsituation von Frauen zu verstehen ist.

Der Widerspruch: Der technische Haushalt

Technik ist noch immer vorwiegend Männersache. Dies ist eine alltägliche Erfahrung und es scheint auch selbstverständlich zu sein. Zwar bedienen Frauen seit Beginn der Industrialisierung technische Geräte im Haushalt und in der Arbeitswelt, sowohl in der Produktion als auch im Dienstleistungsbereich sachgerecht und ohne Katastrophen hervorzurufen. Dennoch hält sich die Vorstellung vom "Unverhältnis Frauen und Technik" weitgehend (vgl. JANSHEN 1986, S. 279ff.) bis heute.

In den privaten Haushalten haben die Computer längst ihren Einzug gehalten. Getreu dem ungebrochenen Glauben an die Rationalisierbarkeit der Hausarbeit[19] hat der forcierte Einsatz computergesteuerter Haushaltshelfer schon Anfang der 70er Jahre begonnen. In der Phantasie computerfaszinierter Haushaltstechniker besteht trotz gegenteiliger Erfahrungen[20] noch immer das Bild der technisch-ökonomischen Hausarbeit.

Im technisierten Haushalt der Gegenwart, der ein Produkt dieses Bildes ist, ist keine Rede von der Technikdistanz der Frauen. An diesem, den Frauen vielfach noch immer natürlicherweise[21] zugeschriebenen Ort, wird ihnen Technikkompetenz zugestanden. So ist z.B. die Bedienung der Waschmaschine - für manche Männer noch immer ein Mysterium - nach wie vor Frauensache[22]. JANSHEN (1987) sieht in dem Zugeständnis von Technikkompetenz im privaten Haushalt für die Frauen keinen Bruch mit der herrschenden Ideologie vom Unverhältnis "Frau und Technik", sondern für sie ist darin die gesellschaftliche Nachrangigkeit von Frauen dokumentiert. Mit anderen Worten: die große Technik den Männern, die kleine Technik (Haushaltstechnik) den Frauen. Da die Technikdistanz von Frauen in bezug auf die privaten Haushalte de facto kein Thema ist, macht diese These Sinn. Sie legt darüber hinaus die Vermutung nahe, daß dort, wo Männer nicht mit Frauen in Konkurrenz treten, auch keine Rede von technischer Inkompetenz ist. Wichtig erscheint in dem hier interessierenden Zusammenhang, daß auch in bezug auf die Teleheimarbeit die Technikdistanz von Frauen keine relevante Größe darstellt. Auch dieses Faktum unterstützt die These, daß dort, wo keine Konkurrenz von Frauen für sogenannte männliche Arbeitsbereiche gefürchtet wird, Technikkompetenz nicht angezweifelt, sondern als Chance deklariert wird. Damit wird der scheinbare Widerspruch von zugestandener Technikkompetenz an einem Ort (dem Haushalt) und zugeschriebener[23] Technikdistanz an anderen Orten (hochqualifizierte technische Berufe) aufgelöst.

Weibliche Erwerbstätigkeit in Computerberufen

Erstmalig wurde in der Studie "Computerfrauen" von HOFFMANN (1987) statistisches Material (in diesem Fall sekundärstatistisches Material aus amtlichen und privaten Quellen) zum Thema "Frauen in Computerberufen" zusammengetragen und aufbereitet[24]. An dieser Stelle sollen einige dieser Ergebnisse - ergänzt um aktuellere Daten - vorgestellt werden.

Die Darstellung der Präsenz von Frauen in Computerberufen verlangt zunächst die Klärung, was unter Computerberufen zu verstehen ist bzw. was als Computerberuf definiert wird. DOSTAL (1980) ermittelte in seiner Untersuchung 130 verschiedene Berufsbezeichnungen für Computertätigkeiten. Die Vielfalt der Berufsbezeichnungen läßt sich allerdings in drei sogenannte Kernberufe zusammenfassen:

- SystemanalytikerIn
- ProgrammiererIn
- OperatorIn

Innerhalb dieser Kernbereiche ergeben sich in der Praxis weitreichende Differenzierungen und Überschneidungen. Männer und Frauen diesen Kernberufen zuzuordnen, ist nicht unproblematisch. Die amtliche Statistik erfaßt Computerarbeiter und -arbeiterinnen global unter dem Sammelbegriff "Datenverarbeitungsfachleute". Dabei findet keine Unterteilung in einzelne Berufsbereiche statt.

In der "Klassifikation der Berufe"[25] (Statistisches Bundesamt 1975) zählen zur Berufsordnung 774 der "Datenverarbeitungsfachleute" Systemanalytiker, Systemprogrammierer, Operatoren (EDV), Lochkartenfachleute, Tabellierer und andere Datenverarbeitungsfachleute. Datentypistinnen werden außerdem zu der Kategorie der Bürofach- und Bürohilfskräfte gezählt.

Außerdem weist eine Untersuchung der Gesellschaft für Informatik (BLÄSSLER u.a. 1986) darauf hin, daß selbstgewählte Berufsbezeichnungen von Computerspezialisten in vielen Fällen nicht auf computerbezogene Tätigkeiten hinweisen, sondern auch unspezifizierte Tätigkeitsbezeichnungen wie z.B. "Führungskraft" oder "wissenschaftliche MitarbeiterIn" angegeben werden. HOFFMANN (1987, S. 133) vermutet von daher, daß unter der Kategorie "Datenverarbeitungsfachleute" in der amtlichen Statistik weniger Männer und Frauen registriert sind als de facto vorhanden. Die Tätigkeiten, die hier unter einem Begriff zusammengefaßt werden, unterscheiden sich sowohl inhaltlich als auch qualitativ stark voneinander. Von daher kann die amtliche Statistik in bezug auf qualitative Unterschiede (z.B. zwischen Spezialisten und geringer Qualifizierten) nur bedingt aussagekräftig sein. D.h. also, daß aus der amtlichen Statistik unter diesen Voraussetzungen nichts über Anteile von weiblichen Diplom-Informatikern, Programmierern oder Operatoren bzw. über Positionen von Frauen innerhalb des Berufsfeldes Datenverarbeitung ausgesagt wird. Deshalb muß ergänzend auf Einzeluntersuchungen eingegangen werden.

Nach Aussage der amtlichen Statistik ergab sich für das Jahr 1989 ein Frauenanteil von 21,3% in dem Bereich der Datenverarbeitungskaufleute. Im Jahre 1970 lag der Frauenanteil hier bereits bei 16%. Bis zum Jahre 1978 stieg er auf 20,6% an und fiel im Jahr 1980 auf 18,6% ab. Seit 1982 schwankt er zwischen 18 und 20%. Dabei waren 1989 im gesamten Berufsfeld der Datenverarbeitungsfachleute 24,2% der Frauen im Alter zwischen 25 und 35 Jahren. Im Jahre 1982 lag der Anteil der Frauen hier insgesamt bei rund 40%. Im Jahresvergleich von 1982 und 1989 zeigt sich, daß gerade der Anteil der jüngeren Frauen, d.h. also der 15- bis 25jährigen Datenverarbeitungsfachleute, angestiegen ist. 1982 lag er in dieser Altersgruppe bei 29%, im Jahre 1989 dagegen bei 40% (Statistisches Bundesamt 1989). Dieser Anstieg läßt vermuten, daß sich der Frauenanteil im Berufsfeld Datenverarbeitung vor allem über die Berufseinsteigerinnen erhöhen könnte. Vor dem Hintergrund der hier skizzierten Entwicklung kann für die Zukunft aber zunächst nicht davon ausgegangen werden, daß sich der Anteil der Frauen unter den Datenverarbeitungsfachleuten insgesamt gravierend erhöhen wird. Allerdings stellt der Frauenanteil von 20% die These von dem Unverhältnis "Frauen und Computer" nachhaltig in Frage.

Die Arbeitslosenquote lag 1989 bei den weiblichen Datenverarbeitungsfachleuten bei 7,1%, die der Männer lag bei rund 3%. Die Arbeitslosigkeit bei weiblichen Datenverarbeitungsfachleuten ist damit mehr als doppelt so hoch wie die der männlichen Kollegen; allerdings liegt die Arbeitslosenquote für Frauen in diesem Bereich unter der in weiblichen Angestelltenberufen insgesamt (1989 lag diese bei rund 8%). Ergänzend kann in diesem Zusammenhang auf die Veränderungen der Stellenausschreibungspraxis im Tätigkeitsfeld Computerarbeit hingewiesen werden. Hier ist die Tendenz zur Ausschreibung geschlechtsneutral formulierter Stellen ab Mitte der 80er Jahre zu beobachten (HOFFMANN 1987, S. 136f). Die anhaltende Nachfrage im Computerfachpersonalbereich ist sicher ein Erklärungsfaktor für diese Entwicklung.

In Bezug auf die derzeit vorhandenen Frauenchancen in höher qualifizierten Computerberufen - darüber geben nichtamtliche Quellen Auskunft - ist derzeit keine Durchbrechung der tradierten Trennungslinie zwischen Männer- und Frauenarbeit zu verzeichnen, d.h. in den Zentren der Computerentwicklung sind Frauen relativ selten anzutreffen[26]. Weibliche Führungskräfte in Computerberufen bleiben die Ausnahme, Datentypistinnen die Regel[27]. Auch hier zeigt sich das deutliche Profil technologiebezogener Profession: je höher der Status, desto geringer der Anteil von Frauen[28].

Gesundheitliche Auswirkungen der Bildschirmarbeit[29]

Bei der Beschäftigung mit diesem Themenkomplex wird schnell deutlich, daß es sich hierbei um einen Bereich mit vielen unterschiedlichen Aspekten handelt. Es geht hier sowohl um physische als auch psychische Auswirkungen der Bildschirmarbeit, um deren Zusammenhänge und den daraus abzuleitenden Anforderungen an Bildschirmarbeitsplätze. Damit ist auch die Gestaltung der Tastaturen und die Konstruktion der Bildschirme selbst eingeschlossen.

In der Bundesrepublik wurde das Thema "gesundheitliche Folgen der Arbeit am Bildschirm" lange Zeit ignoriert und in der Öffentlichkeit wenig bzw. gar nicht diskutiert. Obgleich es an alarmierenden Hinweisen keinen Mangel gab. Die "harten" Fakten, d.h. die wissenschaftlichen Erkenntnisse zum genannten Themenkomplex kommen insbesondere aus Schweden. Weitreichende Untersuchungen, die z.B. den Zusammenhang zwischen häufig auftretenden Herzrhythmusstörungen bei BildschirmarbeiterInnen und der Arbeit an Monitoren untersuchen, wurden in der Bundesrepublik bisher nicht durchgeführt. Dagegen mehren sich die Berichte von Betroffenen über gesundheitliche Probleme durch Bildschirmarbeit. Die Informationsstelle für Bildschirmgeschädigte[30] - selbst von einer Betroffenen gegründet - kann auf zahlreiche Berichte von BildschirmarbeiternInnen und deren gesundheitliche Einschränkungen durch die Arbeit an Bildschirmen verweisen.

Der Nachweis eines ursächlichen Zusammenhangs zwischen gesundheitlichen Beschwerden und Bildschirmarbeit gestaltet sich äußerst schwierig. Die Problematik wird klar, wenn man sich ansieht, daß es sich um allgemeine Beschwerden handelt, wie: Kopf- und Augenschmerzen, Rückenschmerzen, Schlafstörungen, Unruhe, Erschöpfung, hoher und niedriger Blutdruck, Nachtblindheit oder sogar Unfruchtbarkeit. Natürlich wird man bei dem Versuch, z.B. Unfruchtbarkeit auf Bildschirmarbeit zurückzuführen, auf Widerstände bei allen maßgeblichen Institutionen stoßen. Es ist aber möglich herauszufinden, ob bestimmte Symptome bei DatentypistInnen oder EDV-BuchhalternInnen häufiger vorkommen als bei anderen Personengruppen, die nicht am Bildschirm arbeiten. Bei einer solchen Frageaktion der "Informationsstelle für Bildschirmgeschädigte" ergab sich, daß Augen und Muskelschmerzen die am häufigsten wahrgenommenen Symptome der BildschirmarbeiterInnen waren. Dieser Befund überrascht wenig, da es ein allgemein anerkannter Tatbestand ist, das Bildschirmarbeit die Augen und den gesamten Haltungsapparat in Mitleidenschaft zieht. Erstaunlicherweise und zugleich erschreckender ist dagegen, wie sehr sich Symptome wie erhöhte Reizbarkeit, Konzentrationsschwäche, Kraft- und Energielosigkeit, generell steigende Empfindlichkeit, Allergien und Erschöpfungszustände bei einem Großteil der BildschirmarbeiterInnen wiederfinden.

Insgesamt kann man nach diesen Ergebnissen von einem neuen Krankheitsbild der "Bildschirmarbeit" sprechen, das bisher von Ärzten, Wissenschaftlern, Berufsgenossenschaften und Arbeitgebern nicht wahrgenommen wird[31].

Die hier genannten Ergebnisse lassen erkennen, welche weitreichenden gesundheitlichen Probleme mit der Bildschirmarbeit verbunden sind. Als Ursachen für einige der genannten Symptome können zum einen sogenannte elektrostatische Entladungen und zum anderen niederfrequente Strahlen angenommen werden. Der eindeutige wissenschaftliche Nachweis - sollte es ihn tatsächlich geben - steht bisher aus, aber Forschungen und bereits vorhandene Ergebnisse legen hier einen Zusammenhang nahe.

Auf die Ursprünge der Strahlungen will ich an dieser Stelle nicht eingehen, aber über Vermeidungsmöglichkeiten ist folgendes zu sagen: Elektrostatische Entladungen, die durch Bildschirme in unterschiedlicher Stärke verursacht werden und für Hautschäden und trockene Augen verantwortlich sind, können vollständig abgeschirmt werden. Dies kann einmal durch Verwendung von natürlichen Materialien in der Raumgestaltung geschehen, die antistatisch wirken, und zum anderen durch den Einbau oder Aufsatz sogenannter antistatischer Filter.

Wesentlich schwieriger ist dagegen die Vermeidung von sogenannten niederfrequenten Strahlungen, die nachweislich in unterschiedlicher Stärke von den Bildschirmen an die Umwelt abgegeben und mit einer Vielzahl von Krankheitserscheinungen in Verbindung gebracht werden, angefangen mit Schlafstörungen bis hin zu Leukämie und Schwangerschaftsschäden. Strahlungsarme Bildschirme werden mittlerweile von einigen Firmen angeboten, die Kosten sind aufgrund der gestiegenen Nachfrage nicht mehr so hoch wie in der Vergangenheit[32].

Gegen gesundheitliche Beeinträchtigungen durch die Arbeit an Computermonitoren können demnach Maßnahmen ergriffen werden, unabhängig davon bleibt die Arbeit am Bildschirm belastend für den Haltungsapparat des Menschen, die Augen und auch die Psyche. Die arbeitsrechtliche Forderung, die sich daraus ergibt, zielt auf sogenannte Mischarbeitsplätze ab. Die belastende einseitige Arbeit am Bildschirm soll dabei immer wieder durch andere Tätigkeiten unterbrochen werden. Bei einigen kommunalen Arbeitgebern, in verschiedenen Ministerien und auch bei einigen Unternehmen gibt es darüber Vereinbarungen zwischen Arbeitgebern und Arbeitnehmern. Für den privaten Bereich sollten die Forderungen nach zeitlich kontrolliertem Umgang mit dem Computer ebenfalls gelten.

Positionen und Bewertungen

Bis Ende der 90er Jahre wird voraussichtlich jeder zweite Arbeitsplatz direkt oder indirekt von den neuen Technologien betroffen sein. Insbesondere traditionell von Frauen besetzte Arbeitsplätze werden dazu gehören. Rationalisierungspotentiale in Büro und Verwaltung, d.h. also im Dienstleistungsbereich, aber auch im Produktionsbereich sind bei weitem noch nicht ausgeschöpft. Vor diesem Hintergrund werden durch den verstärkten Einsatz der Mikroelektronik[33] tendenziell negative Folgen - sowohl für den Produktionsbereich als auch für den Dienstleistungsbereich - für die Frauenerwerbsarbeit prognostiziert. Im Produktionsbereich werden Frauen, da sie in der Regel weniger qualifiziert und abgesichert sind, von weitaus höheren Arbeitsplatzverlusten betroffen sein als ihre männlichen Kollegen. Gefährdungsbereiche existieren dabei auf allen Ebenen eines Industriebetriebes, im Verwaltungsbereich, wo die Datenverarbeitung (DV) zunächst in Form von automatisierter Lohn- und Gehaltsbuchung eingesetzt wird oder in der Materialwirtschaft des Betriebes, der Konstruktion und schließlich mit Hilfe von CNC und CAD-Maschinen in der Produktion; in allen diesen Bereichen wird es durch den Einsatz der Computer oder allgemeiner gesprochen der Mikroelektronik weniger Arbeit geben.

Die Aktivitäten der Gewerkschaften hinsichtlich der Arbeitsplatzsicherung in diesem Bereich geben für die Frauen wenig Anlaß zur Hoffnung. Das Hauptaugenmerk der Gewerkschaften richtet sich beim Erhalt von Arbeitsplätzen vorrangig auf Männerarbeitsplätze: Facharbeiterarbeitsplätze. In der Tarifpolitik werden beim Thema "Neue Technologien" in erster Linie defensive Forderungen eingebracht. Auch hier geht es selten um Frauenarbeitsplätze und deren Absicherung. Die Möglichkeiten zur Durchsetzung gewerkschaftlicher Mitbestimmungsforderungen in bezug auf den Einsatz neuer Technologien müssen derzeit eher negativ beurteilt werden. Dabei mangelt es nicht an Ideen, sondern eher an den notwendigen Durchsetzungschancen für frauenspezifische Konzepte sowohl innerhalb der Gewerkschaften als auch auf betrieblicher Ebene.

Selbsthilfemöglichkeiten werden u.a. in der von VOGELHEIM (1986) herausgegebenen Einführung zum Thema "Frauen und Computer" dargestellt. Anhand von verschiedenen Beispielen aus den Bereichen Einzelhandel, Elektroindustrie, dem Bankwesen und der Deutschen Bundespost wird aufgezeigt, was "die neuen Technologien den Frauen bringen" bzw. wie Frauen auf den Einsatz neuer Technologien reagiert haben. Auswirkungen neuer Technologien im Produktionsbereich werden von VOGELHEIM dabei analog zu denen im Dienstleistungsbereich behandelt. Eine differenzierte Betrachtung ist nach Ansicht von SCHIERSMANN (1988) angezeigt, da Frauen im Dienstleistungs- und Verwaltungssektor über höhere Qualifikationspotentiale verfügen als Frauen im Produktionsbereich. Im Produktionsbereich werden sich demnach neue Technologien eher als "job-killer" erweisen. BÖTTGER (1985) weist demgegenüber auf hohe Arbeitsplatzverluste im Dienstleistungsbereich hin. Die von BAETHGE/OVERBECK (1985) erarbeitete Studie unterstützt diese Einschätzung, indem gerade für die sogenannten "einfachen Bürotätigkeiten" hohe Rationalisierungspotentiale vorausgesehen werden.

Arbeitsplatzverluste in unterschiedlichem Ausmaß prognostizieren alle Autorinnen und Autoren unter dem Einfluß neuer Technologien für die Frauen; Chancen in den häufig als offen deklarierten neuen Technologien sehen dagegen nur wenige. Der Trend zur Teleheimarbeit verbunden mit weitreichenden psychischen und physischen Folgen der Computerarbeit insgesamt, lassen viele - zurecht - an der Perspektive für die Frauenerwerbsarbeit in den Informations- und Kommunikations-Technologien zweifeln. Sogenannte "Rationalisierungsgewinner" wird es im Zuge der verstärkten Computerisierung auch geben. In der Regel werden es Männer sein, die den erhöhten Qualifikationsanforderungen genügen werden und die gewünschte Flexibilität[34] mitbringen.

Vor diesem Hintergrund scheint die Diskussion um eine grundsätzliche Einführung bezüglich neuer Technologien obsolet. Pragmatische Überlegungen haben sich in der Auseinandersetzung zum Thema "Frauen und Computer" durchgesetzt. Mit Hilfe von Qualifikationsprogrammen speziell von und für Frauen entwickelt, erhofft "man", den Qualifikationsvorsprung der technikprivilegierten Männer zu brechen. Auch wenn diese pragmatische Position zu begrüßen ist, sollte trotzdem eine Auseinandersetzung mit dem grundsätzlichen Nutzen und den Auswirkungen neuer Technologien erfolgen.

Innerhalb der Frauenforschung ist die Spannbreite der Positionen so breit wie die unterschiedlichen Forschungsansätze in der Frauenforschung. Die Empfehlungen bezüglich neuer Technologien reichen von konkreten Aufforderungen bis zur vollständigen Ablehnung. Die Autorinnen SEELAND und STRAUVEN (1985) vertreten eine pragmatische Position, die vor allem darauf zielt, die Frauen zu qualifizieren und ihnen damit die Möglichkeit der Teilhabe an der fortschreitenden Technisierung zu ermöglichen. Auch sie sehen die mit dieser Teilhabe verbundenen Schwierigkeiten. Letztlich stimmen sie aber VOGELHEIM (1986) zu und konstatieren die Alternativlosigkeit für die Frauen:

> "Denn eins ist klar - und das ganz vom pragmatischen Standpunkt aus bewertet - wenn Frauen sich nicht in die Computerzukunft einmischen, werden sie die Analphabeten von morgen sein" (VOGELHEIM 1986, S. 10).

MIES (1985) hingegen vertritt die Aufforderung zur Verweigerung, d.h. sie plädiert dafür, auf den Umgang mit den neuen Technologien grundsätzlich zu verzichten. In einer kompromißhaften Teilhabe sieht MIES lediglich eine Verstrickung der Frauen in männliche Technologien, die ihrer Ansicht nach allein zur Zerstörung der Umwelt und der Menschen führen. MIES' Position enthält aber trotzdem richtige und wichtige Aspekte. Ihre zentrale Frage zielt ab auf den "wirklichen" Bedarf an Computern. Das ist ein Gesichtspunkt, der viel zu wenig behandelt wird. Beispielsweise existieren derzeit keine Untersuchungen über die tatsächliche Zeitersparnis durch Computer, den Papierverbrauch durch erhöhte Anforderungen an die Layoutgestaltung von Texten oder die ökologischen Kosten der Computerproduktion (insbesondere der Computerchip-Produktion). Die Forderung von MIES (1985) ignoriert den Wunsch und das Interesse vieler Frauen an der grundsätzlichen Möglichkeit der Teilhabe an dieser Entwicklung. Eine positive, aber keinesfalls unkritische Aufforderung zur Beteiligung kommt den Bedürfnissen vieler Frauen nach Mittäterschaft im positiven Sinne an einem noch immer männerzentrierten Erwerbsleben näher. Der Anspruch, der dabei von feministischer Seite formuliert wird, ist hoch. So soll die Aneignung neuer Technologien zwar unter Berücksichtigung frauenspezifischer Zugangsweisen erfolgen, gleichzeitig schwingt aber die Hoffnung mit, auch den Ort zu verändern, an den "man" geht. Eine derartige Hoffnung spiegelt aber auch ein nicht unproblematisches "Weiblichkeitsideal" wieder.

In der von JANSHEN (1990) herausgegebenen Denkschrift "Hat die Technik ein Geschlecht?" wird das bürgerliche Weiblichkeitsideal, "Orientierung auf das Leben" und "Beziehungsfähigkeit" dem Männlichkeitskonzept (mit den Attributen Kampfgeist, Mut und Entscheidungskraft) entgegengesetzt. Der "Glaube" an dieses Weiblichkeitsideal - so "plausibel" er auch erscheinen mag - schiebt den Frauen Verantwortlichkeiten zu, die in "übergroßen" Ansprüchen münden: Frauen sollen es vor allem besser machen! Dieser Anspruch findet sich auch in der Diskussion um das Thema

"Frauen und neue Technologien" immer wieder. Frauen wird dabei im Zusammenhang mit den negativen Auswirkungen der neuen Technologien die Rolle zugeordnet, diese Entwicklung positiv im Sinne von "menschlicher" - was in diesem Zusammenhang gleichbedeutend mit "weiblich" verstanden wird - zu beeinflußen (vgl. SÜSSMUTH 1986, S. 9ff). Dabei wird ein Weiblichkeitsideal herangezogen, das nun positiv auf eine Entwicklung Einfluß nehmen soll, an der es bisher nur peripher beteiligt war. Insofern stellt eine derartiger Anspruch keine Herausforderung dar, denn die aktive Teilnahme an der Entwicklung der neuen Technologien sollte nicht als Aufgabenfeld für Frauen betrachtet werden, um die Harmonie wiederherzustellen. Frauen sollten sich aus Interesse an der Sache beteiligen und nicht mit überzogenen Ansprüchen konfrontiert werden. Zunächst sollten Frauen die grundsätzliche Chance an der Beteiligung haben. Neben der Verantwortlichkeit für einen menschlichen Umgang mit den neuen Technologien impliziert dieses Weiblichkeitsideal auch eine Entlastung für die Frauen. Sie werden damit von der Teilhabe an der potentiell zerstörerischen Kraft der zugeschriebenen männlichen Attribute entlastet. Christina THÜRMER-ROHR setzt dieser Entlastung die folgenden Überlegungen entgegen:

> "Mittäterschaft heißt: Ein Einblick in die einfache Tatsache, daß die Welt, deren Ordnung und Unordnung wir anklagen, ohne die Mitwirkung der Frau als aktive und passive Würdigerin des Mannes nicht wäre, wie sie ist; daß auch Frauen nicht wären, wie sie sind, wenn sie nicht den Hauptschub ihrer Kraft, Zeit und Fähigkeiten der Machtermächtigung des Mannes widmen würden" (1990, S. 89).

Damit ist keine Schuldzuweisung an die Frauen intendiert, sondern es geht darum, alle Folgen einer Weiblichkeitssozialisation bewußt zu machen. Das impliziert auch eine Abkehr von der Ausschließlichkeit der "Opferrolle" von Frauen. Das Verharren in vorgegebenen Strukturen trägt ebenfalls dazu bei, diese Strukturen zu konservieren. Insofern ist die These von der "Mittäterschaft" auch eine Aufforderung, sich der Verantwortung für bestehende Strukturen durch das eigene Verhalten bewußt zu werden.

Anmerkungen

1 GAME/ PRINGLE (1984, S. 89) kritisieren den Computer als den Ausdruck der (männlichen) Technik schlechthin:"The computer is the ultimate in machines, the giant phallus...and just as they regard their dicks as supremely powerful and as playthings, so they do the computer." Weizenbaum hingegen betrachtet den Computer entmystifiziert als "Maschine, die mit Symbolen manipuliert"(vgl. Weizenbaum 1977, S. 107).

2 Bereits im 13.Jahrhundert entwickelte der spanische Mystiker Raimundus Lullus, den Gedanken, eine Maschine zur Ableitung logischer Schlüsse zu bauen (vgl. BUSSE 1981, S. 211f.).

3 TURKLE (1984) untersucht in ihrer wichtigen und aufschlußreichen Arbeit die kulturverändernde Kraft der Computer. Dabei beschäftigt sie sich insbesondere mit der Sprache. Diese wird von ihr nicht nur als Ausdruck menschlichen Denkens definiert, sondern auch als Ausdruck fundamentaler Denkstrukturen. Der Computer ist den Menschen damit längst in "Fleisch und Blut" übergegangen. Begriffe wie "umprogrammieren", "umschalten", "Zugriff", "Festplatte" etc. sind schon längst in unsere Sprache eingeflossen und dokumentieren damit das Denken über uns selbst als Maschinen. Der Mensch beginnt über die Maschine "Computer" in psychologischen Begriffen nachzudenken. Die Maschine, die scheinbar denken kann, wird zunehmend als "Wesen, das denkt" wahrgenommen. Der Computer wird zum Subjekt (vgl. TURKLE 1984, S. 25).

4 So gab es in der Computerfachzeitschrift CHIP von 1983 bis 1990 durchschnittlich in jedem vierten Heft einen Artikel über das Thema "Frauen und Computer".

5 Ein Beispiel für diese spezifische Förderung sind die ZIM- (Zukunfsinitiative Montanregion) Regionalstellen "Frau und Beruf" in verschiedenen Städten des Ruhrgebietes. Hier arbeiten seit 1988/89 Frauen für Frauen an der Weiterqualifizierung im EDV-Bereich.

6 Darunter werden in erster Linie die Informations- und Kommunikationstechnologien (IuK-Technologien) verstanden. Ich werde mich im folgenden auf den Begriff "Computer" beschränken. Damit besteht zwar die Gefahr der inhaltlichen Reduktion, allerdings verhilft der Begriff "Computer" aber zu einer weitaus konkreteren Vorstellung als der Begriff" IuK-Technologien".

7 Die damit implizierte "Gleichsetzung" von Technik und Computer, die ich hier vornehme, ist plausibel, wenn davon ausgegangen wird, daß Technik und insbesonders die neuen Informations- und Kommunikationstechnologien auf der Grundlage logischer Funktionsprinzipien beruhen, deren Benutzung mathematisch-analytische und räumlich-visuelle Fähigkeiten verlangt (vgl. SCHIERSMANN 1987, S. 13ff.).

8 COCKBURN weist diesen Zusammenhang am Beispiel der englischen Setzer nach. Manuell-technische Fähigkeiten, so COCKBURN, sind hier eng verwoben mit männlicher Identität.

9 Es besteht weitgehend Konsens darüber, daß familiale, außerschulische und vor allem die schulische Sozialisation Einstellungen und Verhalten von Frauen und Männern in nachhaltiger Weise prägen (vgl. SCHIERSMANN 1987).

10 Da in der Schule meist erste Erfahrungen mit dem Computer gesammelt werden, kommt ihr im Hinblick auf die neuen Technologien (insbesondere der IuK-Technologien) nach SCHIERSMANN (1987, S. 21) besondere Bedeutung zu.

11 Die verbesserte Ausstattung der "gemischten" Schulen in den Naturwissenschaften und der Mathematik mit Lehrpersonal und materieller Ausstattung verbesserte die Lernsituation der Mädchen objektiv.

12 Der Begiff Technikdistanz ist interpretationsbedürftig, da er eine zweispältige Deutung impliziert. Im letzten Teil des Aufsatzes werde ich auf die Problematik eingehen.

13 STANKIEWITZ (1991) weist am Beispiel Bayerns auf die Defizite der Koedukation hin. Die Koedukation hat hier zwar wie im gesamten Bundesgebiet (Altländern) den Anteil der Abiturientinnen auf ca. 49% erhöht (diese Zahl entspricht dem Altersanteil der Mädchen an der

Bevölkerung), allerdings entscheiden sich Mädchen bei ihrer Berufswahl noch immer eher für Sprachen und soziale Berufsbereiche gegenüber Naturwissenschaften und Mathematik. Aus diesem Grund ist auch in Bayern die Diskussion um eine teilweise vorzunehmende Rücknahme der Koedukation in Naturwissenschaften und Mathematik neu "entbrannt". Die BefürworterInnen erhoffen sich von einer solchen Trennung Vorteile für die Mädchen und verweisen dabei auf das höhere Interesse und die besseren Leistungen von Mädchen in diesen Fächern an Mädchenschulen. So waren beispielsweise 1986 von den 23 Teilnehmerinnen (gegenüber 1086 männlichen Jugendlichen, das ist ein weiblicher Anteil von 2%) des Bundeswettbewerbs Informatik (1986) 15 aus reinen Mädchenschulen, d.h. also rund 66% (vgl. FAULSTICH-WIELAND 1987, S. 98). Die KritikerInnen fürchten hingegen, daß eine derartige Trennung eine "Zweitrangigkeit" der Mädchenausbildung auf dem Arbeitmarkt zur Folge hätte. Diese Sorge ist nicht unbegründet, wenn man an den Ruf des Abiturs der 50er und 60er Jahre an Mädchenschulen denkt. Das Stichwort "Puddingabitur" macht diesen Ruf deutlich.

14 FAULSTICH-WIELAND (1987) weist in diesem Zusammenhang auf Erfahrungen der Teilnehmerinnen des SchülerInnen Bundeswettbewerbs Informatik 1986 hin. Alle Teilnehmerinnen hatten aufgrund ihres Interesses an Computern in der Schule Diskriminierungserfahrungen gemacht.

15 Von beiden Autorinnen wurden u.a. Mathematikbücher auf ihre geschlechtsspezifischen Darstellungen hin untersucht. Dabei wurde der Mann in der Regel als aktives, leistungsfähiges kreatives und produktives Wesen dargestellt, die Frauen hingegen in dienenden, helfenden und untergeordneten Stellungen.

16 Um so erstaunlicher, daß die Mädchen den Jungen in der Gesamtheit ihrer Leistungen, nach Aussage des bayrischen Kultusministers Zehtmair, "um eine Nasenlänge voraus" sind (STANKIEWITZ 1991).

17 Für das Lehrfach Mathematik an den Schulen kann allerdings 1990 für das Land NRW insgesamt ein Frauenanteil von 40,5% festgestellt werden. Bei differenzierter Betrachtung fällt der Frauenanteil allerdings bei drei (von insgesamt sechs) Schulformen geringer aus. An den Gymnasien beträgt der Anteil an Mathematiklehrerinnen 28%, an den Gesamtschulen 29% und in den Berufsschulen lediglich 12,2%. In Grund- und Realschulen liegt der Frauenanteil bei 45% und in den Hauptschulen bei 40,6%. Insofern muß die zunächst sehr hoch erscheinende Anzahl weiblicher Mathematiklehrerinnen relativiert werden. Dort, wo es um höhere und ausbildungsorientierte Mathematik geht, nimmt die Anzahl an möglichen weiblichen Vorbildern ab (Kultusministerium NRW, Abt. Statistik 1990).

18 BRECHER (1988) führt diese frauenspezifischen Zugangsweisen auf einen holistisch (d.h. ganzheitlich) orientierten Lernstil zurück, der ihrer Ansicht nach bei Frauen häufiger anzutreffen ist als bei Männern.

19 Der Haushaltswissenschaftler TSCHAMMER-OSTEN (1984) klassifiziert das Haushalts- und Familienleben formal in verschiedene Funktionsbereiche, u.a. in einen Bereich: Personalwirtschaft=Familie und Ehe. Die Hausfrau der Zukunft kann mit Hilfe des Computers systematische Familienplanung betreiben, Erziehungstips abrufen und die Vorratshaltung perfekt organisieren.

20 Die Rationalisierung des Haushalts mit technischen Mitteln hat die Verheißung von der Zeitersparnis nicht eingelöst. In einer Studie für die USA kommen die Autorinnen GAME/PRINGLE (1983, S. 122) z.B. für den Bereich Einkauf und Versorgung zu dem Ergebnis: In den 20er Jahren wurden durchschnittlich zwei Stunden in der Woche zum Einkaufen der Lebensmittel gebraucht, in der Gegenwart ist daraus ein ganzer Einkaufstag geworden. Auch heute im Zeitalter des volltechnisierten Haushaltes liegen die Arbeitszeiten in den privaten Haushalten noch immer weit über denen der Lohnarbeitszeiten (vgl. BERCH 1982, S. 99).

21 BECK bezeichnet diese Zuschreibung der Männer als eine "gewisse Schlitzohrigkeit", da sie zwar mehrheitlich und verbal den Frauenfragen gegenüber Aufgeschlossenheit demonstrieren, dabei aber in alter Verhaltensstarre verweilen. Z.B. akzeptieren Männer mehrheitlich die Hausmann-Rolle, dies gilt aber immer nur für die anderen Männer. Und es geht noch weiter. Indem die Männer die Frauenfrage zur Kinderfrage machen, verleihen sie dem Hausfrauendasein eine Sachgesetzlichkeit. 80% der deutschen Männer sind im "Kinderfall" der Meinung: die Frau soll zu Hause bleiben (vgl. BECK 1986, S. 169-170).

22 In der BRIGITTE-Studie "Der Mann" (BRIGITTE/ METZ-GÖCKEL/ MÜLLER 1986) antworteten 79% der Männer auf die Frage:"Waschen sie die Wäsche ?" mit nein.

23 Damit wird der Existenz einer tendenziell vorhandenen, sozialisationsbedingten Technikdistanz bei Frauen nicht widersprochen. Das "Zutrauen" oder auch "Zuschreiben" stellt aber keinen männlichen Alleingang dar, sondern Frauen wirken daran mit, wenn sie sich bewußt an diesen Zuschreibungen beteiligen.

24 HOFFMANN (1987) beschäftigt sich eingehend mit historischen Aspekten der Computerarbeit von Frauen. Hierbei weist sie nach, daß es in der frühen Geschichte der Computerprogrammierung Frauen gab. Der Anteil von Frauen in diesem Computerbereich sank ab, als die Progammierung als attraktives Berufsfeld von Männern entdeckt wurde.

25 In der "Klassifikation der Berufe" werden Berufsgruppenzuordnungen aufgeführt.

26 D.h. in hochqualifizierten und gut bezahlten Computerberufen.

27 In bezug auf Führungspositionen muß nach einer Untersuchung der Gesellschaft für Informatik von einer Männerzentriertheit im Bereich Informatik ausgegangen werden (vgl. BLÄSSLER u.a. 1986). Hier zeigt sich, daß in denjenigen Tätigkeitsbereichen, in denen Führungspositionen angesiedelt sind, keine Frauen auftauchen, d.h. unter den Ingenieuren und den Führungskräften fand sich zum Zeitpunkt der Untersuchung keine Frau. Überdurchschnittliche Frauenanteile weisen dagegen diejenigen Berufsbereiche auf, die weniger Berufserfahrung zur Voraussetzung haben und/oder geringere Verdienstmöglichkeiten bieten. D.h. Frauen sind in erster Linie Organisationsprogrammiererinnen (11,6%), Programmiererinnen (10%), Beraterinnen (11,8%) und wissenschaftliche Mitarbeiterinnen (8,6%). Daß Frauen in den Führungspositionen des Berufsfeld EDV in geringer Zahl vertreten sind, belegt auch eine Untersuchung der Kienbaum Vergütungsberatung von 1986 (vgl. HOFFMANN 1987).

28 Diese Behauptung läßt sich am Beispiel der Technologieprofession Informatik belegen (vgl. ROLOFF 1989).

29 Zum gesamten Themenkomplex vgl. SCHEWE 1989.

30 Die Adresse der Informationsstelle lautet: Ingeborg May-Steinhausen, Brückstraße 50, 6000 Frankfurt 70.

31 Wichtig ist in diesem Zusammenhang der Hinweis auf ein verändertes Bewußtsein der ComputerkäuferInnen. Durch die Diskussion um gesundheitliche Folgen der Bildschirmarbeit ist die Nachfrage nach gesundheitlich unbedenklichen Produkten angeregt worden. Darüberhinaus ist die Bildschirmergonomie in vielen Betrieben ein Thema geworden. Es existieren in vielen Behörden und Unternehmen Betriebsvereinbarungen zur Bildschirmarbeitsgestaltung.

32 In verschiedenen Computerzeitschriften finden in regelmäßigen Abständen Tests für Bildschirme statt, in denen auch die Strahlungsintensität untersucht wird.

33 Die Mikroelektronik ist die Basistechnologie für die Informations- und Kommunikationstechnologien.

34 Männer bringen in der Regel deshalb im Sinne des Arbeitsmarktes die gewünschte Flexibilität mit, da sie überwiegend von der Hausarbeit und Kindererziehung entlastet werden.

Literatur

BAETHGE, Martin/ OVERBECK, Herbert: Zukunft der Angestellten. Neue Technologien und berufliche Perspektiven in Büro und Verwaltung. Frankfurt/Main 1986.

BECK, Ulrich: Risikogesellschaft. Auf dem Weg in eine andere Moderne, Frankfurt/Main 1986.

BERCH, Bettina: The Endless Day. The political economy of woman and work. New York 1982.

BLÄSSLER, Robert u.a. (Hrsg.): Gesellschaft für Informatik (GI) - Umfrage zur beruflichen Situation. In: Informatik-Spektrum, 9 (1986), S. 189-202.

BÖTTGER, Barbara: Wir haben nur dann eine Zukunft, wenn wir sie heute schon leben. In: HUBER/ BUSSFELD, 1985, S. 230-263.

BRECHER, Deborah L.: Go Stop Run. Das Frauen Computer Lehrbuch. Berlin 1988.

BREHMER, Ilse (Hrsg.): Sexismus in der Schule. Der heimliche Lehrplan der Frauendiskriminierung. Weinheim 1982.

Bundesministerium für Bildung und Wissenschaft (BMFBW) (Hrsg.): Jugend und Technik - Technik und Schule. Unveröffentlichter Untersuchungsbericht zum Forschungsprojekt "Technikeinstellung der Jugendlichen". 1982.

BUSSE, Dieter: Der Schlüssel zur Computerhardware. Düsseldorf, Wien 1981.

COCKBURN, Cynthia: Brothers: Male Dominance and Technological Change. London 1983.

DOSTAL, Werner: Zur Entwicklung von Tätigkeiten in der Datenverarbeitung. Teil 1. In: Materialien zu Arbeitsmarkt und Berufsforschung, 2 (1975).

FAULSTICH-WIELAND, Hannelore: Pionierinnen oder Außenseiterinnen? - Mädchen und Informatik. Bericht über die Auswertung des Colloquiums der Teilnehmerinnen am 4. Bundeswettbewerb Informatik am 17./18. 10. 1986 in Bonn. In: Frauenforschung. Informationsdienst des Forschungsinstitutes Frau und Gesellschaft, 5 (1987), H. 1 u. 2, S. 97-118.

GAME, Ann/ PRINGLE, Rosemarie: Gender At Work. London 1984.

HAGEMANN-WHITE, Carol: Sozialisation: Weiblich - Männlich? Opladen 1984.

HOFFMANN, Ute: Computerfrauen. Welchen Anteil haben Frauen an der Computergeschichte und -arbeit? München 1987.

HUBER, Michaela/ BUSSFELD, Barbara (Hrsg.): Blick nach vorn im Zorn. Die Zukunft der Frauenarbeit. Weinheim, Basel 1985.

JANSHEN, Doris (Hrsg.): Hat die Technik ein Geschlecht? Denkschrift für eine andere technische Zivilisation. Berlin 1990.

dies.: Frauen und Technik - Facetten einer schwierigen Beziehung. In: HAUSEN, Karin/ NOWOTNY, Helga (Hrsg.): Wie männlich ist die Wissenschaft? Frankfurt/Main 1986, S. 279-293.

JANSHEN, Doris/ RUDOLF, Hedwig u.a.: Ingenieurinnen. Frauen für die Zukunft. Berlin, New York 1987.

MIES, Maria: Neue Technologien - Wozu brauchen wir das alles? Aufforderung zur Verweigerung. In: HUBER/ BUSSFELD, 1985, S. 211-229.

MÜLLER-BÖLING, Detlef/ RAMME, Iris: Angst vor dem Computer - typisch weiblich? Ergebnisse einer empirischen Untersuchung. In: Assistenz, 34 (1985), Nr. 6, S. 12-14.

ROLOFF, Christine: Von der Schmiegsamkeit zur Einmischung. Professionalisierung der Chemikerinnen und Informatikerinnen (Aktuelle Frauenforschung, Bd. 3). Pfaffenweiler 1989.

SCHEWE, Carola: Krank durch Conputer. Reinbek 1989.

SCHIERSMANN, Christiane: Computerkultur und weiblicher Lebenszusammenhang. Zugangsweisen von Frauen und Mädchen (Hrsg. v. Bundesministerium für Bildung und Wissenschaft). Bad Honnef 1987.

dies. (Hrsg.): Mehr Risiken als Chancen? Frauen und neue Technologien (Schriftenreihe des Instituts Frau und Gesellschaft (IFG), Band 8). Bielefeld 1988.

SEELAND, Susanne/ STRAUVEN, Claudia: Frauen ran an die Technik! In: HUBER/ BUSSFELD, 1985, S. 198-210.

STANKIEWITZ, Karl: Bayerns Schulpolitik: Zwei vor, drei zurück. Probleme in der Gleichstellung von Jungen und Mädchen gefährden die Koedukation. In: Westdeutsche Allgemeine Zeitung v. 13.2.1991.

SÜSSMUTH, Rita: Die neuen Technologien - eine Herausforderung für die Frauen. In: Frauen und neue Technologien. Hannover 1986 (Niedersächsische Landeszentrale für politische Bildung), S. 9-21.

THÜRMER-ROHR, Christina: Mittäterschaft der Frau - Analyse zwischen Mitgefühl und Kälte. In: dies. u.a. (Hrsg.): Mittäterschaft und Entdeckungslust. Berichte und Ergebnisse der gleichnamigen Tagung vom 6.-10. April 1988 in Berlin. Berlin 1990, S. 87-103.

VOGELHEIM, Elisabeth (Hrsg.): Frauen am Computer. Was die neuen Technologien den Frauen bringen. Hamburg 1984.

WEIZENBAUM, Joseph: Die Macht der Computer und die Ohnmacht der Vernunft. Frankfurt/Main 1990.

SEXUELLE BELÄSTIGUNG - HIER DOCH NICHT?!
Zur Sicherheit von Frauen an der Ruhr-Universität Bochum und anderswo

Susanne Kretschmann

Die vorliegende Untersuchung beschäftigt sich mit der Sicherheit von Frauen vor sexuell motivierten Belästigungen, Angriffen und Überfällen in einem begrenzten Umweltausschnitt, der Ruhr-Universität Bochum. Unser Ziel war es dabei nicht nur, Daten über das Ausmaß und die Art solcher Übergriffe zu erhalten, sondern auch über deren räumliche und zeitliche Verteilung. Physische Umwelt spielt in diesem Zusammenhang die Rolle einer Moderatorvariablen, bestimmte Umweltmerkmale können einen fördernden oder hemmenden Einfluß auf das Verhalten potentieller Täter haben - etwa die Möglichkeit, ohne Probleme zu fliehen, sich vor der Tat verstecken zu können etc. Dies führt zu der Annahme, daß bestimmte Arten von Taten häufiger in durch bestimmte Merkmale gekennzeichneten Umweltausschnitten geschehen.

Ein weiterer Schwerpunkt unserer Untersuchung waren die Auswirkungen des Bedrohtseins bzw. des Sich-Bedroht-Fühlens auf Erleben und Verhalten der Befragten, also die subjektiven Auswirkungen objektiver (Un-)Sicherheit. Im Vordergrund stand hier die Erfassung *der* räumlichen Bereiche oder Stellen, die bei Frauen mit Unsicherheitsgefühlen verbunden sind, und die Verhaltenskorrelate dieser Unsicherheit: Es war zu vermuten, daß Frauen nach Möglichkeit solche Stellen vermeiden, daß sie Umwege in Kauf nehmen oder sich andere Einschränkungen ihres Handlungsraums auferlegen.

Diese insgesamt weitgefaßten Fragestellungen machten es erforderlich, theoretische Ansätze aus relativ heterogenen Bereichen inner- und außerhalb psychologischer Forschung zu berücksichtigen:

- Psychologische Ansätze im engeren Sinn zur subjektiven Kontrolle (bzw. deren Fehlen) über die Auswirkungen des eigenen Verhaltens und zu erlebens- und verhaltenswirksamen Konsequenzen bei Diskrepanzen zwischen objektiver Sicherheit und subjektiver Sicherheitseinschätzung.
- Sozialwissenschaftliche Arbeiten zu sexueller Belästigung im öffentlichen Raum wie auch am Arbeitsplatz, deren Ausmaß und Folgen für die Betroffenen;
- Umweltpsychologische Arbeiten zum Einfluß architektonischer Merkmale auf Kriminalität, wie etwa das Konzept 'defensible space' (NEWMAN 1972, VAN DER WURFF 1988) sowie Arbeiten von StadtplanerInnen zu Möglichkeiten der Umweltgestaltung, die Risiken für Frauen vermindern kann (vgl. GENSCH/ ZIMMER 1980); weiterhin in diesem Zusammenhang Arbeiten der 'environmental criminology', die Beziehungen zwischen Faktoren der sozialen und physischen Umwelt und Tatvariablen herzustellen versucht (etwa BRANTINGHAM/ BRANTINGHAM 1981).
- Kriminologische Ansätze zur Dunkelfeldforschung, da bei den untersuchten Delikten von einer hohen quantitativen und qualitativen Dunkelziffer ausgegangen werden muß (etwa SCHWIND 1978, BAURMANN 1983);
- Aus der kriminologischen Forschung weiterhin Arbeiten zu Täter-, Opfer- und Tatmerkmalen bei sexuell motivierten Straftaten; da über die 'leichteren', alltäglichen Formen von Belästigungen und Übergriffen nahezu keine empirischen Daten und nur sehr wenige relevante theoretische Konzeptionen existieren, mußten exemplarisch verschiedene Arbeiten und Ansätze der Vergewaltigungsforschung herangezogen werden, etwa hinsichtlich Tatorten, Tätermerkmalen, Folgen für die Opfer, Einstellungen in der Bevölkerung, etc.

Subjektive und objektive Sicherheit von Frauen

'Sicherheit' in konkreten Entscheidungs- und Handlungssituationen muß unter zweierlei Aspekten betrachtet werden, einerseits der objektiven Sicherheit, unter der die Einschätzung einer Situation durch einen hypothetischen, "neutralen und allwissenden Beobachter" oder durch die "Annahme von sozial geteilter und validierter Erfahrung" (BRAUN 1978, S. 19) verstanden wird; ihr steht die subjektive Sicherheit gegenüber, die durch die Einschätzung der/des Handelnden selbst bestimmt wird.

Subjektive und objektive Sicherheit sind meist nicht in Übereinstimmung. Auf die Situation von Frauen in Bezug auf Übergriffe angewendet, bedeutet diese Trennung, daß die objektive Sicherheit definiert wird über das (numerische) Verhältnis zwischen Anzahl der Frauen zu einer bestimmten Zeit in einem bestimmten räumlichen Bereich und der Anzahl von Belästigungen und Angriffen, denen diese Frauen ausgesetzt sind, also der 'objektiven' Wahrscheinlichkeit, als Frau selbst Opfer eines solchen Übergriffs zu werden.

Die subjektive Sicherheit, die diese Frauen empfinden, wird u.a. durch folgende Variablen mitbestimmt:

- die Kenntnis über die Häufigkeit solcher Vorfälle;
- die Kenntnis der zeitlichen und räumlichen Verteilung der Vorfälle;
- die Einschätzung der Wahrscheinlichkeit, selbst zum Opfer zu werden;
- die Einschätzung der eigenen Bewältigungsfähigkeiten.

Das Konzept der subjektiven und objektiven Sicherheit läßt sich gleichermassen auf die Situation der (potentiellen) Täter anwenden: Sicherheit bedeutet für sie vor allem Ungestörtheit bei der Tatausführung und die (relative) Gewißheit der Straffreiheit bzw. der Nichtaufklärung der Tat.

Während die objektive Sicherheit der potentiellen Opfer komplementär zur objektiven Unsicherheit der Täter ist - je sicherer eine Situation, ein Umweltausschnitt etc. für ein Opfer, desto unsicherer für den Täter - ist die jeweilige subjektive Sicherheit nicht unbedingt so eindeutig aufeinander bezogen.

Daten zur objektiven Sicherheit von Frauen erhält man vor allem über Kriminalitätsstatistiken und Dunkelfelderhebungen. Allerdings sind die vorhandenen Ergebnisse sehr lückenhaft, was sexuelle Übergriffe betrifft.

Einige Erhebungen beschäftigen sich auch mit der subjektiven Sicherheitseinschätzung: Frauen fühlen sich häufig im öffentlichen Raum - vor allem bei Dunkelheit - unsicher und gefährdet; die Daten für einige ausgewählte Städte sprechen hier eine klare Sprache: Von je 100 Befragten fühlen sich häufig oder manchmal unsicher in

Bielefeld	Frauen	97
Hagen	Männer	16
	Frauen	71
Stuttgart	Frauen	77
Wuppertal	Männer	38
	Frauen	81
Großstädte insgesamt	Männer	22
	Frauen	85

Quelle: Oberstadtdirektor Wuppertal 1988

Angst und Unsicherheit im öffentlichen Raum sind bei Frauen erheblich häufiger vorhanden als bei Männern. Für viele
selbstauferlegten Beschränkungen ihres Bewegungsraums: Von jeweils 100 Befragten gaben an, wegen dieser Angst schon darauf verzichtet zu haben, bei Dunkelheit aus dem Haus zu gehen:

Hagen	Frauen	66
Wuppertal	Männer	18
	Frauen	47

Quelle: Oberstadtdirektor Wuppertal 1988, Frauengleichstellungsstelle Hagen 1987

88% aller befragten Frauen meiden bestimmte Plätze bei Dunkelheit (Wuppertal 1988), wobei im Einzelnen vor allem Unterführungen, Parkanlagen, die Innenstadt und Parkhäuser genannt werden.

Warum fühlen sich Frauen im öffentlichen Raum unsicherer als Männer? Nach einer Statistik sind 65% der Opfer von angezeigten Gewalttaten Männer, nur 35% sind weiblich (BAURMANN 1983, S. 167). Dies könnte auf den ersten Blick zu der Vermutung führen, daß Frauen insgesamt einfach ängstlicher sind, ohne stärker gefährdet zu sein. Verschiedene Argumente sprechen aber gegen eine solche These der höheren Ängstlichkeit: Neben den Bedrohungen, die für beide Geschlechter (mehr oder weniger) gleichermassen bestehen, etwa überfallen und beraubt zu werden, gibt es für Frauen zusätzliche Risiken: wegen ihrer oft geringeren körperlichen Kraft und vor allem wegen einer Sozialisation, die auf Nachgeben, Unterlegenheit und Passivität ausgerichtet ist und dazu führt, daß sich viele Frauen von vornherein mit der 'Opferrolle' identifizieren, ist ein - wie auch immer gearteter - Angriff für Frauen grundsätzlich bedrohlicher als für Männer, da die Möglichkeit erfolgreicher Gegenwehr erst gar nicht in Betracht gezogen wird.

Neben dieser grundsätzlich höheren Vulnerabilität sind im Bereich der sexuellen Straf- und Gewalttaten die Opfer zu 97% weiblich, die Täter zu 99% männlich - also ein Risiko, das nahezu ausschließlich Frauen betrifft. Im einzelnen beträgt der Anteil weiblicher Opfer:

Vergewaltigung	100%
sexuelle Nötigung	92%

zum Vergleich:

Handtaschenraub	92%
(ZÜRN 1988)	
Mord/Totschlag	39%
Körperverletzung	21%
(STEFFEN 1987)	

Was bisher für größere Umweltausschnitte ausgeführt wurde, sollte auch auf einen kleineren Bereich wie eine Campus-Universität zutreffen. Diese bietet den Vorteil, ein relativ gut abgrenzbarer Raum zu sein, dessen NutzerInnen - im Gegensatz zu einer Stadt - eine relativ eindeutig definierte Gruppe sind.

Ein Vergleich der objektiven Gefährdung (von Frauen berichtete Vorfälle) mit der subjektiven Einschätzung der eigenen Sicherheit und der Erhebung von besonders Unsicherheit erzeugenden Bereichen könnte zudem zeigen,

- wo und wann Frauen besonders gefährdet sind,
- wo und wann sie sich besonders gefährdet fühlen,
- welche Maßnahmen die objektive wie die subjektive Sicherheit erhöhen können.

Sexuelle Übergriffe als Gegenstand der Forschung

Vergewaltigung kann als das schwerwiegendste Delikt der sexuell motivierten Straftaten betrachtet werden, sie nimmt jedoch keine prinzipielle (qualitativ andere) Sonderstellung ein. Sie kann als ein Ende eines Kontinuums betrachtet werden, auf dem alle anderen Formen sexueller Belästigung und Übergriffe ebenfalls lokalisierbar sind (vgl. MALAMUTH 1981). Gemeinsam ist solchen Handlungen ein Frauenbild, das Frauen als jederzeit verfügbare Wesen ohne Selbstbestimmungsrecht betrachtet. Da im vorliegenden Zusammenhang nicht die strafrechtliche Einordnung im Vordergrund des Interesses steht, sondern Erleben und Verhalten von Betroffenen, ist es gerechtfertigt, alle Arten sexuell motivierter Belästigungen und Übergriffe als Erscheinungsformen desselben zugrundeliegenden Phänomens zu betrachten und dessen Wirkung als prinzipiell ähnlich.

Empirisch untersucht werden in dem ganzen Bereich allerdings nur die 'schweren' Taten, über die 'alltäglichen' Formen von Übergriffen gegen Frauen sind nahezu keine Daten zu erhalten. Bei Vergewaltigungen wird die Dunkelziffer, also das Verhältnis von angezeigten zu begangenen Taten auf 1:3 bis 1:10 geschätzt (vgl. BAURMANN 1983). Allerdings sind dies nur Schätzungen, denn in der Dunkelfeldforschung bzw. bei Täter- und Opferbefragungen sind sexuell motivierte Taten kein Thema (vgl. SCHWIND 1978). Geht man vom Hellfeld, also von den angezeigten Taten aus, so findet man einen relativ hohen Prozentsatz von Tätern und Opfern, die sich vor der Tat kannten, je nach Datengrundlage bis zu 70% (vgl. HEDLUND 1986). In mindestens 20% bestanden Freundschafts- oder frühere Liebesbeziehungen. Aus diesem Umstand erklärt sich auch die Tatsache, daß über die Hälfte aller Vergewaltigungen in der Wohnung von Täter oder Opfer stattfindet (BAURMANN 1983). Die von Frauen wohl am meisten gefürchteten Situationen, etwa sich nachts allein in einer unbewohnten Gegend aufzuhalten, sind nicht die typischen Vergewaltigungsorte, sondern stellen nur einen unbedeutenden Bruchteil dar. Allerdings muß hier angemerkt werden, daß die meisten Frauen auch diese Situationen vermeiden, es also nur wenige potentielle Opfer gibt.

Dunkelziffern im Bereich von Sexualstraftaten haben nicht nur einen quantitativen, sondern auch einen qualitativen Aspekt. Es ist anzunehmen, daß Frauen desto mehr vor einer Anzeige zurückschrecken, je besser sie den Täter vor der Tat kannten. Frauen wird üblicherweise eine Mitschuld an der Tat zugeschrieben (vgl. KRAHE 1985, WEIS 1982), und zwar je mehr,

- desto besser sie den Täter kannten,
- wenn die Tat in seiner oder ihrer Wohnung geschah,
- oder wenn das Opfer gegen soziale Normen verstoßen hat - etwa allein eine Gaststätte aufsucht, betrunken war etc.

Man kann also annehmen, daß bei den 70% bis 90% aller Vergewaltigungsfälle, die nicht angezeigt werden, Täter und Opfer sich sehr häufig kannten.

Der Anteil von Falschanzeigen in diesem Bereich wird wesentlich überschätzt; bis zu 90% der Anschuldigungen werden (auch von Polizeibeamten) für falsch gehalten, Erhebungen kommen dagegen auf einen Anteil von 2% bis 8%.

Diese beiden Faktoren - die vermeintliche Mitschuld des Opfers und das Bezweifeln der Tatsache einer Straftat - wird wohl eine ganze Reihe von Frauen davon abhalten, nach einer Vergewaltigung Anzeige zu erstatten. Die Erfahrung der Tat ist für eine Frau demütigend und erniedrigend genug, so daß sie eine demütigende Behandlung bei der Polizei und vor Gericht nicht auch noch auf sich nehmen will.

Im Gegensatz zu anderen Delikten sind Straftaten gegen das sexuelle Selbstbestimmungsrecht ein Angriff nicht nur auf das Eigentum oder die physische Gesundheit, sondern gegen die gesamte Person gerichtet. Die psychischen Folgen von Vergewaltigung sind inzwischen hinreichend bekannt, sie wiegen häufig schwerer als die physischen Verletzungen: WEIS (1982) berichtet von Langzeitfolgen in fast jedem der von ihm untersuchten Fälle, die zum Teil jahrzehntelang anhielten. Depressionen, Angstzustände, Suizidversuche, nachhaltig gestörte Partnerbeziehungen bis hin zum Scheitern von Ehen, in einigen Fällen Alkoholismus als Folge der Vergewaltigung - nur zwei von 77 interviewten Frauen berichteten, daß sie die Tat psychisch überwunden hätten.

Obwohl solche schweren sexuellen Gewalttaten - statistisch gesehen - relativ seltene Ereignisse darstellen, sind die persönlichen Konsequenzen wesentlich gravierender. So meint ALBRECHT (1988, zit.nach ZÜRN 1988), "... daß nicht allein die Häufigkeit der Vorfälle eine Rolle spielt, sondern auch die Schwere der Tat. Bei Sexualdelikten ist die Vulnerabilität des Opfers wesentlich anders einzuschätzen als etwa bei einer Kneipenschlägerei."

Die schweren sexuellen Gewalttaten stellen aber nur die Spitze eines Eisberges dar; Frauen sind alltäglich taxierenden Blicken, Anstarren ('mit Blikken ausziehen'), anzüglichen bis obszönen Bemerkungen, unerwünschten

Berührungen etc. ausgesetzt, meist ohne sich zu wehren oder wehren zu können. Da die Unterschiede zwischen Belästigung und Angriff nur als quantitative, aber nicht als qualitative erlebt werden, ist subjektiv immer die Gefahr gegeben, daß bei entsprechenden Randbedingungen eine zuerst 'nur' verbale Belästigung eskaliert in einen körperlichen Angriff. Solche 'Vorformen' sexueller Gewalt werden häufiger erlebt, ohne daß eine Frau sich immer sicher sein kann, daß es dabei bleibt. Also empfiehlt es sich im Zweifel (und der ist sehr oft angebracht), sich als Frau erst gar nicht in solche Situationen zu begeben, die hinsichtlich ihrer Konsequenzen nicht oder nur schlecht kontrollierbar sind.

Im Folgenden soll dargestellt werden, was die Merkmale solch 'zweifelhafter' Situationen sind.

Physische Umwelt und Kriminalität

Wenn man nach Zusammenhängen zwischen Merkmalen der physischen Umwelt und der Kriminalitätsbelastung eines bestimmten Umweltausschnitts sucht, darf nicht angenommen werden, daß eine bestimmte Umweltgestaltung per se kriminelles Verhalten produziert. Umwelt bzw. Architektur spielen immer die Rolle einer Moderatorvariablen, gebaute Umwelt kann Handlungen zwar ermöglichen oder behindern, aber in aller Regel ist Architektur nicht Ursache von Verhalten; andere Einflußgrößen (etwa sozioökonomische Variablen) sind wesentlich wichtiger.

Meistdiskutierter Ansatz in diesem Forschungsbereich ist das Konzept des 'defensible space' (NEWMAN 1972, 1976, 1988), das annimmt, daß zur Verhinderung von Kriminalität Anzeichen für territoriale Kontrolle der BewohnerInnen eines Wohngebäudes besonders wichtig sind.

BewohnerInnen müssen sich einerseits verantwortlich fühlen für 'halbprivate' Bereiche außerhalb der Wohnung (Gänge, Treppenhäuser, Eingangbereiche etc.), diese Verantwortlichkeit muß sich aber auch in der Gestaltung niederschlagen, etwa durch das Aufstellen von Pflanzen oder anderen Gegenständen, die diese Verantwortlichkeit anzeigen.

Damit zusammenhängend sollten Gebäude 'unverwundbar' erscheinen, also signalisieren, daß die BewohnerInnen gewillt sind, sich und ihr Haus gegen Eindringlinge zu 'verteidigen'. NEWMANs Vorschläge für halbprivate Bereiche in Wohnanlagen sollen - neben der symbolischen Wirkung auf potentielle Eindringlinge - auch die Interaktion zwischen den BewohnerInnen fördern; wenn die Personen, die sich normalerweise in einem Haus aufhalten, allen anderen bekannt sind, so fallen Fremde eher auf und sind eher sozialer Kontrolle unterworfen. Daraus leitet sich auch die Forderung ab, nicht mehr als neun Wohnungen durch einen Hauseingang zu erschließen.

Es gibt einige empirische Hinweise, die NEWMANs Thesen stützen (NEWMAN 1972; MAWBY 1977), allerdings ist sein Ansatz auch häufiger Kritik ausgesetzt gewesen, etwa wegen seiner sozialen Implikationen: Die Forderung nach intensiver Überwachung der sich in einem Gebäude aufhaltenden Personen oder die 'Verteidigungs'-These führe zu Mißtrauen, zu einer 'Blockwart-Mentalität' der BewohnerInnen und enge deren freie Entfaltung ein (vgl. WOOD 1981).

NEWMAN selbst stellte in einem Projekt zur Kriminalitätsbelastung im staatlichen Wohnungsbau fest, daß sozioökonomische Variablen (etwa der Anteil alleinerziehender Mütter, die von Sozialhilfe leben) wesentlich höher mit der Kriminalitätsbelastung korrelieren als architektonische Merkmale (etwa Gebäudegröße), zumindest bei Straftaten wie Körperverletzung. Interessant für den vorliegenden Zusammenhang ist jedoch, daß die architektonischen Variablen mit 'fear of crime' höher korrelierten als mit den tatsächlichen Kriminalitätsmaßen, wobei objektive Kriminalitätsbelastung und subjektive Einschätzung sich nicht immer entsprechen (vgl. FLADE 1984): Von architektonischen Merkmalen wird eher die wahrgenommene als die tatsächliche Kriminalitätsbelastung beeinflußt (vgl. ROLINSKI 1980). 'Fear of crime' kann als korrespondierender Begriff zu 'subjektiver (Un-)Sicherheit' auf Seiten der potentiellen Opfer betrachtet werden, woraus sich Schlüsse auf angstauslösende Umweltmerkmale ziehen lassen.

Insgesamt erscheint NEWMANs Ansatz für die vorliegende Fragestellung nur begrenzt brauchbar: Das Konzept wurde entwickelt, um Eigentumsdelikte, Vandalismus und Delikte wie Raub und Körperverletzung in Wohnanlagen zu vermindern. Es gibt relativ wenige Versuche, die von NEWMAN aufgestellten Kriterien auch auf öffentliche Räume zu übertragen. Wie sollte etwa in der Universität ein halbprivater Raum aussehen, in einem Umweltausschnitt, in dem die meisten Räume für jede/n zugänglich sein müssen?

Weiterhin ist es ein Unterschied, ob (relativ) rational geplante Taten wie Eigentumsdelikte verhindert werden sollen oder mehr spontane wie Belästigungen bzw. Sexualstraftaten, deren zugrundeliegende Motive völlig andere sind (vgl. RHODES/ CONLY 1981). Merkmale der physischen Umwelt spielen bei Übergriffen bzw. Belästigungen sicher eine große Rolle; etwa, ob der Täter sich unbeobachtet fühlen kann oder mit Interventionen anderer rechnen muß. Solche Merkmale müssen aber - wie das Beispiel zeigt - immer in Zusammenhang mit sozialen Variablen gesehen werden.

Unter einem stärker interaktionistisch orientierten Gesichtspunkt erscheint der Begriff der 'Kontrolle' geeigneter für den vorliegenden Zusammenhang. Mit seiner Hilfe kann erklärt werden, daß die subjektive Situationseinschätzung (sowohl eines potentiellen Täters als auch eines potentiellen Opfers) die handlungswirksame Variable ist und nicht die objektiven Charakteristika einer Situation.

Welche Variablen sind es nun, die eine subjektive Kontrolle über eine Situation erhöhen oder vermindern?

- Soziale Kontrolle: Die Anwesenheit anderer Personen, die einen Täter von Übergriffen abhält (indem sie seine subjektive Sicherheit, nicht gefaßt zu werden, vermindert), bzw. die zu Hilfe gerufen werden können.
- Räumliche/visuelle Kontrolle: Überblick über das nähere und weitere Umfeld des eigenen Standorts und die darin befindlichen Personen - sowohl die potentiellen Täter als auch potentielle HelferInnen. Dunkelheit etwa läßt keine räumliche Kontrolle auf weitere Entfernung zu.
- Zugangskontrolle: Übersicht über bzw. Kenntnis von möglichen Fluchtwegen bei Angriffen; andererseits - im negativen Sinn - mögliche Verstecke und Fluchtwege potentieller Täter.

Aus diesen Kriterien kann die These abgeleitet werden, daß ein Umweltausschnitt desto stärker zum Angstraum wird, je weniger Kontrolle er zuläßt.

'Angstraum' ist ein Begriff, der schon seit längerem von Stadtplanerinnen verwendet wird, um für Frauen subjektiv bedrohliche Stellen in einer Stadt zu kennzeichnen. HERMANN (1987) charakterisiert solche Angsträume ('kriminalitätserleichternde Gelegenheitsstrukturen') als schwer überschaubar, von außen nicht einzusehen und unzureichend beleuchtet. Dadurch werde die soziale Kontrolle erschwert und der potentielle Täter habe gute Fluchtmöglichkeiten. Allerdings muß angemerkt werden, das hier häufig subjektive und objektive Sicherheit konfundiert sind. Im vorliegenden Zusammenhang soll mit 'Angstraum' ein Bereich bezeichnet werden, der - durch schlechte Beleuchtung, Unübersichtlichkeit, Anzeichen von Verwahrlosung etc. - keine Kontrolle durch die Nutzerin zuläßt.

Das Konzept der subjektiven Kontrolle führt zu der Annahme, daß derselbe Vorfall unterschiedlich bedrohlich sein kann, je nachdem wo und wann er geschieht: Wird eine Frau auf einem freien Platz mit anzüglichen Bemerkungen belästigt, so kann sie relativ sicher sein, daß es zu keiner Eskalation kommt - besonders bei der Anwesenheit anderer Personen. In einem Parkhaus kann dieselbe Belästigung unter Umständen nur der Beginn eines weitergehenden Angriffs sein, da die äußeren Bedingungen den Täter begünstigen: Meist sind keine anderen Personen anwesend (soziale Kontrolle), das potentielle Opfer hat nur schlechte Fluchtmöglichkeiten, der Täter kann sich aber vor der Tat verstecken, er kann sein Opfer in dunkle Nischen ziehen, wo die Wahrscheinlichkeit einer Entdeckung noch geringer ist, er kann anschließend durch einen von mehreren Ausgängen fliehen, ohne daß er verfolgt werden kann, etc.

Diese Kriterien für die 'Bedrohlichkeit' eines Umweltausschnitts wirken natürlich nicht nur in einer konkret bedrohlichen Situation, sondern auch in der Antizipation; dadurch erklärt sich, daß sich Frauen bei Dunkelheit nicht sicher fühlen und daß sie bestimmte Bereiche meiden, auf die solche 'Unsicherheitskriterien' zutreffen.

Empirische Erhebung der Sicherheit von Frauen an der Ruhr-Universität Bochum

Vorbemerkung: Zum Verständnis der Befragung sind einige Bemerkungen zum physischen 'setting' notwendig: Die Ruhr-Universität Bochum ist eine typische Campus-Universität, weit außerhalb der Stadt gelegen. Sie hat ca. 37 000 Studierende und etwa 5000 Beschäftigte. Um einen zentralen Kern, in dem sich Universitätsverwaltung (im Folgenden: UV), Universitätsbibliothek (UB), Mensa, Auditorium Maximum und in den Untergeschossen die zentralen Parkhäuser befinden, verteilen sich in 4 Gruppen insgesamt 13 Gebäude, die nach den in ihnen angesiedelten Fakultäten benannt sind: G für Geistes- und Sozialwissenschaften, N für Naturwissenschaften, I für Ingenieurwissenschaften und M für Medizin. Diese Komplexe sind wiederum unterteilt, GA ist etwa das dem zentralen Bereich am nächsten gelegene Gebäude der Geisteswissenschaften.

Weiterhin gehört zur Universität ein Botanischer Garten, in unmittelbarer Nähe befindet sich ein Einkaufszentrum (Unicenter).

Aufbau des Fragebogens

Der Fragebogen gliedert sich in 6 Bereiche:
1. Subjektive Sicherheit
2. Übergriffe von Unbekannten
3. Bekanntheitsgrad von Übergriffen von Unbekannten
4. Belästigungen durch Bekannte/am Arbeitsplatz
5. Bekanntheitsgrad solcher Belästigungen
6. Soziodemographische Daten

ad 1.: Subjektive Sicherheit
In diesem Komplex wird das subjektive Sicherheitsgefühl und seine Verhaltenswirksamkeit erfasst. Auf drei 5-teiligen Skalen (vgl. ROHRMANN 1978) sollen die Befragten angeben, wie sicher sie sich an der Ruhr-Universität generell, während der üblichen Dienstzeiten (08.00 bis 17.00 Uhr) und nach 17.00 fühlen. Weiter wird - ohne vorgegebene Antwortalternativen - nach denjenigen Stellen oder Bereichen der Universität gefragt, in denen sie sich besonders unsicher oder gefährdet fühlen, und ob dies immer der Fall ist, nur zu bestimmten Tages- oder Jahreszeiten (ohne Antwortvorgabe) oder nur dann, wenn keine anderen Personen anwesend sind.

Die nächsten Items sollen die Verhaltenswirksamkeit solcher Unsicherheitsgefühle erfassen: dazu gehört die Frage, ob die Befragte bestimmte Stellen oder Bereiche meidet, evtl. Umwege in Kauf nimmt, weil sie sich dort nicht sicher fühlt; weiterhin die Frage, ob sie es vermeide, sich außerhalb der offiziellen Dienstzeiten an der Universität aufzuhalten.

Den Abschluß dieses einleitenden Teils bildet die Frage nach der Wichtigkeit des Problems 'Sicherheit von Frauen an der RUB vor Belästigungen und Überfällen'.

ad 2.: Übergriffe durch Unbekannte
Bei diesem wie auch bei den folgenden Fragenkomplexen stellte sich das Problem, einerseits möglichst genaue Informationen über Art, Zeit und Ort von Übergriffen zu erhalten, andererseits aber durch Vorgabe von Alternativen die Beantwortung des Fragebogens zu vereinfachen und die Vergleichbarkeit der Antworten für die weitere Auswertung zu gewährleisten. Deshalb wurde nur bei der Frage nach Zeit und Ort der Vorfälle um freie Beantwortung gebeten (es erwies sich als unmöglich, von vornherein eine Kategorisierung der möglichen 'Stellen' der Universität vorzunehmen). Die 'Arten' der

Vorfälle wurde durch folgende Antwortmöglichkeiten gekennzeichnet (jeweils durch Beispiele erläutert):
- verbal
- Exhibitionisten
- tätlicher sexueller Angriff
- erzwungene sexuelle Handlungen bis hin zu Vergewaltigungen
- Sonstiges

Weitere Fragen in diesem Komplex betrafen die Möglichkeit der Gegenwehr, ob der Vorfall jemandem mitgeteilt/angezeigt wurde (somit dem Dunkel- oder dem Hellfeld zuzuordenen ist), welche Konsequenzen bei einer Anzeige erfolgten und ob die Betroffene selbst Konsequenzen aus dem Vorfall gezogen hat, indem sie z.B. Arbeiten in den Abendstunden oder bestimmte Stellen der Universität vermeidet.

ad 3.: Bekanntheitsgrad von Übergriffen durch Unbekannte
Auf das subjektive Unsicherheitsgefühl wirkt sich nicht nur das eigene Erleben von Übergriffen aus, sondern mindestens genauso stark die Kenntnis von Übergriffen auf andere Frauen. Deshalb wurde - mit denselben Antwortvorgaben - auch nach Fällen von Belästigungen bzw. Angriffen gefragt, von denen die Befragten Kenntnis haben; Zeit und Ort des Vorfalls sollten - falls genau bekannt - wieder frei beschrieben werden.

ad 4.: Belästigungen am Arbeitsplatz
Zumindest bei den schweren Übergriffen (Vergewaltigung etc.) sind in mindestens der Hälfte der Fälle Opfer und Täter vor der Tat miteinander bekannt (vgl. BAURMANN 1983, HEDLUND 1986), die Dunkelziffer liegt um ein Vielfaches höher (vgl. WEIS 1982, FELDMAN-SUMMERS/ ASHWORTH 1981). Betrachtet man diese schweren Fälle nur als die Spitze eines Eisbergs, dessen Basis die 'alltäglichen' Belästigungen, Angriffe etc. bilden, so muß der Bereich der Belästigungen und Übergriffe durch Bekannte bzw. am eigenen Arbeitsplatz ebenso erfaßt werden wie die Fälle, in denen Unbekannte die Täter sind - die Dunkelziffer liegt hier vermutlich noch höher.

Etwa jede 4. Frau ist solchen Belästigungen am Arbeitsplatz schon ausgesetzt gewesen (vgl. PLOGSTEDT/ BODE 1984), nach neuesten Untersuchungen sogar 72% (vgl. HOLZBECHER et al. 1990). Auch in einer Universität mit ihren vielfältigen Abhängigkeiten kommen solche Fälle vor; in welchem Ausmaß, sollte unsere Befragung ermitteln.

Die Frage nach der Art von Belästigungen enthielt analoge Vorgaben wie bei den Fragen nach Belästigungen durch Unbekannte, allerdings ohne Exhibitionismus. Weiterhin wurde die formale Beziehung zum Täter (übergeordnet, gleichgestellt, etc.) erfaßt.

ad 5.: Bekanntheitsgrad von Belästigungen am Arbeitsplatz
Vermutlich sind Belästigungen durch Bekannte stärker tabu-behaftet als solche durch Unbekannte; eventuelle Abhängigkeit vom Täter, die Befürchtung, als provozierend, unglaubwürdig, rachsüchtig oder als prüde zu gelten, meist keine Möglichkeit, den Übergriff zu beweisen - solche Überlegungen führen wohl oft dazu, Vorfälle für sich zu behalten. Deshalb erschien es wichtig, auch die Kenntnis dieser Art von Vorfällen zu erfassen.

ad 6.: Soziodemographische Variablen
Die Vertraulichkeit der Befragung verbot es, nach der Fakultät oder dem Lehrstuhl zu fragen, an dem die Befragte arbeitet - in manchen Bereichen der Universität sind so wenige Frauen beschäftigt, daß Anonymität nicht mehr gewährleistet gewesen wäre. Um aber doch Informationen über eventuelle Häufungen von Fällen in den verschiedenen Fachbereichen zu erhalten, erbaten wir Angaben über das Gebäude, in dem die Befragte überwiegend arbeitet; damit ist eine grobe Zuordnung (auch hinsichtlich unterschiedlicher Rücklaufquoten) möglich.

Weitere Fragen betrafen die übliche Arbeitszeit, den Status (Studentin, Verwaltungsangestellte, Wissenschaftlerin etc.), die Altersgruppe und das Verkehrsmittel, das überwiegend benutzt wurde, um die Universität zu erreichen.

Zum Schluß wurden die Befragten gebeten, eventuelle Vorschläge zur Verbesserung der Situation der weiblichen Universitätsbeschäftigten mitzuteilen.

Stichprobe

Aus den Daten der Dunkelfelduntersuchungen zum Thema konnte angenommen werden, daß es sich vor allem bei den schwerwiegenden Vorfällen um relativ seltene Ereignisse handelt. Insgesamt liegen aber keine Ergebnisse vor, die Aussagen über Gesamtzahl und Verteilung der verschiedenen Formen von Übergriffen zulassen. Es erschien also sinnvoll, eine Gesamterhebung bei allen an der RUB beschäftigten Frauen durchzuführen. Wünschenswert wäre gewesen, gleichzeitig eine 10%-Stichprobe der Studentinnen zu befragen (die meist noch stärker in Abhängigkeitsbeziehungen stehen) und auch bei den männlichen Beschäftigten eine Befragung über Bekanntheitsgrad von Übergriffen etc. durchzuführen. Beides war wegen fehlender Mittel nicht möglich.

Rücklaufquote

Insgesamt wurden 2058 Fragebögen versendet, von denen 543 (26.9%) zurückgeschickt wurden, 37 kamen als unzustellbar zurück.

Die Rücklaufquoten nach Gebäuden lagen zwischen 9.2% (Universitätsbibliothek) und 39.0% (GA).

Betrachtet man die Rücklaufquoten der verschiedenen Statusgruppen, zeigen sich weniger Unterschiede als hinsichtlich der Gebäude: 21.0% (93 von 367) der studentischen Hilfskräfte, 32.0% (157 von 414) der Wissenschaftlerinnen (wiss. Hilfskräfte, wiss. Mitarbeiterinnen und Professorinnen) und 27.0% (293 von 935) der Verwaltungs- und technischen Angestellten beantworteten den Fragebogen.

Der etwas geringere Anteil studentischer Hilfskräfte erklärt sich aus deren schlechterer Erreichbarkeit und der Tatsache, daß (aufgrund der meist kurzen Vertragslaufzeiten) die Adressenliste nicht aktuell sein kann. Da sich die Rücklaufquoten auch hinsichtlich der verschiedenen Altersgruppen nicht wesentlich unterscheiden, kann insgesamt eine befriedigende Repräsentativität der Stichprobe angenommen werden.

Insgesamt erscheint die Rücklaufquote aber relativ niedrig, wenn man berücksichtigt, daß

- das Thema der Untersuchung für die Befragten persönlich relevant war,
- eventuelle Konsequenzen aus der Untersuchung ihre eigene Situation verändern kann,
- es sich um eine relativ homogene Stichprobe handelt, die zudem überwiegend gewöhnt ist, mit schriftlichem Material umzugehen,
- die Untersucherin aus derselben Population wie die Befragten stammt, also - wenn überhaupt - nur eine geringe soziale Distanz zwischen Fragenden und Befragten vorhanden ist.

Dies sind alles Kriterien, die eher für eine wesentlich höhere Rücklaufquote sprechen würden (vgl. BORTZ 1984). Allerdings schien es sich für viele

Befragte doch um ein relativ 'heikles' und intimes Thema zu handeln; dies könnte erklären, daß viele Frauen sich scheuten, den Fragebogen auszufüllen bzw. zurückzuschicken. Darüberhinaus könnte das Thema bei manchen Frauen unangenehme, schmerzliche oder angsterregende Erinnerungen oder Vorstellungen hervorgerufen haben (vermutlich hat nahezu jede Frau im Laufe ihres Lebens schon Erfahrungen mit sexueller Belästigung oder Schlimmerem gemacht), die sie vor der Beantwortung zurückschrecken ließen.

Last but not least spielte wohl der Zeitpunkt der Befragung eine gewisse Rolle bei der geringen Rücklaufquote: Die Fragebögen konnten erst 3 Wochen vor Ende des Sommersemesters verschickt werden, ein Zeitpunkt, zu dem sich bei vielen Beschäftigten die Dienstaufgaben häufen, die noch vor den Ferien erledigt werden müssen; einige werden wohl auch schon vor dem offiziellen Ferienbeginn ihren Urlaub angetreten haben.

Unter diesen Bedingungen zeigt aber eine Rücklaufquote von fast 27%, daß jede vierte an der Universität beschäftigte Frau das Thema wichtig genug fand, um den Fragebogen zurückzuschicken, auch wenn sie selbst noch nicht Opfer von Belästigungen wurde.

Eine breiter angelegte Untersuchung, die weibliche Gewerkschaftsmitglieder ebenfalls schriftlich zum Thema 'Belästigung am Arbeitsplatz' befragte (HOLZBECHER et al 1990), kam auf eine Rücklaufquote von 19.8% bei insgesamt 10000 verschickten Fragebögen.

Soziodemographische Daten

Status

Von den 543 zurückgeschickten Fragebögen waren

17.1%	von studentischen Hilfskräften (93)
34.4%	von Verwaltungsangestellten (187)
15.8%	von technischen Angestellten (86)
28.9%	von Wissenschaftlerinnen (157)
2.2%	von Bibliothekarinnen (12)
1.5%	von sonstigen Angestellten, vor allem Auszubildende (8)

Alter

0.6%	unter 20 Jahren (3)
39.8%	20-29 Jahre (216)
28.0%	30-39 Jahre (152)

20.6%	40-49 Jahre (112)
9.9%	50-59 Jahre (54)
0.9%	über 60 Jahre (5)

Dabei sind bei den Jüngeren vor allem studentische Hilfskräfte (95.7% von ihnen sind jünger als 29 Jahre) und die Wissenschaftlerinnen (87.9% sind jünger als 39) überrepräsentiert, während von den Verwaltungsangestellten 63.4% älter als 40 Jahre sind - ein Bild, das vermutlich die Verhältnisse an der Universität relativ genau widerspiegelt, denn die meisten der wissenschaftlich Beschäftigten haben nur Zeitverträge, nach deren Ablauf sie in der Regel die Universität verlassen.

Arbeitszeit
32.4% (168) arbeiten regelmäßig außerhalb der normalen Dienstzeiten (08.00 bis 17.00). Dabei sind jedoch große Unterschiede hinsichtlich der Statusgruppen zu berücksichtigen; während es bei den Verwaltungsangestellten nur 9.4% sind, arbeiten von den Wissenschaftlerinnen 59.6% und von den studentischen Hilfskräften immerhin 44.3% vor 08.00 und/oder nach 17.00 Uhr.

Verkehrsmittel

78.6%	der Befragten erreichen die Universität mit dem Auto,
7.7%	benutzen die Straßenbahn,
4.2%	kommen vorwiegend mit dem Fahrrad,
2.6%	den Autobus,
5.9%	kommen zu Fuß,
0.9%	benutzen sonstige Verkehrsmittel.

Die Ruhr-Universität ist nicht nur für die Studierenden eine 'Fahr-Universität', sondern noch mehr für die dort Beschäftigten. Rechnet man diese Werte auf alle weiblichen Beschäftigten der RUB hoch, so kommen allein 1600 Mitarbeiterinnen täglich mit dem Auto an den Arbeitsplatz Universität, was auf die Wichtigkeit des Themas 'Parkhäuser' hinweist.

Subjektive Sicherheit

Die Frage nach dem subjektiven Sicherheitsgefühl war auf einer 5-teiligen Skala (vgl. ROHRMANN 1978) zu beantworten, von 1 (nicht sicher) bis 5 (sehr sicher). Unterschieden wurde

a) das Sicherheitsgefühl insgesamt,
b) während der üblichen Dienstzeiten (08.00 bis 17.00 Uhr), und
c) ab 17.00 Uhr.

Die folgende Tabelle zeigt Mittelwerte und Standardabweichungen:

	insgesamt	08.00 bis 17.00	nach 17.00
x	3.62	4.15	2.49
s	.761	.761	1.00

n=543, p jeweils <.001

Die Befragten fühlen sich also insgesamt 'mittelmäßig' bis 'ziemlich' sicher, während der Dienstzeiten sogar noch mehr; nach 17.00 aber nur noch 'wenig' bis 'mittelmäßig'. Zwischen den einzelnen Status- und Altersgruppen gibt es dabei keine bedeutsamen Unterschiede.

Wie kommen nun diese Werte im Einzelnen zustande? Eine Varianzanalyse mit den jeweiligen ratings des subjektiven Sicherheitsgefühls als abhängige und dem Erleben von Belästigungen oder Übergriffen sowie der Kenntnis solcher Vorfälle als unabhängige Variable führte zu Haupteffekten der Variablen 'selbst erlebte Übergriffe durch Unbekannte' und 'Kenntnis von Übergriffen durch Unbekannte'.

Für das Sicherheitsgefühl während der Dienstzeit ergaben sich signifikante Effekte von selbst erlebten Übergriffen durch Unbekannte und der Kenntnis von Übergriffen durch Bekannte.

Beim Sicherheitsgefühl nach Dienstschluß zeigte sich dasselbe Bild wie beim Sicherheitsgefühl allgemein: Effekte von selbst erlebten Übergriffen durch Unbekannte und von der Kenntnis solcher Übergriffe.

Außerhalb der üblichen Dienstzeiten fühlen sich die weiblichen Beschäftigten also relativ unsicher an der Universität; insgesamt und besonders abends fühlen sich diejenigen Beschäftigten unsicherer, die schon selbst

Belästigungen oder Übergriffe erlebt haben und/oder die von konkreten Übergriffen auf andere Frauen wissen.

Berücksichtigt man, daß ein Drittel, von den im wissenschaftlichen Bereich Tätigen sogar 60%, außerhalb dieser Zeiten arbeiten (müssen), begründet dieses Ergebnis durchaus die Forderung nach Maßnahmen, die die Ursachen für solche Unsicherheit beseitigen.

Gebiete besonderer Unsicherheit

Auf die Frage, ob es in der Universität Stellen oder Bereiche gebe, in denen sich die Befragten besonders unsicher oder gefährdet fühlten, antworteten 84% mit ja. Von diesen erwähnen (freie Antworten):

81.3%	Parkhäuser
10.1%	Fahrstühle
7.0%	Toiletten
5.7%	Öffentlicher Nahverkehr (Straßenbahn- und Bushaltestellen)
28.4%	sonstige Bereiche innerhalb der Gebäude (vor allem Gänge etc.)
17.2%	sonstige Bereiche außen

(Mehrfachnennungen, n=429)

Parkhäuser erzeugen bei fast allen Befragten Unsicherheit und Angst. Erwähnt wurden vor allem die schlechte Beleuchtung und die Unübersichtlichkeit, also die Kriterien, die für 'Angsträume' charakteristisch sind. Bei den übrigen Bereichen handelt es sich vor allem um (halb-) öffentliche Stellen, die schlecht überschaubar sind. Wesentliches Kriterium für die Unsicherheitsgefühle ist die Tatsache, daß keine anderen Personen anwesend sind, also niemand zu Hilfe gerufen werden kann.

23.3% der Befragten fühlen sich in bestimmten Bereichen immer unsicher oder bedroht, 56.4% nur zu bestimmten Tages- oder Jahreszeiten:

21.9%	im Winter
35.3%	außerhalb der Dienstzeiten, vor allem abends
39.2%	dann, wenn keine anderen Personen anwesend sind

(Mehrfachnennungen, n=429)

Diese Unsicherheitsgefühle haben auch Auswirkungen auf der Verhaltensebene:

42.5% (228) aller Befragten vermeiden es nach Möglichkeit, sich außerhalb der üblichen Dienstzeiten an der Universität aufzuhalten (wobei allerdings viele - vor allem wissenschaftlich Tätige - anmerken, daß dies für sie nicht möglich sei);

35.7% (187) aller Befragten geben an, daß sie bestimmte Stellen oder Bereiche der Universität vermeiden, daß sie lieber Umwege machen; einige berichten, daß sie ihr Auto aus dem Parkhaus holten, wenn sie länger arbeiten müssten.

Diese Zahlen zeigen, daß nicht nur eine große Mehrheit der Beschäftigten massive Unsicherheitsgefühle in manchen Bereichen der Universität hat, sondern daß diese Unsicherheit (bzw. deren Ursachen, nämlich auch die objektive Unsicherheit) auch zu selbstauferlegten Verhaltenseinschränkungen führt, die eine große Gruppe der weiblichen Universitätsangehörigen in ihrem zeitlichen und räumlichen Aktionsradius wesentlich beschränkt und damit gegenüber ihren männlichen Kollegen benachteiligt, von denen sich wohl nur sehr wenige so einschränken.

Wichtigkeit des Problems

Eine letzte Frage in diesem Komplex betraf die vermutete Wichtigkeit des Problems 'Sicherheit von Frauen' an der Ruhr-Universität auf einer 5-teiligen Skala von 1=nicht wichtig bis 5=sehr wichtig.

Der Mittelwert über alle Befragten lag bei 3.53 (s=.93), also zwischen 'mittelmäßig' und 'ziemlich' wichtig. Die verschiedenen Alters- und Statusgruppen zeigen dabei keine bedeutsamen Unterschiede, das Problem wird also durchgängig etwa gleich eingeschätzt.

Die Varianzanalyse über den Einfluß selbst erlebter Vorfälle und die Kenntnis von Vorfällen erbrachte zwei signifikante Haupteffekte, nämlich selbst erlebte Übergriffe von Unbekannten und Kenntnis von Übergriffen Unbekannter und als Tendenz die Interaktion zwischen den Variablen 'Selbst/Unbekannte' und 'Selbst/Bekannte'; dies würde bedeuten, daß *die* Frauen, die sowohl von Unbekannten als auch von Bekannten an der Universität schon belästigt wurden, das Problem 'Sicherheit von Frauen' als besonders gravierend einschätzen.

Objektive Sicherheit

Übergriffe durch Unbekannte

Von allen Befragten waren schon 23.9% (130) von Unbekannten im Bereich der Universität belästigt oder angegriffen worden. Diese Übergriffe verteilten sich wie folgt (Mehrfachnennungen möglich):

65.4%	verbale Belästigung (85 Nennungen)
38.5%	Exhibitionisten (50)
10.8%	tätlicher Angriff, 'Grapschen', Küssen etc.(14)
3.8%	Belästigungen am Telefon (5)
2.3%	Voyeure etc. (3)
6.9%	Sonstiges (9)

Es wurde von keinem schweren Fall von Übergriffen berichtet (erzwungene sexuelle Handlungen, Vergewaltigung). Inwieweit dies auf das 'wirkliche' Fehlen solcher Vorkommnisse zurückzuführen ist oder auf die Unangemessenheit des Mediums Fragebogen (etwa im Vergleich zu Interviews), kann hier nicht entschieden werden. Zum Vergleich mit den erhobenen Daten sei angemerkt, daß das Hellfeld (angezeigte Fälle) bei Vergewaltigung bei ca. 11 Fällen je 10 000 EinwohnerInnen/Jahr liegt (vgl. WEIS 1982), die Dunkelfeldschätzungen bei 1:3 bis 1:10 (vgl. BAURMANN 1983). Von diesen Schätzungen her liegt es durchaus im Bereich des Möglichen, daß es auch an der RUB (ca. 5000 Beschäftigte, ca. 37 000 Studierende) zu schwereren Vorfällen gekommen ist, ohne daß dies in der vorliegenden Untersuchung erfaßt werden kann.

Ort und Zeit der Vorfälle

Betrachtet man die Ergebnisse zur subjektiven Sicherheit der Befragten, so stellen vor allem die Parkhäuser ein großes Problem dar. Sind es nun auch die Parkhäuser, in denen die objektive Sicherheit geringer ist, in denen also viele Übergriffe stattfinden?

Wir konnten für fast keinen räumlichen Bereich der Universität eine Häufung von Vorfällen finden.

5%	aller Vorfälle geschahen in Parkhäusern
57%	im Außenbereich
38%	innerhalb der Gebäude.

Verbale Belästigungen fanden wir gehäuft im Bereich Forum/HZO/Weg von der UB zur Mensa und auf dem Weg zum Unicenter, also in Bereichen, die durch Übersichtlichkeit und Weitläufigkeit gekennzeichnet sind, im Innenbereich fanden verbale Belästigungen vor allem in Treppenhäusern und Fahrstühlen statt.

Exhibitionismus ist die einzige 'Tatart', für die räumliche Schwerpunkte festgestellt werden konnten:

Von 53 Fällen geschahen
12 im Botanischen Garten
9 im Bereich der Parkplätze
9 im Wald bei GC
2 im Parkhaus
7 im Fahrstuhl-/Treppenhaus der Gebäude
14 an sonstigen Stellen

Insgesamt konnte aber kein Bereich der Universität gefunden werden, der besonders 'kriminogen' ist, die Vorfälle verteilten sich insgesamt über alle frei zugänglichen Stellen.

Die folgende Tabelle zeigt eine Gegenüberstellung der Anteile der verschiedenen Tatarten hinsichtlich der räumlichen Verteilung sowie der Bereiche, die Unsicherheit hervorrufen.

	unsich. Stellen	Vorfälle gesamt	verbal	Exhib.	tätlich
Parkhäuser	50%	5%	4%	4%	14%
Außenbereich	20%	57%	54%	73%	14%
Innenbereich	30%	38%	42%	23%	72%

Man beachte, daß die Grundgesamtheit hier die Gesamtzahl der Nennungen und nicht die der Befragten ist, was die Unterschiede zu den vorangegangenen Tabellen bei den 'unsicheren Stellen' erklärt.

Die auffälligsten Diskrepanzen finden sich bei den Parkhäusern, wo objektive und subjektive Sicherheit um den Faktor 10 differieren. Die Grünbereiche, in denen relativ häufig Vorfälle geschahen, rufen nicht in besonderem Maße Unsicherheitsgefühle hervor; insgesamt ist die subjektive

Sicherheit eher in Innenräumen geringer (also die Unsicherheitsgefühle größer), während die Vorfälle eher in Außenbereichen geschahen.

Etwa die Hälfte der Befragten machte Angaben zur Zeit der Übergriffe, ca.75% fanden zur normalen Dienstzeit statt, 25% abends. Bedenkt man allerdings, daß sich am Abend wesentlich weniger Personen an der Universität aufhalten, so scheint das Risiko zu dieser Zeit zumindest nicht wesentlich geringer zu sein als tagsüber.

Orte und Zeiten von Übergriffen und Belästigungen stimmen also nicht unbedingt mit den Orten und Zeiten überein, die bei den Befragten Unsicherheitsgefühle hervorrufen. Dies kann auf zwei - sich nicht völlig ausschließende - Gründe zurückgeführt werden, was am Beispiel der Parkhäuser erläutert werden soll:

- Da Parkhäuser von sehr vielen der Befragten als *die* Bereiche der Universität angegeben werden, in denen sie sich unsicher oder bedroht fühlen, besteht die Möglichkeit, daß diese auch möglichst vermieden werden; damit sind dort aber auch weniger potentielle Opfer unterwegs, was wiederum dazu führt, daß dort weniger geschieht.
- Die zweite Erklärungsmöglichkeit wäre, daß subjektive und objektive Unsicherheit relativ stark auseinanderklaffen; daß es Merkmale von Umweltausschnitten gibt, die starke Unsicherheitsgefühle hervorrufen, die aber nicht oder nur wenig mit realen Gefahren korrelieren.

Welche dieser Möglichkeiten im vorliegenden Zusammenhang zutrifft, kann weder aus den Daten noch aus der Literatur erschlossen werden.

Reaktionen der Betroffenen

Zwei Drittel der Befragten (66.2%) haben sich gegen die Belästigung bzw. den Angriff gewehrt; dies erscheint relativ viel, wenn man berücksichtigt, daß zwei Drittel der Angriffe 'nur' verbaler Natur waren. Allerdings beschreiben viele ihre Reaktion auch mit 'Ignorieren' (vor allem bei Exhibitionisten), und fast alle angegebenen Verhaltensweisen können in die Kategorie 'verbal' eingeordnet werden.

61.5% der Betroffenen haben den Vorfall jemandem mitgeteilt oder ihn angezeigt. Die meisten haben mit Kolleginnen und/oder Kollegen (49.2%) oder mit Personen aus dem Familien- und Freundeskreis (28.5%) darüber gesprochen; in 9 Fällen (7 davon Exhibitionisten) wurde bei der Polizei Anzeige erstattet, nur jeweils ein Fall an die Frauenbeauftragte bzw. das

Autonome Frauen- und Lesbenreferat gemeldet. In 5 Fällen wurde die Verwaltung und in 12 der/die Dienstvorgesetzte informiert.

Betrachtet man nur die Fälle von Exhibitionismus, die strafrechtlich noch relativ gut lokalisierbar sind, so ergibt sich bei 7 Anzeigen in 50 Fällen eine Dunkelziffer von 1 zu 7. Bei den anderen Übergriffen und Belästigungen liegt diese noch wesentlich höher.

Immerhin 53% der Betroffenen haben für sich selbst Konsequenzen aus dem jeweiligen Vorfall gezogen, etwa indem sie es vermeiden, nach Ende der üblichen Dienstzeit noch zu arbeiten, indem sie sich (etwa zum Auto oder zur Straßenbahn) begleiten lassen, oder indem sie sich an bestimmten Stellen nicht aufhalten.

Kenntnis von Übergriffen

33.9% der Befragten (184) geben an, Fälle von anderen Frauen zu kennen, die in der Universität von Unbekannten belästigt oder angegriffen wurden. Im Einzelnen waren dies:

44.8%	verbale Belästigungen
43.2%	Exhibitionisten
30.1%	tätlicher Angriff
7.1%	Sonstiges
16.4%	Vergewaltigung (30 Nennungen, die sich aber fast alle auf denselben Vorfall bezogen, der in der Universität Aufsehen erregt hatte).

Bei den bekanntgewordenen Vorfällen sind die 'schwereren' Fälle überrepräsentiert, was vermutlich darauf zurückzuführen ist, daß verbale Belästigungen so 'alltäglich' sind, daß sie normalerweise nicht berichtet werden. So schreiben auch einige der Befragten bei der Frage nach Ort und Zeit verbaler Belästigungen 'immer und überall' oder Ähnliches.

Insgesamt sind von den Befragten weniger Fälle von Belästigungen durch Unbekannte berichtet worden, die selbst erlebt wurden, als solche, die von anderen Frauen bekannt sind.

Belästigungen am Arbeitsplatz

16.4% der Befragten (89) sind schon von Männern, die sie kennen bzw. von denen sie wissen, daß sie an der Universität beschäftigt sind, belästigt oder angegriffen worden.

Die Vorfälle verteilten sich wie folgt (teilweise Mehrfachnennungen):

85.4%	verbal (76 Fälle)
22.5%	tätlicher Angriff (20)
1.1%	erzwungene sexuelle Handlungen (1 Fall)
12.4%	Sonstiges (11)

Auch hier sind wieder - wie bei den Belästigungen durch Unbekannte - die meisten Vorfälle verbaler Natur. Die Täter waren den Betroffenen in:

34.9%	übergeordnet
26.7%	gleichgestellt
10.5%	untergeordnet
3.5%	Besucher
46.5%	andere, etwa Mitarbeiter zentraler Einrichtungen

(Mehrfachnennungen)

Der hohe Prozentsatz in der Rubrik 'Andere' erklärt sich aus der Tatsache, daß es eine ganze Reihe Klagen über verschiedene zentrale Einrichtungen (etwa Kopier- und Poststellen) gab, wo sich Frauen durch Bemerkungen, Angebote etc. häufig belästigt fühlten.

Studentische Hilfskräfte sind eher von Übergriffen durch Übergeordnete betroffen.

Deutliche Unterschiede finden sich hinsichtlich der Betroffenheit in den verschiedenen Altersgruppen: bei den 20- bis 39-jährigen ist der Anteil derjenigen, die schon Belästigungen erlebt haben bzw. von solchen wissen, deutlich höher als bei den Älteren. Allerdings wurde auch bei den 40- bis 49-jährigen noch mehr als jede fünfte Frau von Unbekannten und fast jede zehnte von Uniangehörigen belästigt.

In 79% aller Fälle geschahen die Belästigungen wiederholt, nur 21% waren Einzelfälle, obwohl die meisten Betroffenen (64%) versucht haben, sich zu wehren. Dies war aber meist erst nach wiederholten Interventionen erfolgreich. 49.4% haben aus den Vorfällen Konsequenzen gezogen; so wurde etwa vermieden, mit der Person allein zu sein, oder es wurde versucht, die jeweilige zentrale Einrichtung zu meiden.

56.2% der betroffenen Frauen haben die Vorfälle jemandem mitgeteilt; hier findet sich ein ähnliches Bild wie bei den Belästigungen durch Unbekannte, denn in den meisten Fällen wurden KollegInnen (44.9%) und Familie oder FreundInnen (16.9%) informiert. In je einem Fall wurde der Vorfall der Frauenbeauftragten, der Verwaltung und dem Autonomen Frauen- und Lesbenreferat mitgeteilt, in 3 Fällen dem/der Dienstvorgesetzten.

Der Personalrat wurde kein einziges Mal informiert.

In nur drei Fällen gab es Konsequenzen durch die jeweilige Institution, in einem Fall für den Täter, in zwei für die betroffene Frau.

Insgesamt zeigt sich, daß sowohl Übergriffe durch Unbekannte als auch solche im eigenen Arbeitsumfeld nur einem kleinen Kreis bekannt werden, wenn sie überhaupt jemandem mitgeteilt werden. Natürlich muß man berücksichtigen, daß es sich überwiegend um weniger schwerwiegende Vorkommnisse handelt, bei denen die Betroffenen den Aufwand einer formellen Anzeige scheuen. Es wäre sinnvoll, Frauen zu mehr Öffentlichkeit zu ermutigen, um deutlich zu machen, daß es sich nicht nur um isolierte Einzelfälle handelt. Dies wäre auch ein Weg, anderen Betroffenen Mut zu machen, sich zu wehren und damit längerfristig Veränderungen in Gang zu bringen.

Bekanntheit von Belästigungen am Arbeitsplatz
Fälle von Belästigungen durch Bekannte haben einen wesentlich geringeren Bekanntheitsgrad als solche durch Unbekannte. Nur 13.4% (73) berichten, daß sie von solchen Vorfällen wissen. Dabei handelt es sich um

74.0%	verbale Belästigung (54 Fälle)
30.1%	tätliche Angriffe (22)
2.7%	Vergewaltigung (2)
5.5%	Sonstiges (4)

Obwohl relativ viele Frauen berichten, anderen von ihnen zugestoßenen Belästigungen am Arbeitsplatz mitgeteilt zu haben, wissen doch nur wenige von solchen Vorfällen.

Zusammenfassung

Insgesamt deuten die vorliegenden Daten darauf hin, daß das Problem der Sicherheit von Frauen an der RUB nicht größer, aber auch nicht kleiner ist als in anderen Umweltausschnitten. Wirklich schwerwiegende Vorfälle wurden durch die Befragung nicht neu entdeckt, die berichteten Fälle von Belästigung und Angriffen sind bis auf Einzelfälle 'alltäglich' - leider erleben die meisten Frauen solche Vorkommnisse häufig. Allerdings ist die Situation damit auch nicht grundsätzlich besser als in anderen Bereichen.

Repräsentative Studien (HOLZBACHER et al 1990) kommen zu sehr ähnlichen Zahlen, was die meisten der hier untersuchten Fragenkomplexe betrifft. Auffällig ist die Diskrepanz bei der Belästigung am Arbeitsplatz, die an der RUB nur von knapp 17% erlebt wurde, in anderen Arbeiten aber von bis zu 72%. Die unterschiedliche Formulierung der Fragen, vor allem aber die Beschränkung auf den Arbeitsplatz RUB im Gegensatz zum ganzen Arbeitsleben erklärt sicher einen Teil der Unterschiede. Es ist zu hoffen, daß die Befragung die Realität soweit widerspiegelt, als im universitären Umfeld Belästigungen wirklich seltener sind als an anderen Arbeitsplätzen.

Einige der Ergebnisse sollten dazu anregen, sich mit der Situation von Frauen auseinanderzusetzen und - was die Universität betrifft - Veränderungen in Angriff zu nehmen, um die Bedingungen für weibliche Beschäftigte zu verbessern:

- Die Tatsache, daß sich die weiblichen Beschäftigten außerhalb der Dienstzeit merklich unsicherer fühlen;
- die Tatsache, daß besonders die Parkhäuser eine Quelle solcher Unsicherheitsgefühle darstellen;
- die Tatsache, daß sich fast die Hälfte der Befragten in ihrer Bewegungsfreiheit einschränkt, Bereiche der Universität meidet, Umwege macht etc.
- die Tatsache, da es fast die Hälfte der Befragten vermeidet, sich außerhalb der üblichen Dienstzeiten an der Universität aufzuhalten, andererseits aber fast zwei Drittel der wissenschaftlich Beschäftigten vor und vor allem nach Dienstschluß noch arbeitet; letztere nicht nur in den Natur- und Ingenieurwissenschaften, wo Versuche rund um die Uhr betreut werden müssen, auch in den Geisteswissenschaften sind es noch über 50%.

Prinzipiell betreffen die Probleme aber nicht nur die Universität, sondern die ganze Gesellschaft. Frauen vermeiden es nicht nur an der Universität, sich zu bestimmten Zeiten an bestimmten Orten aufzuhalten, Frauen fühlen sich nicht nur an der Universität gefährdet; deshalb kann das Problem auch nicht isoliert für die Universität gelöst werden.

Die beschriebenen Selbsteinschränkungen des Bewegungsraums sind kein Merkmal der Universität Bochum, sondern immer und überall zu finden; Frauen vermeiden Parkhäuser, Unterführungen, Parks - den meisten ist nicht mehr bewußt, wie weit sie sich in ihrem Handlungsraum einengen. Umwege oder der Verzicht auf Aktivitäten werden zur Selbstverständlichkeit, die nicht mehr wahrgenommen wird.

In der beschriebenen Untersuchung konnten allerdings nahezu keine 'realen' Korrelate dieser subjektiven Unsicherheit gefunden werden; *die* Stellen, an denen sich Frauen unsicher fühlen und die sie auch vermeiden, sind nicht unbedingt dieselben, an denen Belästigungen und Übergriffe stattfinden. Diese Diskrepanz auf erhöhte Ängstlichkeit oder gar auf Realitätsferne zurückzuführen, geht am Problem vorbei: Wie oben am Beispiel der Parkhäuser ausgeführt, kann der Unterschied zwischen 'Angsträumen' und 'Tatorten' auch auf das Vermeidungsverhalten zurückgeführt werden, ohne daß auch die Angsträume zu objektiv unsicheren Stellen würden.

Allerdings kann festgestellt werden, daß sich Orte von Übergriffen kaum in Merkmalen der physischen Umwelt definieren lassen, Umwelt produziert keine Übergriffe. Auch an Stellen, an denen sich Frauen nicht besonders unsicher fühlen, werden sie belästigt.

Räumliche Veränderungen, Veränderungen der physischen Umwelt können angesichts der vorliegenden Ergebnisse die objektive Sicherheit von Frauen nur in Ansätzen verbessern. Zu fordern ist eine offene und öffentliche Auseinandersetzung mit dem Thema, auch und gerade durch Männer, die sich bisher der Diskussion weitgehend entzogen. Die Verantwortung für die Sicherheit von Frauen darf nicht länger ausschließlich bei den potentiellen 'Opfern' liegen, die eben solche Situationen vermeiden sollen, in denen sie Opfer werden könnten - angesichts der referierten Ergebnisse eine vollkommen unrealistische Forderung. *Die* Männer, die sich selbst nicht zu den 'Tätern' zählen und auch nicht dafür gehalten werden wollen, müssen anfangen, sich für die potentiellen Täter (mit-) verantwortlich zu fühlen, etwa verantwortlich für Kollegen, die durch frauenfeindliche Witze auffallen. Sie müssen mit dafür sorgen, daß das Thema nicht länger verharmlost und unter den Teppich gekehrt werden kann.

Literatur

BAURMANN, Michael C.: Sexualität, Gewalt und psychische Folgen (BKA-Forschungsreihe). Wiesbaden 1983.
ders.: Bundesrepublik Deutschland: Neue Initiative gegen sexuelle Gewalt. In: HEINRICHS, 1986, S. 162-196.
BENARD, Cheryl/ SCHLAFFER, Edit: Der Mann auf der Straße. Über das merkwürdige Verhalten von Männern in ganz normalen Situationen. Reinbek 1980.
BRANTINGHAM, Patricia L./ BRANTINGHAM, Paul J. (eds.): Environmental Criminology. Beverly Hills, London 1981.
BROWNMILLER, Susan: Gegen unseren Willen. Vergewaltigung und Männerherrschaft. Frankfurt/Main 1980.
DAVID, Henry: The Geography of Urban Crime. New York 1982.
FLADE, Antje: Jugendkriminalität in Neubausiedlungen. Weinheim 1984.
Frauengleichstellungsstelle Stadt Hagen: Umfrage zum Thema 'Gewalt gegen Frauen'. Hagen 1987
GENSCH, Brigitte/ ZIMMER, Vera: Gewalt gegen Frauen in Kassel (Diplomarbeit GHS). Kassel 1980.
diess.: Tatorte - Orte der Gewalt im öffentlichen Raum. In: Arch+, 1981, H. 60, S. 39-41.
Gleichstellungsstelle der Stadt München (Hrsg.): Öffentlicher Raum - Raum für Frauen. Zur Sicherheits-Situation in der Stadt. München 1988.
Gleichstellungsstelle - Frauenbüro Bielefeld: Frauen-NachtTaxi. Ergebnisse der Begleitforschung zum Modellversuch. Bielefeld (o.J.).
GROTH, Nicolas: Men who rape. New York 1980.
HEINRICHS, Jürgen (Hrsg.): Vergewaltigung - die Opfer und die Täter. Braunschweig 1986.
Komitee für Grundrechte und Demokratie/ Arbeitskreis 'Sexuelle Gewalt' (Hrsg.): Sexuelle Gewalt - Erfahrungen, Analysen, Forderungen. Sensbachtal 1985 (Eigenverlag).
KRAHE, Barbara: Die Zuschreibung von Verantwortlichkeit nach Vergewaltigungen: Opfer und Täter im Dickicht attributionstheoretischer Forschung. In: Psychologische Rundschau, 36 (1985), H. 2, S. 67-82.
LEVY-LEBOYER, Claude (ed.): Vandalism - Behavior and Motivations. Amsterdam 1984.
MORAN, Rosaly/ MORAN, Ciaran: The Defensible Space Concept. In: Environment and Behavior 18 (1986), S. 396-416.
MÜLLER, Gisela: Die Situation der Bedrohung von Frauen - eine ausgewählte Studie für Wiesbaden im Auftrag der Frauenbeauftragten beim Oberbürgermeister in Wiesbaden. Wiesbaden 1987.
NEWMAN, Oscar: Defensible Space. New York 1973.
ders.: Design guidelines for creating defensible space. Washington, D. C. 1976 (National Institute of Law Enforcement and Criminal Justice).
ders.: Factors influencing crime and instability in federally assisted housing developments. Paper presented at the 10th IAPS conference, Delft, Niederlande, 5.-8-7.1988.
Oberstadtdirektor der Stadt Wuppertal (Hrsg.): Gewalt gegen Frauen - Nachttaxi. Dokumentation Hearing 13.11.1987. Wuppertal 1987.
PLOGSTEDT, Sybille/ BODE, Kathleen: Übergriffe. Sexuelle Belästigung in Büros und Betrieben. Reinbek 1984.
PREIS, Ursula/ REUTTER, Ute: Frauen unterwegs. Wege für eine weibliche Stadt. In: RaumPlanung, 1989, H. 44, S. 46-51.
RHODES, William/ CONLY, Catherine: Crime and Mobility: An Empirical Study. In: BRANTINGHAM/ BRANTINGHAM 1981, S.167-188.
ROLINSKI, Klaus: Wohnhausarchitektur und Kriminalität. Wiesbaden 1980 (BKA-Forschungsreihe Nr. 13).

SCHREYÖGG, Friedel: Die Stadt - ein Lebensraum für Frauen? Hannover 1987
SCHWIND, Hans-Dieter/ AHLBORN, Wilfried/ WEISS, Rüdiger: Empirische Kriminalgeographie. Kriminalitätsatlas Bochum. Wiesbaden 1978.
SEITZ, Walter (Hrsg.): Kriminal- und Rechtspsychologie. Ein Handbuch in Schlüsselbegriffen. München 1983.
SOMMER, Robert: Crime and Vandalism in University Residence Halls: A Confirmation of Defensible Space Theory. Journal of Environmental Psychology, 7 (1987), S. 1-12.
TERLINDEN, Ute: Heimlichkeiten. Gewalt gegen Frauen in der Stadt. In: Arch+, 60 (1981), S. 37-39.
TEUBNER, Ute/ STEINHAGE, Renate/ BECKER, Ingrid: Vergewaltigung als soziales Problem (Schriftenreihe des Bundesministeriums für Jugend, Familie und Gesundheit). Mainz 1983.
TOCH, Henry (ed.): Psychology of Crime and Criminal Justice. New York et al. 1979.
WARD, Colin (ed.): Vandalism. London 1973.
WEIS, Kurt: Die Vergewaltigung und ihre Opfer. Stuttgart 1982.
WILSON, James Q./ HERRNSTEIN, Richard J.: Crime and Human Nature. New York 1985.
WOOD, Denis: In Defense of Undefensible Space. In: BRANTINGHAM/ BRANTINGHAM, 1981, S. 77-95.
WORTMAN, Camille B./ BREHM, James W.: Responses to uncontrollable outcomes: An integration of reactance theory and the learned helplessness model. In: BERKOWITZ, Leonard (ed.): Advances in experimental social psychology, Vol.8. New York 1975.
ZÜRN, Sibylle: Gewalt gegen Frauen in Karlsruhe. Situationsbericht, Analyse, Maßnahmen. Karlsruhe 1988 (Frauenbeauftragte).

OHNE QUOTE BEWEGT SICH NICHTS
Eine Bestandsaufnahme zur gesetzlichen Frauenförderung

Heike Maschner

Frauenförderung in der Bundesrepublik Deutschland: "Das Ende der Bescheidenheit"?[1]

Als "Ende der Bescheidenheit" wurde in den 80er Jahren die aufkommende Diskussion über Frauenförderung und Quotierung begrüßt. Struktur- und beschäftigungspolitische Entwicklungen führten dazu, daß Frauenförderung zu einem zentralen Thema wurde[2]. Kaum hat die Diskussion begonnen, da scheint sie Anfang der 90er Jahre auch schon fast wieder vorbei zu sein.

Zum einen zeigt das die Literaturlage: Frauenförderung oder Quotierung werden nur noch selten zum Thema gemacht. Die Gründe dafür sind sicherlich nicht in der Besetzung der "Chefetagen" zu suchen: Nur knapp sechs Prozent der Frauen sind im Management vertreten. Statt auf die Förderung von Frauen konzentriert sich die Auseinandersetzung derzeit eher auf die These, der Konkurrenzkampf zwischen den Frauen selbst verhindere ihren beruflichen Aufstieg (vgl. BARBER/WATSON 1991, MINER/LONGINO 1991). Dabei wird, wie Der Spiegel (1991, H. 45, S. 344 ff.) zu Recht kritisiert, übersehen, daß sich "Frauenkarrieren im Patriarchat vollziehen. Machtverhältnisse und Privilegien werden durch Männer repräsentiert". Sie bestimmen deshalb zwangsläufig ihre Nachfolger in Führungspositionen. Selten sind es dabei Frauen, die an die Spitze gelangen. Ist das dennoch der Fall, sind die Bewertungsmaßstäbe gegenüber der männlichen Konkurrenz deutlich verschoben: Der spezifische Umgang mit Macht, vorher akzeptiert, wird jetzt massiv kritisiert. Diese Auseinandersetzung lenkt aber in ihrer Stoßrichtung vom Ziel Frauenförderung ab und hält sie indirekt auch für nicht notwendig, mit dem Argument, der Führungsstil von Frauen unterscheide sich eben doch nicht von dem der Männer.

Dabei verlief die Diskussion einmal ganz anders: Galten Frauen lange Zeit als "disponible Arbeitsmarktreserve" (HEINZE 1984), die sich im Falle einer Arbeitsmarktkrise mangels Organisations- und Konfliktbereitschaft in die Alternativrolle Hausfrau abdrängen ließen, so lenkten Befürchtungen über einen Mangel an Arbeitskräften[3] und den zusätzlichen Bedarf von rund 500.000 Führungskräften das Interesse auf die Frauen als "ungenütztes Potential", der "Managementreserve" oder den "Human Ressources". Allerdings verbarg sich hinter diesen Schlagworten nur teilweise die Sorge um den fehlenden Nachwuchs in der Chefetage, mit dessen Hilfe der wirtschaftsstrukturelle Wandel - gerade auch im Ruhrgebiet - möglichst reibungslos vollzogen werden kann. Neben den ökonomischen Gesichtspunkten spielte die Forderung nach sozialen und anderen Kompetenzen eine Rolle. Das heißt: Soziales Verhalten, die Fähigkeit und Bereitschaft zur Teamarbeit, Kommunikationsfähigkeit, Kenntnisse in der Menschenführung oder Organisationstalent - Eigenschaften, die vor allem auch Frauen im Sozialisationsprozeß vermittelt werden. Gefragt war zu diesem Zeitpunkt demnach offensichtlich ein anderer Arbeits- und Führungsstil.

Zum anderen läßt die politische Entwicklung momentan eher eine Rückwärts- als Vorwärtsbewegung befürchten: In Nordrhein-Westfalen wurde das Frauenförderungsgesetz für den öffentlichen Dienst knapp ein Jahr nach seinem Inkrafttreten im Oktober 1990 dem Bundesverfassungsgericht zur Prüfung vorgelegt; ein Urteil steht bislang noch aus.

Ungeachtet der Debatten um Frauenförderung, Quotierung und Führungsstil ist die Berufswelt nach wie vor eine "Männerwelt", wie die Besetzung von Führungspositionen verdeutlicht. Frauenförderung zum Abbau der strukturellen Ungleichheit und Benachteiligung von Frauen ist demnach angebracht. Mißverständnisse sind aber bei dem Stichwort "Frauenförderung" vorprogrammiert. Männer assoziieren mit diesem Begriff die ungerechtfertigte Bevorzugung von Frauen, die ihrerseits befürchten müssen, "irgendwie defizitär" (METZ-GÖCKEL 1990, S. 88) zu sein und deshalb einer besonderen Unterstützung zu bedürfen. Frauenförderung meint aber nichts dergleichen, es handelt sich auch nicht um "karitative Sonderprogramme für das 'schwache Geschlecht'" (WEG/ GOTZES/ KNAPP 1985, S. 100).

"Von alleine kommt nichts"[4] oder: Frauenförderpläne zum Abbau der Benachteiligung von Frauen

Frauenförderpläne sind ein Bestandteil der Strategie, die an der männlichen Biographie orientierte Berufswelt zugunsten der Interessen und Vorstellungen von Frauen zu ändern. 1980 legten in der Bundesrepublik Deutschland fünf Großunternehmen Frauenförderpläne vor, die auf einer freiwilligen Vereinbarung beruhten. Bis heute haben schätzungsweise 50 Unternehmen Frauenfördermaßnahmen beschlossen, darunter sind aber nur zwölf, die umfassende Frauenförderpläne aufgestellt haben (vgl. SCHLAPHEIT-BECK 1990, S. 7).

Frauenförderung in Form von Wiedereinstellungszusagen nach einer Familienphase[5] gibt es in der Bundesrepublik Deutschland bereits in einem größeren Umfang[6]. Systematische betriebliche Programme zur Frauenförderung, die eine alle Bereiche umfassende Personalpolitik beinhalten, existieren kaum in der Privatwirtschaft[7]. Ansätze zur Frauenförderung (z.B. über Wiedereinsteigermodelle) sind häufig nur in Großunternehmen zu finden, nicht dagegen in kleineren und mittleren Betrieben, die auf diesem Gebiet zudem erheblich höhere Durchsetzungsprobleme haben[8].

Will ein Frauenförderplan umfassend sein, dann sieht er konkrete Schritte und verbindliche Vorgaben

- zur Verbesserung der Ausbildungssituation durch Öffnung qualifizierter zukunftsorientierter Berufe,
- die Einstellung nach der Berufsausbildung,
- betriebliche Weiterbildungsangebote zum innerbetrieblichen Aufstieg in Führungspositionen,
- bessere Vereinbarkeit von Familie und Beruf
- über Teilzeitarbeitsplätze, eine Wiedereinstellungsgarantie nach mehrjähriger betrieblicher Freistellung
- oder umfassende Qualifizierungskurse für Berufsrückkehrerinnen vor (vgl. WINSEN 1990a, S. 14 f.).

Ferner kann er eine regelmäßige Berichterstattung enthalten und die Einrichtung von Gremien, die die Durchführung der beschlossenen Maßnahmen kontrollieren. Nur selektiv setzen Betriebe an diesen Teilaspekten an; umfassende Frauenförderpläne gibt es praktisch noch nirgends.

Frauenförderung fehlt zudem völlig in den weniger florierenden Betrieben und typischen Frauenbranchen im Industrie- und Dienstleistungsbereich. So hat bisher keiner der großen Einzelhandelskonzerne einen Frauenförderplan verabschiedet. Teilweise ergibt sich das Fehlen entsprechender Maßnahmen durch das zugrundegelegte Kriterium "Qualifikation". Sie soll der Maßstab sein, der bei gleicher Eignung eine bevorzugte Förderung von Frauen verlangt. Frauenförderung konzentriert sich damit in der beruflichen Hierarchie auf die Ebenen, die an bzw. oberhalb der der Sachbearbeiterin ansetzen[9]. Ausgeschlossen sind dadurch die Berufe, die gemeinhin als "unqualifiziert" gelten, d.h. die an- und ungelernten Bereiche wie die Tätigkeit von Putzfrauen oder Verkäuferinnen. Ihre teilweise arbeits- und sozialrechtlich ungeschützten Arbeitsverhältnisse, die sogenannten "prekären Beschäftigungsverhältnisse" und die schlechte Bewertung ihrer Arbeit mit der daraus resultierenden niedrigen Entlohnung weisen sie a priori als "unqualifiziert" aus. Das geschieht relativ unabhängig davon, ob sie - Beispiel Verkäuferin - mit ihrer Menschenkenntnis, Sensibilität oder ihrem Organisationsgeschick eine durchaus professionelle Leistung erbringen. Sie wird "jedoch nicht als berufliche Anforderung und Qualifikation gewertet, sondern als 'Jederfraufähigkeit', über die sie als Frau in der Regel angeblich verfügt" (MÜLLER 1985, S. 131). Die Bewertung verbessert sich erst, wenn ein Mann die verlangte Leistung erbringt. Bei ihm wird sie nicht als selbstverständlich vorausgesetzt. Vielmehr muß sie der (männliche) Führungskräftenachwuchs erst in entsprechenden Seminaren erlernen. Diese so erworbenen Eigenschaften gelten dann als berufliche Qualifikation, die - anders als bei den Frauen - entsprechend adäquat vergütet wird.

Frauenfördernde Maßnahmen müssen deshalb an zwei Punkten ansetzen: Erforderlich ist einerseits die Umbewertung der von Frauen gezeigten Leistungen; dies schließt eine Analyse des Arbeitsplatzes ein. Will Frauenförderung keine Eliteförderung sein, sind andererseits auch für die unteren Ränge der Berufshierarchie weiterqualifizierende Maßnahmen durchzuführen, die an den bereits vorhandenen Kompetenzen der Frauen ansetzen und unter ihrer Mitwirkung entwickelt und gestaltet werden können.

Ohne Quoten bewegt sich nichts - von der Notwendigkeit eines politischen Instrumentariums

Die Quotierungsregelung gleiche einer "Wiederholung der südafrikanischen Apartheidpolitik gegenüber jungen Männern" (zitiert nach PINL 1990, S. 335), meinte einmal der nordrhein-westfälische FDP-Fraktionsvorsitzende

Achim Rohde. Die Frankfurter Allgemeine Zeitung verknüpfte Quotierung mit dem Hinweis auf die Krankheit "Quotisis", auf diese Weise, so HAUG (1988, S. 57), suggerierend, die Nichtbeteiligung der Frauen am öffentlichen Leben gehöre zur Volksgesundheit.

Das sind nur zwei Beispiele unter vielen. Doch bereits an diesen verbalen Entgleisungen wird klar, wie emotionsgeladen die Debatten zum Stichwort "Quotierung" sind. "Quoten lösen wohl bei den meisten Bundesbürgern die groteske Vorstellung aus, daß nun jeder zweite Staatsmann staatlicherseits gezwungen werden sollte, seinen Posten für eine Ignorantin in Stöckelschuhen zu räumen", beschrieb die Journalistin von ROQUES (1986) treffend die Befürchtungen. Dabei kann gerade die Quote zum Instrument werden, Frauenförderpläne handhabbarer und vor allem: überprüfbarer zu gestalten und damit die Benachteiligung von Frauen konsequent abzubauen.

Quotierung sieht für einen bestimmten Zeitraum quantitative Besetzungsvorgaben vor, um in den Bereichen des Erwerbslebens, der Politik und Gesellschaft sowie wichtigen Entscheidungspositionen eine Umverteilung zugunsten von Frauen vorzunehmen. Den Anfang machte zu Beginn der 80er Jahre die Bundestagsfraktion der GRÜNEN mit einer mindestparitätischen Besetzung ihrer Vorstände und Wahllisten. Heftiger öffentlicher Widerstand regte sich aber erst nach dem internen Quotierungsbeschluß zugunsten der Frauen in der SPD. Dazu kam 1989 das für den öffentlichen Dienst in Nordrhein-Westfalen verabschiedete Frauenförderungsgesetz (FFG), nach dem Frauen bevorzugt einzustellen und zu befördern sind, vorausgesetzt die Leistung entspricht der des männlichen Mitbewerbers.

Die Implementierung der Quote kann auf unterschiedliche Weise erfolgen; differenziert wird zwischen den

- Ergebnisquoten, die feste Zielvorgaben und Sanktionen bei Nichteinhaltung beinhalten und
- Entscheidungsquoten, die bei gleicher Qualifikation eine bevorzugte Berücksichtigung von Frauen verlangen[10].

Unabhängig von ihrer Ausdifferenzierung stehen den Quotierungsmodellen eine Vielzahl von Einwänden gegenüber. Von Unternehmensseite wird die Quote als dirigistisches, die unternehmerische Freiheit einschränkendes Instrument abgelehnt. Der Bundes-Arbeitgeberverband Chemie sorgte sich 1989 in einer gemeinsamen Erklärung mit der IG Chemie um die den Frauen durch Quoten entstehenden Nachteile. Außerdem, gaben die Tarifpartner zu bedenken, hafte den Frauen u.U. der Verdacht an, nicht aus Leistungskriterien, sondern Quotengründen eingestellt worden zu sein. Doch der Vorwurf, "nur" eine "Quotenfrau" zu sein, muß für die "Betroffenen" nicht unbedingt negativ sein: "Erstens wäre ich dann nicht immer die einzige Frau in der Runde, zweitens brauchte ich nicht jedesmal den Nachweis zu führen, daß ich qualifiziert genug bin. Männer müssen das schließlich auch nicht" (zitiert nach ROQUES 1986, S. 47). Das Institut der Deutschen Wirtschaft führte weitere Gründe an, die von der Sorge um ein möglicherweise "gestörtes Betriebsklima" über "Quoten wirken wie eine Aufstiegsgarantie" bis hin zu der Befürchtung "Quoten sind in der Praxis schlecht durchzusetzen" reichen (vgl. WINSEN 1990a, S. 16f.).

Kritikern der "Frauenquoten" läßt sich aber die Existenz von "Männerquoten" entgegenhalten[11]. Die Argumentation bewegt sich dabei auf zwei Ebenen. Die erste konzentriert sich auf die Lebensmuster von Männern und Frauen. Letztere sind in der Regel in der Familie dergestalt sozialisiert worden, daß sie die Alleinzuständigkeit für die Familie und die Kinder übernehmen. Männer können dagegen - nicht zuletzt dank dieser Entlastung auf der familiären Seite - Positionen besetzen, die die "Arbeitskraft nicht nur einer Person voll verbrauchen, sondern noch eine weitere halb unbezahlte dazu, die für die notwendige innere und äußere Reproduktion sorgt und die Fürsorgeleistung erbringt" (PFARR 1987, S. 87).

Das trifft auf Männer in Führungsfunktionen ebenso zu wie auf die in den weniger herausgehobenen Positionen. Anders ist es da bei den Frauen, die nicht auf das Privileg einer "halben Person" im Hintergrund zurückgreifen können. Diejenigen, die zudem noch in der unteren Berufshierarchie arbeiten, besitzen oftmals nicht einmal die finanziellen Mittel, um einen Teil der Alltagsarbeit zu delegieren.

Auf der zweiten Ebene der Argumentation sind "Männerquoten" nicht mehr subtil vorhanden, sie werden explizit formuliert: In Verwaltungen, Hochschulen oder in der Privatwirtschaft. So führte z.B. die Stadt Leverkusen zugunsten der männlichen Bewerber eine 50-Prozent-Quote ein. Hätte man nicht zu dieser Maßnahme gegriffen, wären aufgrund der Schulnoten und Qualifikation nur noch 20 Prozent junge Männer unter den Inspektoren-AnwärterInnen gewesen (vgl. PINL 1990, S. 358 f). Auch das ist nur ein Beispiel unter vielen. Beliebig ließen sie sich erweitern. Quoten gibt es also bereits - allerdings für Männer. Befürchtungen über Schädigungen des Betriebsklimas oder eine fehlende Durchsetzungskraft in der Praxis werden in diesem und ähnlichen Fällen jedoch nicht geäußert.

Frauenquoten hätten zur Folge, daß unter dem Druck, in kürzerer Zeit eine größere Zahl von Frauen in (ehemaligen) Männerdomänen zu beschäftigen, diese endlich auch die Chance hätten, in Positionen vorzudringen, die ihnen unter anderen Umständen verwehrt geblieben wären. An die Stelle männerfördernder Netzwerke könnten frauenfördernde treten. Sie würden Frauen helfen, sich aus der Vereinzelung zu lösen, gemeinsame Veränderungsforderungen zu formulieren und durchzusetzen.

Quotierung als wirksames Mittel, um eine Verdrängungskonkurrenz von Frauen abzuschwächen - das läßt sich auf alle Ebenen der Berufshierarchie anwenden. Denn Verdrängungsprozesse setzen vor allem in den weniger qualifizierten Bereichen im Büro und Verkauf ein. Zu den "Opfern des Arbeitsmarktes" werden besonders die Frauen, die infolge ihres Alters, ihrer Qualifikation oder familiären Belastung weniger flexibel und mobil sind.

Unabdingbare Voraussetzung für die Durchsetzung dieses Instruments ist allerdings ein stärkerer Einsatz der Adressatinnen selbst. Dieser fehlt bislang in der Mehrzahl der Fälle, unabhängig davon, ob die Debatte in der Hochschule, im öffentlichen Dienst oder in der Privatwirtschaft geführt wird[12].

Um effektiv zu sein, müssen Quoten aber nicht nur hoch genug ansetzen, sondern auch kontrolliert und wirksam sanktioniert werden. Einen Vorschlag macht das Anti-Diskriminierungsgesetz der GRÜNEN, das als Kontrollorgan für die Durchführung des Gesetzes beim Bund, den Ländern und Gemeinden die Institutionalisierung einer Frauenbeauftragten vorsieht, während in Betrieben und Behörden eine Ombudsfrau eingesetzt werden könnte.

Bei den bestehenden Gesetzen - in diesem Fall: dem nordrhein-westfälischen Frauenförderungsgesetz (FFG) - könnte sich aber der Ruf nach sozialer Gerechtigkeit zum Problem erweisen. PINL (1990, S. 359) nennt ihn sarkastisch den "Mann als Sozialfall": Damit ein Bewerber nicht in diese Gefahr gerät, ist eine Härteklausel vorgesehen, nach der bei der Entscheidung im Einzelfall soziale Aspekte berücksichtigt werden sollen. Für das nordrhein-westfälische Frauenförderungsgesetz können "Dienst- und Lebensalter", "Familienstand" und "soziale Gründe" Anlaß sein, dem männlichen Konkurrenten den Vorzug zu geben, statt mit der Einstellung einer Bewerberin Frauenförderung zu betreiben. Damit können zwei Faktoren für die Frau zur "Fußangel" werden. Im Zweifelsfall gilt der Mann als qualifizierter. Sollte dennoch die Bewerberin für "gleich qualifiziert" befunden werden, "bietet sich die 'Einzelfallgerechtigkeit' als soziale 'Notbremse' geradezu an" (PINL 1990, S. 361). Eine Alternative zu diesem Kriterium der "gleichen Qualifikation" bot der Vorschlag für das Landes-Anti-Diskrimierungsgesetzes des von SPD und Grünen regierten Berliner Senats. Dieser Vorschlag wollte die "erforderliche Qualifkation" zum Maßstab nehmen. Die dritte und letzte Lesung des Gesetzes entschärfte 1990 jedoch die präzisen Vorschriften zur Quotierung im öffentlichen Dienst.

Veränderungsstrategien im Berufs- und Privatleben

In der Bundesrepublik Deutschland wird Frauenförderung nur auf freiwilliger Basis praktiziert. Erfolge sind aber kaum meßbar: Ausbildungsförderung von Frauen mit dem Ziel einer Erweiterung des Berufsspektrums auch auf gewerblich-technische Bereiche kann sich schnell als Sackgasse erweisen, wenn ein darüber hinaus gehender Einfluß auf das Einstellungsverhalten der Unternehmen unterbleibt. Selbst weitergehende Programme zur Frauenförderung (Beispiel MBB) sind nicht von einer durchschlagenden Wirkung begleitet. Zwischen 1976 und 1985 sank der Frauenanteil des Unternehmens sogar von 20,3 auf 16,9 Prozent (vgl. RAASCH 1990, S. 371).

Wo die Personalpolitik bei den Einstellungs- und Aufstiegsentscheidungen unverbindlich bleibt, sind aus der Sicht der Frauen folglich keine gravierenden positiven Veränderungen zu erwarten. Hier werden die Grenzen der Frauenförderung, die auf freiwilliger Basis stattfindet, deutlich. Alternativen können eine kontrollierte, bei Nichteinhaltung entsprechend sanktionierte Quotierung sein oder aber staatliche Maßnahmen im Bereich der Wirtschaftspolitik, wie sie Schweden und zum Teil die Vereinigten Staaten vorführ(t)en.

Wie "Frauenförderung" mit einer gezielten Strukturpolitik verknüpft werden kann, haben diese beiden Länder vorgeführt: In Schweden führte die Bindung staatlicher Subventionen an Auflagen zur Frauenförderung in den bezuschußten Betrieben zwischen 1974 und 1978 zu einem fünfprozentigen Anstieg des Frauenanteils auf 22 Prozent; der Frauenanteil bei den Neueinstellungen lag in den neubezuschußten Betrieben sogar bei 47 Prozent.

Auch in den USA zeigte die Verbindung von Staatsaufträgen mit dem Verbot diskriminierender Praktiken bzw. ihrer Abschaffung Wirkung. Sogenannte "Affirmative Action Programs" verknüpfen ab einer bestimmten Grössenordnung die Vergabe von Regierungsaufträgen mit einer Analyse der Arbeitsplatzstruktur des Unternehmens und an die Vorlage eines Maßnahmenplans, der die Beseitigung der eventuell im Unternehmen vorhandenen Ungleichgewichte vorsieht.

Die Idee der "Affirmative Action Programs", bei denen es sich nicht um gesetzlich festgelegte Quoten handelt, erzielte so lange eine gewisse Wirksamkeit, wie Kontrollbehörden vorhanden waren. Als Aufsicht fungierten die ab 1978 eingerichtete "Equal Employment Opportunity Commission" (EEOC), im Arbeitsministerium gab es das "Office of Federal Contract Compliance Programs" (OFCCP). Einen wichtigen Erfolg erzielte das EEOC bspw. gegen den größten privaten Arbeitgeber der Welt, die Firma American Telephone und Telegraph Company (AT&T). Diese mußte neben einem Förderplan mit numerischen Zielen und speziellen Trainingsprogrammen auch 50 Prozent der Stellen für Frauen freihalten (vgl. LANG 1989, S. 55).

Als Folge der "Affirmative Action Programs" lag der Anstieg des Frauenanteils in leitenden Positionen, im akademischen Bereich und in technischen Berufen teilweise zwischen 20 und 40 Prozent, in einzelnen Branchen wuchs er sogar um 150 bis 200 Prozent (vgl. RAASCH 1990, S. 379)[13]. Mit dem Regierungswechsel von Carter zu Reagan wurden 1981 für das EEOC und OFCCP die Arbeitsgrundlagen aufgehoben, mit der Folge einer weitergehenden Verwässerung der getroffenen Maßnahmen.

Die Quote könnte folglich in der Bundesrepublik Anstoß sein, Frauen zum "Einbruch in den Herrenclub" (EDDING 1983) zu ermutigen. Dennoch bleibt die Quote eine Hülle, die um strukturelle Veränderungen ergänzt werden muß. Solange das Grundproblem für viele Frauen - die Vereinbarung von Familie und Beruf - einseitig zu ihren Lasten gelöst wird, sind von ihnen in der Mehrzahl der Fälle keine positiven Entscheidungen für den Beruf zu erwarten. Für die Führungspositionen wird dieser Fakt in den Familienverhältnissen von Männern und Frauen evident.

89 Prozent der Männer in Führungspositionen sind verheiratet oder leben mit einer festen Lebenspartnerin zusammen; auf die Frauen trifft das nur zu 78 Prozent zu. Die Partnerinnen der Männer sind überwiegend gar nicht oder nur in Teilzeitarbeitsverhältnissen beschäftigt. Umgekehrt sind die Partner der Frauen eher in der Position der leitenden Angestellten zu finden. Daher ist es nicht weiter überraschend, daß 87 Prozent der Männer in Führungspositionen Kinder haben, aber nur 35 Prozent der Frauen (vgl. BISCHOFF 1990, S. 36). Diese Angaben und die Diskrepanzen zwischen der Zahl der Frauen in Führungspositionen und der der Männer unterstützen die These, daß Frauen vermutlich höhere Aufstiegsambitionen entwickelten, wenn sie eine Möglichkeit hätten, Familie und Beruf zu vereinen.

Dazu bedürfen aber auch die Bedingungen für die Familien- und Erwerbsarbeit einer Veränderung, sind sie doch nach wie vor an der männlichen

Erwerbsbiographie orientiert. Mit einer Neuregelung der Arbeitszeit muß das "Normalarbeitsverhältnis" diskutiert werden. Idealtypisch orientiert es sich an der Vorstellung einer lebenslangen achtstündigen Erwerbsarbeit. Unterbrechungen, beispielsweise durch Kinderbetreuung, sind in diesem Konzept nicht vorgesehen. Die männliche Erwerbsbiographie mag dem Ideal des Normalarbeitsverhältnisses (NAV) vielleicht entsprechen, nicht jedoch die weibliche. Die Folgen für die Frauen schlagen sich bei der Inanspruchnahme des sozialen Sicherungssystems nieder: Ob Renten-, Arbeitslosen- oder Krankenversicherung: Beschäftigungsverhältnisse, die außerhalb des NAV (z.B. Teilzeitarbeit) angesiedelt sind, sind in allen Zweigen der Sozialversicherung benachteiligt. Notwendig ist deshalb eine Reform, die das Arbeitsverhältnis bei entsprechender sozialer Absicherung flexibler gestaltet und zugleich die Vereinbarkeit von Erwerbs- und Privatarbeit zuläßt.

Schließlich halten Frauen eine gleitende und damit flexiblere Arbeitszeit für beide Elternteile bei der Versorgung von Kindern für ausgesprochen wichtig. Diese Maßnahme wird sogar noch stärker präferiert als Sonderurlaub oder die Möglichkeit zur Teilzeitarbeit (vgl. BMAS 1989, S. 166). Vorbild könnte einmal mehr Schweden sein, wo Möglichkeiten der Kinderbetreuung[14] grundsätzlich für beide Elternteile gelten. Vor zu hohen Erwartungen muß aber gewarnt werden: Die überwiegende Inanspruchnahme des schwedischen Angebots durch Frauen und ihre hohe Teilzeitarbeitsquote zeigen, daß die traditionelle Rollenverteilung mit der Alleinzuständigkeit der Frauen für Familie und Kinder nur wenig Veränderungen erfahren haben.

Fazit und Ausblick

Meine zentralen Thesen lauten zusammenfassend:

- Frauenförderung wurde in der Bundesrepublik Deutschland gegen Ende der 80er Jahre zu einem zentralen Thema. Diskutiert wurde sie unter zwei Gesichtspunkten: ökonomischen und sozialen.
- Anfang der 90er Jahre läßt die gegenwärtige Entwicklung eher auf eine Rückwärts- als Vorwärtsbewegung schließen. Ökonomische und soziale Schwierigkeiten, die anfangs die Diskussion um Frauenförderung positiv beeinflußten ("Human Ressources"!), und strukturpolitische Probleme besonders in den neuen Bundesländern haben nach der Wiedervereinigung

der beiden deutschen Staaten das Thema Frauenförderung weitgehend abgedrängt.
- Die Berufswelt ist nach wie vor eine "Männerwelt" geblieben - ein Blick auf die Besetzung von Führungspositionen verdeutlicht dieses Argument.
- Frauenförderpläne sind eine Möglichkeit, die Berufswelt, die sich nach wie vor an der männlichen Erwerbsbiographie orientiert, zugunsten von Frauen zu ändern. Eine *umfassende* Frauenförderung, die zudem nicht nur eine Eliteförderung betreibt, gibt es in der Bundesrepublik Deutschland bislang nicht.
- Die Quote könnte zum Instrument werden, in kürzerer Zeit eine größere Anzahl von Frauen in Positionen zu bringen, die ihnen unter anderen Umständen verschlossen geblieben wären.

Meiner Ansicht nach ist mit diesem Aspekt auch der entscheidende Punkt angesprochen, denn: Ohne Quoten bewegt sich nichts. Positive Beispiele für eine mögliche Umsetzung liefer(t)en Schweden und zum Teil die Vereinigten Staaten. Sie demonstrierten, wie sich Frauenförderung durchaus erfolgreich mit Strukturpolitik verbinden läßt.

Gerade dieser Aspekt ist für die Frauen im Ruhrgebiet von besonderer Bedeutung: Sie gehörten in der Vergangenheit offenkundig zu den "Verliererinnen" der Strukturpolitik. Nur unzulänglich wurden ihr Potential und ihre Qualifikation in entsprechenden Förderungsprogrammen berücksichtigt (siehe auch den Beitrag von WIENEMANN). Dementsprechend lag und liegt ihre Erwerbsquote unter dem Bundesdurchschnitt. Zwar hat sich der Anteil sozialversicherungspflichtig beschäftigter Frauen im Ruhrgebiet erhöht, dennoch gehören sie nicht uneingeschränkt zu den "Gewinnerinnen" eines Strukturwandels, der in Richtung einer Stärkung des Dienstleistungssektors verläuft. Denn zum einen stellen sie den größten Teil der Teilzeitbeschäftigten, und zum anderen sind sie in allen Bereichen der Wirtschaft und Verwaltung in der Regel *nicht* auf den höheren Ebenen der Berufshierarchie vertreten.

Frauenförderung ist demnach angebracht, sie muß aber alle Bereiche umfassen. Von verschiedenen Autorinnen wird eine Förderung verlangt, die bereits vor der beruflichen Ausbildung ansetzt. Gefragt sind Freiräume, die Mädchen die Möglichkeit zu einer Entwicklung lassen, die eigenständig, ohne den Druck durch die männliche Konkurrenz verläuft. Kritisch hinterfragt wird damit das Prinzip der Koedukation, deren Grenzen im schulischen Bereich, vor allem in den naturwissenschaftlich-mathematischen Kursen der

Oberstufe von weiterführenden Schulen, überdeutlich werden (siehe hierzu den Beitrag von EIFERT). Die Folgen einer fehlenden Motivierung der Schülerinnen spiegeln sich in der späteren Nicht-Wahl der entsprechenden vermeintlich "männlichen" Studiengänge wider. Frauenförderung muß deshalb konsequenterweise auch bei der Motivierung von Schülerinnen und Studentinnen ansetzen.

Meiner Ansicht nach ist die Quote ein wichtiges Instrumentarium, Frauenförderung schneller und intensiver zu betreiben. Denn sie hilft, Frauen in kürzerer Zeit schneller in Entscheidungspositionen zu bringen und damit die Möglichkeit zu haben, analog zum männlichen Berufsverhalten ein frauenförderndes Netzwerk aufzubauen. Dies wird relativ unabhängig von der derzeit aktuellen These, der Konkurrenzkampf zwischen den Frauen selbst behindere letztlich ihren Aufstieg, geschehen. Diese Argumentation übersieht, daß Frauen in gehobenen bzw. Führungspositionen in der Regel ohne weibliche "Vorbilder" agieren müssen. Anders ausgedrückt: Entsprechende Vorbilder und damit auch eine potentielle Lobby müssen sich erst langsam herausbilden, um so ein unterstützendes Netzwerk aufzubauen.

Zusätzliche Unsicherheit liefert sicherlich im öffentlichen Dienst in Nordrhein-Westfalen die anstehende Klage zur Verfassungsmäßigkeit der Quote. Eine endgültige Antwort kann darauf nur das für 1992 erwartete Urteil des Zweiten Senats des Bundesverfassungsgerichts geben. Die Chancen auf eine positive Entscheidung *für* die Quote sind aber insgesamt nicht schlecht. Immerhin hatte 1987 der Erste Senat eine Ausnahme vom "Differenzierungsverbot nach dem Geschlecht für zulässig erklärt" (Der Spiegel, 1991, H. 46, S. 96).

Quotierung bleibt aber dennoch eine Hülle, wenn sie nicht um strukturelle Maßnahmen ergänzt wird. Frauenförderung als Ganzes kann nicht erfolgreich sein, wenn lediglich isolierte "frauenfreundliche Enklaven" geschaffen werden. Vielmehr müssen Frauenförderpläne in Betrieben und Verwaltungen ergänzt werden durch frauenfördernde Maßnahmen in den "traditionellen" Politikbereichen. Das heißt: eine ganzheitliche Politik muß betrieben werden, die die Wirtschafts- und Arbeitsmarktpolitik in ihre Überlegungen miteinbezieht. Erforderlich sind infrastrukturelle, soziale, familien- und arbeitszeitpolitische Maßnahmen, die die Vereinbarung von Familie und Beruf zulassen.

Diese zu schaffenden Rahmenbedingungen dürfen außerdem nicht einseitig auf die Frauen bezogen sein: Die "Frauenfrage" impliziert die "Männerfrage" (vgl. BEER/ WEG 1987, S. 255). Verlangt ist deshalb nach wie vor ein Wandel der Werte, der Männern und Frauen eine Neubewertung und eine Um- und Gleichverteilung der beruflichen und privaten Arbeit erlaubt[15]. Sie würde Frauen eine eigenständige soziale Sicherung erlauben, Männern dagegen das Eindringen in einen Lebensbereich, der ihnen durch die Fixierung auf ihre "Männerrolle" bisher zumeist verborgen geblieben ist. Dazu gehört zwangsläufig die längst überfällige Neudefinition des Normalarbeitsverhältnisses.

Die gegenwärtige ökonomische Lage läßt jedoch für die Industrie keinen positiven Rückschluß zur Frauenförderung zu. Im Gegenteil: Die Wirtschaftsdaten zeigen, daß Frauen in Ost und West wieder zur disponiblen Arbeitsmarktreserve werden. In der ehemaligen DDR, in der fast alle Frauen (91 Prozent) berufstätig waren, sind derzeit erheblich mehr Frauen als Männer arbeitslos. So waren im Oktober 1991 63 % der Erwerbslosen in den neuen Bundesländern Frauen (vgl. Frankfurter Rundschau, 8.11.1991). Besondere frauenspezifische Regelungen aus dem Arbeitsrecht der ehemaligen DDR sind mit dem Beitritt vom 3. Oktober 1990 überdies entweder außer Kraft gesetzt oder durch bundesdeutsche Regelungen ersetzt worden. Letztere sind erheblich schwächer formuliert und unterstützen die tradierte Rollenverteilung.

Dabei wäre es jetzt an der Zeit gewesen, über Quotierung eine schnellere Durchsetzung und größere Effektivität von Programmen zur Frauenförderung zu erlangen, denn: "Quoten verschaffen uns einen Fuß in der Tür" (ROQUES 1986).

Anmerkungen

1 WEG 1986, S. 566.

2 Gegenüber westlichen Ländern wie den USA oder Schweden gilt die Bundesrepublik Deutschland in bezug auf Frauenförderung eher als "Entwicklungsland", denn hier setzte die Diskussion verhältnismäßig spät ein.

3 Vgl. dazu die gemeinsame Studie des IAB und der Prognos-AG von SCHNUR/ THON 1985.

4 WEG/ GOTZES/ KNAPP 1985, S. 100.

5 In bezug auf die Wiedereinstellungsgarantie sind die Beamten und Beamtinnen am besten abgesichert; sie können sich zwischen neun und zwölf Jahren freistellen lassen (vgl. LIPPMANN 1989, S. 458).

6 Den Anfang mit dem ersten bundesdeutschen Wiedereinsteigermodell machte 1979 die Firma Messerschmidt-Bölkow-Blohm (MBB), die nach dem Ausscheiden aus dem Betrieb zur Kinderbetreuung den Arbeitsplatz für drei Jahre garantiert (vgl. LIPPMANN 1989, S. 458).

7 Eine Ausnahme bilden die Rahmenvereinbarungen, die die Gewerkschaft Nahrung-Genuß-Gaststätten 1986 mit den Firmen Ludwig-Schokolade, Nestle, Oetker und Reentsma abgeschlossen hat (vgl. MWMT 1990; KNAPP/ LOER/ RUST 1988, S. 116 ff.).

8 Um ihnen zumindest bei den Wiedereinsteigergarantien den Übergang zu erleichtern, schlug Nordrhein-Westfalens Ministerin Ridder-Melchers die Einrichtung eines "Personalpools" bei den Kammern vor, der familienbedingte Abwesenheiten von Mitarbeitern und Mitarbeiterinnen überbrücken hilft. Inwieweit diese Maßnahme die Bereitschaft kleinerer Betriebe erhöht, muß die Praxis zeigen.

9 Eine Ausnahme bildet die Firma MBB, die 1986 einen Frauenförderplan vorlegte, der sich explizit an die an- und ungelernten Arbeiterinnen richtet (vgl. MWMT 1990, S. 55 ff.).

10 Ausführlich zur Terminologie und den diskutierten Quotierungsmodellen vgl. PFARR/ BERTELSMANN 1989.

11 GRABRUCKER (1988, S. 109 ff.) lehnt es deshalb gleich völlig ab, über Frauenquoten zu diskutieren, würden sie doch die Frauen in eine Defensiv- und Defizitposition drängen und den richtigen Adressaten, den Mann, verfehlen. Sie schlägt stattdessen eine Debatte um die "Männerquote" vor.

12 REUTER (1990, S. 385 ff.) berichtet über den Frauenförderplan des wissenschaftlichen Instituts (WSI) des DGB - u.a. war eine 50prozentige Quotierung für die wissenschaftlichen Stellen vorgesehen -, daß er nicht an der Abwehr der Kollegen scheiterte, sondern auch an dem Verhalten der Kolleginnen, das zwischen Desinteresse und aktiver Bekämpfung schwankte.

13 Die Erfolge in den USA bedürfen aber insofern einer Relativierung, als sie sich zwar für die Frauen in qualifizierten Positionen positiv auswirkten, nicht jedoch im "blue collar"-Bereich. Dazu fehlt dem amerikanischen Arbeitsmarkt eine umfassende Arbeitsmarkt- und Sozialpolitik (vgl. LANG 1989, S. 55); nur in einigen US-Bundesstaaten gibt es eine gesetzliche finanzielle und arbeitsrechtliche Absicherung, z.B. bei der Geburt eines Kindes.

14 Das sind z.B. ein 60tägiger Pflegeurlaub zur Betreuung kranker Kinder, ein Elternurlaub von sechs Monaten oder ein besonderer unbezahlter Elternurlaub mit Arbeitsplatzgarantie, bis das Kind 18 Monate alt ist.

15 Jüngste Untersuchungen (vgl. BENARD/ SCHLAFFER 1991) zeigen, daß die angestrebte Gleichverteilung etwa bei der Kindererziehung in der Umsetzung bisher auf Ankündigungen beschränkt geblieben ist.

Literatur

BARBER, Jill/ WATSON, Rita: Frau gegen Frau - Rivalinnen im Beruf. Reinbek 1991.

BEER, Ulla/ WEG, Marianne: Nicht nur die Hälfte des Himmels: Strukturbedingungen ungleicher Aufstiegschancen für Frauen im Beruf und Strategien zur Veränderung. In: BERNARDONI, Claudia/ WERNER, Vera (Hrsg.): Ohne Seil und Haken. Frauen auf dem Weg nach oben. Deutsche UNESCO-Kommission. Bonn 1987, S. 200-257.

BENARD, Cheryl/ SCHLAFFER, Edit: Sagt uns, wo die Väter sind. Von der Arbeitssucht und Fahnenflucht des zweiten Elternteils. Reinbek 1991.

BISCHOFF, Sonja: Frauen zwischen Macht und Mann. Männer in der Defensive. Führungskräfte in Zeiten des Umbruchs. Hamburg 1990.

Bundesminister für Arbeit und Sozialordnung (BMAS): Einstellungsverhalten von Arbeitgebern und Beschäftigungschancen von Frauen. Bonn 1989.

DÄUBLER-GMELIN, Herta/ PFARR, Heide/ WEG, Marianne (Hrsg.): Mehr als nur gleicher Lohn. Handbuch zur beruflichen Förderung von Frauen. Hamburg 1985.

EDDING, Cornelia: Einbruch in den Herrenclub. Von den Erfahrungen, die Frauen auf Männerposten machen. Reinbek 1983.
GRABRUCKER, Marianne: Quotierte Männerlogik. Plädoyer für die Gleichberechtigung der Männer. In: WILLKOP, Lydia (Hrsg.): Die Hüter der Ordnung. Aus den Einrichtungen des Patriarchats. München 1988, S. 109-119.
HAUG, Frigga: Weniger ist zuviel - Gleichstellungskämpfe in der Bundesrepublik Deutschland. In: Hochschule für Wirtschaft und Politik (Hrsg.): Frauen - Macht - Politik. Zerreißproben um Emanzipation und Quotierung (Jahrbuch für Sozialökonomie und Gesellschaftstheorie). Wiesbaden 1988, S. 54-74.
HEINZE, Rolf G.: Der Arbeitsschock: Die Erwerbsgesellschaft in der Krise. Köln 1984.
KNAPP, Ulla/ WEG, Marianne: Durchsetzung und Flankierung von Frauenförderplänen durch Maßnahmen in "traditionellen" Politikbereichen. In: DÄUBLER-GMELIN/ PFARR/ WEG, 1985, S. 154-161.
KNAPP, Ulla/ LOER, Barbara/ RUST, Ursula: Zwei Schritte vor, ein Schritt zurück. Frauenförderung in der Privatwirtschaft. In: WEG, Marianne/ STEIN, Otti: Macht macht Frauen stark. Frauenpolitik für die 90er Jahre. Hamburg 1988, S. 115-133.
LANG, Regina: Frauenquoten. Der einen Freud, des anderen Leid. Bonn 1989.
LIPPMANN, Christa: Frauenförderpläne sind betriebswirtschaftlich notwendig. In: dies: Technik ist auch Frauensache - Frauenförderung im Industriebetrieb. Hamburg 1986, S. 20-33.
dies.: Technik ist auch Frauensache. In: Personalführung (1989), H. 5, S. 458-465.
METZ-GÖCKEL, Sigrid: Frauenförderung an den Hochschulen - Fortschritt oder Rückschritt auf dem Weg zur Gleichstellung der Geschlechter. In: BOCK-ROSENTHAL, Erika (Hrsg.): Frauenförderung in der Praxis. Frauenbeauftragte berichten. Frankfurt/Main; New York 1990, S. 78-102.
MINER, Valerie/LONGINO, Helen-F.: Konkurrenz - ein Tabu unter Frauen. München 1991.
Ministerium für Wirtschaft, Mittelstand und Technologie (MWMT) (Hrsg.): Textsammlung. Frauenförderpläne und -maßnahmen. Düsseldorf 1990.
MÜLLER, Ursula: Frauenförderung für die untersten Ränge des Dienstleistungsbereiches. In: DÄUBLER-GMELIN/ PFARR/ WEG, 1985, S. 129-133.
PFARR, Heide/ BERTELSMANN, Klaus: Diskriminierung im Erwerbsleben: Ungleichbehandlung von Frauen und Männern in der Bundesrepublik Deutschland. Baden-Baden 1989.
PFARR, Heide/ FUCHSLOCH, Claudia: Frauenquoten, ein juristisches Problem? In: Hochschule für Wirtschaft und Politik (Hrsg.): Frauen - Macht - Politik. Zerreißproben um Emanzipation und Quotierung (Jahrbuch für Sozialökonomie und Gesellschaftstheorie). Wiesbaden 1988, S. 17-28.
PINL, Claudia: Die armen Männer - Abwehrkämpfe gegen "Quotistinnen". In: Das Argument, 32 (1990), H. 181, S. 355-363.
RAASCH, Sybille: Frauenförderung in der Privatwirtschaft, in: Das Argument, 32 (1990), H. 181, S. 365-373.
REUTER, Ingrid: Diskussionen um einen Frauenförderplan im wissenschaftlichen Institut des DGB. In: Das Argument, 32 (1990), H. 181, S. 385-388.
ROQUES, von Valesqua: Quoten verschaffen uns einen Fuß in der Tür. In: Der Spiegel (1986), H. 35, S. 32-47.
Der Spiegel: Die Angst vor dem Ellenbogen. Hamburg 1991, H. 45, S. 314-318.
Der Spiegel: Gleichberechtigung. Gruppenbild mit Dame, Hamburg 1991, H. 46, S. 93-96.
WEG, Marianne/ GOTZES, Marianne/ KNAPP, Ulla: Von alleine kommt nichts. In: DÄUBLER-GMELIN/ PFARR/ WEG, 1985, S. 100-108.
WINSEN, v. Christa: Frauen - die neuen Lieblinge der Wirtschaft? In: dies.: Schluß mit der Männerwirtschaft. Frauen in Beruf und Ausbildung. München 1990, S. 9-33.

Frauen und Frauenbilder in Geschichte und Kunst

Frauen-Rationalität als Element einer Theorie der Geschlechterverhältnisse

Hannelore Bublitz

Vorbemerkung: Intoleranz einer hegemonialen Vernunft gegenüber der Verschiedenartigkeit der Arbeit und des Denkens von Frauen

Frauen üben Macht und Widerstand gegen patriarchale Verhältnisse und Strukturen genau an dem Ort aus, an dem sie die Gesellschaft reproduzieren. Gleichzeitig in gesellschaftliche Strukturen eingebunden und widerständig gleicht noch widerständiges Handeln oft der Kapitulation vor den Verhältnissen. Objektive Zwänge werden um-interpretiert in die Fähigkeit, zu überleben und münden in eine Pragmatik der Wünsche.

Wenn und indem Frauen gesellschaftliche, familiäre und individuelle Überlebensarbeit vollbringen, kann eine Rationalität, die sich daraus ableitet, nicht in abstrakten Denkweisen aufgehen, die Natur als Grundlage des -gesellschaftlichen- Lebens zerstört. Sie entwickelt vielmehr einen pragmatischen Zugang zur Wirklichkeit, deren Gegenstandsbezug nicht über ein Drittes, eine abstrakte Idee (der Menschlichkeit, Gleichheit, Freiheit) vermittelt ist, sondern über die Befriedigung von elementaren Bedürfnissen und die Vermeidung von Gefährdungen. Sie ist jedoch immer auf widersprüchliche Weise eingebunden in gesellschaftliche Strukturen von Naturbeherrschung und -zerstörung, in die Produktion von "Gefährdungslagen" der Industriegesellschaft.

Frauen machen Rationalitätsansprüche geltend, wo die Verhältnisse, in denen sie sich bewegen, ihnen Zwänge auferlegen. Sie interpretieren - ihre - Geschichte als objektiv bedingte und als von ihnen selbst gemachte:

> "Ich hab immer gearbeitet, ich konnte das aber auch nicht anders", (Frau G. Jg. 1910); "Daß ich arbeiten gehen sollte, das brauchte man", Frau C., Jg. 1936); "Ich hab immer gemacht, was ich wollte", (Frau B.,

> Jg. 1951). Aber im Widerspruch zu dieser letzten Äußerung steht: "(...) ich hab nie das Abitur machen können, weil meine Eltern meinten, daß müßte bei Mädchen nicht so sein (...). Der Junge ja, das Mädchen nicht" (dies.).

Es ist eine Rationalität, in der Frauen ihre Ansprüche auf eigenständige Entscheidungen und selbstbewußtes Handeln oft so in objektive Zwänge "eingebaut" formulieren und darstellen, daß diese erst bei näherem Hinsehen überhaupt sichtbar werden.

> "(...) Ich sah ja die Arbeit (...), man muß die Tasse sehen, die da steht und wegräumen oder was so anfällt. Und dann war ich imstande, diese zwölf Gäste selber zu bekochen (...)" (Frau K., Jg. 1905).

> "Es war so, daß ich Arbeit suchte, daß ich arbeiten sollte, denn ich mußte ja Geld verdienen" (Frau R., Jg. 1941).

> "Mein Beruf ist Friseuse (...), abgeschlossene Lehre. Ich wollte es machen, aber 'vorher schon davon geträumt' kann man nicht sagen" (Frau H., Jg. 1958).

Die 'Begrenztheit weiblicher Strategien' (PROKOP) zeigt sich im folgenden auch sprachlich:

> "Daß ich arbeiten sollte, das wollte man (...). Bin auch gegangen. Fabrikarbeit war das. Na, ja." (Frau C., Jg. 1936)

Als konkretes Subjekt ist Frau C. nur gezwungenermaßen an der Entwicklung ihrer Lebensgeschichte beteiligt.

Der Ausschluß der Dimension der -weiblichen- Arbeit aus der Theorie einer kommunikativen Vernunft bei HABERMAS verweist auf "eine Ignoranz gegenüber den Differenzen im Moralempfinden" (MAIHOFER 1988, S. 41) und auf die Leugnung einer Vielfalt von Rationalitäten und Identitäten (vgl. PRENGEL, 1984).

Unterschiedliche Entscheidungs- und Handlungslogiken werden eingeebnet zugunsten einer Universalvernunft und -moral "verdienstvoller Männer" (LENK 1990, zit. n. SCHULTZ 1990, S. 41) westlicher Industrieländer, in denen "nur zählt, was Geld einbringt" (KONTOS/ WALSER 1979) und die die weibliche Arbeit als grundlegende Voraussetzung ihrer Bestandserhaltung und Entwicklung leugnen.

Es geht in meinen Ausführungen um die historischen und gesellschaftlichen Bedingungen von Rationalität, die eine materielle Grundlage in der geschlechtsspezifischen Arbeitsteilung, in der weiblichen Praxis der Reproduktionsarbeit und in der -sinnlichen- Erfahrung des weiblichen Körpers hat.

HABERMAS' Entwurf einer universalistischen Formal-Vernunft formuliert evolutionäre Entwicklungsgesetze, die, wie patriarchal-hegemoniale Entwürfe zuvor, andere Denkformen aus dem Fortschritt menschlicher Entwicklung und Kulturgeschichte ausschließen und sie aus der Perspektive einer "höheren Moral (...) hegemonial zu einer Differenz" (MAIHOFER 1988, S. 50) umdeutet.

Dagegen werden Einwände vorgebracht aus der Sicht einer 'weiblichen Vernunft' auf materialistischer historischer Grundlage. Wesentlich erscheint mir, auf eine widersprüchliche 'weibliche' Vernunft und auf die Irr-Rationalität männlicher Rationalitätsentwürfe aufmerksam zu machen, insofern sie von ihrer materiellen Voraussetzung und Grundlage, der Arbeit und Rationalität von Frauen, abstrahieren.

Deutlich hervorheben möchte ich, daß es hier nicht um eine 'weibliche Moral' oder 'weibliche Vernunft' aufgrund objektiver biologischer Differenzen geht (vgl. NUNNER-WINKLER 1989); ich halte die Diskussion um eine weibliche Fürsorge-Moral und eine männliche Prinzipien-Moral nicht für produktiv, solange nicht deutlich gemacht wird, daß es hierbei immer um historisch-gesellschaftliche Lernprozesse der Geschlechter und um je spezifische Einengungen geht.

In dem hier angesprochenen Zusammenhang geht es darum, Arbeits- und Lebensformen gemeinsam mit den entsprechenden Zwängen und subjektiven Aneignungs- und Verarbeitungsformen zu betrachten und die in den ihnen entsprechenden Denkformen liegenden Einseitigkeiten ebenso zu betrachten wie dies im Falle der -scheinbar- universalistischen Logik der Fall ist.

Zugleich soll deutlich gemacht werden, daß Rationalisierungen von Frauen ebenso zurückzuführen sind auf eine von ihren Bedürfnissen absehende -patriarchale- Vernunft wie auch Rationalität von Frauen immer Teil einer sich universalistisch gebärdenden Vernunft ist, in ihr und in sich also sowohl widerständige Elemente beinhalten als auch Momente von erzwungener Anpassung, in denen sie die vorgegebenen Verhältnisse (ohn)mächtig reproduzieren.

In einem weiteren Schritt soll Frauen-Rationalität als eine in konkrete Praxis eingebundene Vernunft sichtbar werden, sichtbar in ihrer Widerspruchsstruktur und Ambivalenz, sichtbar auch in ihrer Begrenztheit durch die Privatform weiblicher Arbeits- und Lebensweise.

Frauen-Rationalität zeigt sich so selbst als widersprüchliche, aber auch als in Widerspruch zu einem Rationalitätsbegriff stehend, der, allem entbunden, alles - auf synthetische Weise - miteinander zu verbinden beansprucht.

Eigenständige und widerständige Strukturen von Frauen-Rationalität, die in eins in mimetischer Weise objektiv vorgegebene Strukturen nachvollziehen und sie subjektiv aber auch hinterfragen, werden verdeutlicht am Beispiel von Frauen, die in ihrer (Überlebens)Arbeit auf widersprüchliche Weise in gesellschaftliche Rationalisierungsprozesse, Ordnungs- und Rationalitätsstrukturen eingebunden sind.

Rationalisierungsprozesse und Frauen-Arbeit

Frauen werden in Rationalisierungsprozesse der Moderne auf vielfältige Weise einbezogen. Für sie geschieht das, was FOUCAULT unter dem Aspekt der "Sozialdisziplinierung" begreift, als Prozeß der "Hausfrauisierung", als Zuständigkeit für "geordnete Lebensverhältnisse" im Bereich der rationalen Durchgestaltung von Hausarbeit, Wohnen, Reproduktion des Lebens oder, negativ ausgedrückt, als Einsperrung in die geordnete Lebensführung.

Hausarbeit in dieser rationalisierten Form war bis in die 70'er Jahre, so zeigen Interviews mit ArbeiterFrauen, nicht das Hauptproblem von Arbeiterfamilien.

Für Frauen der arbeitenden Schichten waren und sind vielfältige Überlebens-Arbeiten, Doppelbelastungen durch häusliche und erwerbstätige Arbeiten außer Haus, gewollte und ungewollte Schwangerschaften sowie die unter schwachen Einkommensverhältnissen immens aufreibende sog. "Reproduktion der Arbeiterklasse" zentrale Lebenserfahrung.

In welch widersprüchlicher Weise Frauen mit der eigenen Lebensgeschichte, mit Geschlechterverhältnissen, die sie einengen und mit eigenen Wünschen und Bestrebungen umgehen, wird an einem Projekt deutlich, das Überlebens-Arbeit, Widerstandsformen und Geschlechterverhältnisse im intergenerativen Vergleich verschiedener "Frauengenerationen" untersucht (1). Deutlich wird hier der pragmatische Umgang mit (Politik-)Geschichte aus der Perspektive der täglichen Reproduktion und Familienerhaltung. Deutlich wird auch, daß

Arbeiterfrauen mit ihren vielfältigen Überlebensarbeiten beitragen zur nicht-spektakulären Lösung klassenspezifischer Widersprüche und Konflikte, daß sie andererseits aber auch klassenspezifische (Geschlechter-)Verhältnisse stabilisieren und tradieren. (vgl. BUBLITZ u.a. 1992)

Die "Entbindung der Vernunft" (SCHMIDT-WALDHERR 1985) aus konkreten Lebensvollzügen geht an der Lebenswelt und an der Denkweise von Frauen vorbei und wird zugleich von ihnen mitvollzogen. Zurecht verweist KNAPP (1988) auf die Ambivalenz und Vielschichtigkeit, in denen Frauen sich gesellschaftlich bewegen und zurechtfinden müssen. "Das Weibliche", einbezogen in komplexe Lebenszusammenhänge, ist nicht nur festgelegt und ausgegrenzt, vereinseitigt und diskriminiert, sondern es konstituiert auch gesellschaftliche (Frei-)Räume, Denk-(T)-Räume jenseits der formallogischen Universalvernunft, jenseits identitätslogischer Begrifflichkeiten (vgl. BUBLITZ u.a. 1990).

Denkstrukturen verdanken sich zum einen Arbeitsteilungs-Strukturen, klassen- und geschlechtsspezifischen Aufteilungen von Arbeit, Interaktion und Kommunikation. Aber sie verdanken sich auch subjektiven geschlechts- und klassenspezifischen Möglichkeiten der Aneignung von Wirklichkeit.

Eine (Reproduktions-)Theorie, die das Geschlechterverhältnis ins Zentrum der Theoriebildung rückt, muß diese Widersprüchlichkeiten und Vieldeutigkeiten, diese fragmentarische und mehrdimensionale Identität als Grundlage von Erkenntnisformen angemessen berücksichtigen: Die Fähigkeit zur Abstraktion, die gemeinhin als Fortschritt gilt, entspricht der Tauschwertlogik rationalisierter Industriegesellschaften. In ihr bewegt sich auch die Rationalität von Frauen. Zugleich aber konstituiert und konkretisiert sich in ihr, in und jenseits des Tauschverhältnisses, Überlebens-Arbeit, die nicht mit den Tauschwertkategorien beschreibbar ist. Wenn 'weibliche' Arbeit sich im Geschlechterverhältnis zugleich in und jenseits der Tauschwert-Abstraktionen und der universellen Vernunft konstituiert, befindet sich die entsprechende Denkform auch zugleich in und jenseits von Abstraktion und Sinnlichkeit, als nicht festlegbare Differenz zu beiden.

"Das Weibliche" konstituiert sich im Zusammenhang der Rationalisierung der Produktion, der Lebenswelt und der Verkürzung von Vernunft auf sachliche, technisch instrumentelle, aber auch auf kommunikative Rationalität.

Frauen bewegen sich zum einen als "Grenzgängerinnen" zwischen Privatheit und Öffentlichkeit, Familie und Produktion, Sinnlichkeit und Abstraktion, Gebrauchswertarbeit und abstrakter Arbeit, zum anderen aber bewegen sich Frauen immer auch im Bereich der Öffentlichkeit, der Produktion und

Abstraktion, der Auseinandersetzung mit der "Außenwelt" in Überlebens-Arbeit. Der Innenraum der Familie als Ort der Vermittlung gesellschaftlicher und privater (Lebens-) Arbeit ist nur ein Teil der Erfahrung von Frauen. Ein mindestens ebenso wesentlicher Teil ist der Bereich der gesellschaftlichen Arbeit, der Bereich von Haushalt, Fabrik, Warenhaus, Behörden und Straße. Weiblicher Lebenszusammenhang und sinnlich-konkretes (bedürfnisorientiertes) Denken von Frauen wird gebrochen durch die Tauschwert-Rationalität und die begriffliche Abstraktion. Weibliche Lebenszusammenhänge werden im Prozeß der gesellschaftlichen Rationalisierung und Modernisierung der Arbeit im Produktionsbereich hineingezogen in Rationalisierungsmaßnahmen. Gleichzeitig liegen hier, am "Pol der lebendigen Arbeitskraft" deren Grenzen: Kindererziehung, Sozialisationsrhythmen, Lernprozesse in sozialen Bezügen, Fürsorge, emotionale Beziehungen erfordern Langzeit-Rhythmen, fordern, "Zeit zu verlieren" (vgl. NEGT/KLUGE 1972; 1986; BECKER-SCHMIDT u.a. 1983).

Wird die Produktivität gesellschaftlicher Arbeitskräfte - die der Arbeiterinnen und Arbeiter in den Fabriken - als Ware verbraucht, so dient die Produktivität auf der anderen Seite zur Herstellung und Unterstützung des Gebrauchswerts Arbeits-Kraft. "Weibliche Produktivität" dient bei aller Widerständigkeit immer auch der Aufrechterhaltung und Aufwertung patriarchaler Strukturen in Gesellschaft und Familie. Widerständigkeiten zeigen sich oft im bewußten Einstimmen in die Unfreiheit. Selbständige Entscheidungen und Handlungen verbleiben im Rahmen vorgegebener Zwänge. Dennoch läßt sich auch von dieser praktizierten Frauen-Rationalität einiges lernen: Die "Unfähigkeit zur Abstraktion" (DISCHNER 1979) von äußeren Nöten und Zwängen, die Unfähigkeit zur Entwirklichung leiblicher Erfahrungen sind ein Stück weit praktizierte Utopie, nicht etwa die unentwickelte Kehrseite einer einseitigen Vernunft, aber zugleich dieser zu verdanken.

Die rationalisierte Verfügung über Frauen im kommunikativen Macht-Diskurs

Mein Beitrag setzt sich auseinander mit den Implikationen einer rationalisierten Vernunft -instrumentelle und kommunikative Rationalität- und versucht zu zeigen, daß die 'kommunikative Vernunft', ihrer leibphilosophischen Grundlagen entbunden, mit universalistischem Anspruch mittels identitätslogischer Kriterien und Diskursregeln jenseits von (Frauen-)Arbeit und - Interaktion formuliert und durchgesetzt wird. Die sozialreformerische Variante von Rationalität in durchrationalisierten Gesellschaften, wie sie von Jürgen HABERMAS formuliert wird, entbehrt nicht der Härte des Zugriffs auf alles Lebendig-Sinnliche, wie es in der Tradition der kantianischen und hegelianischen Erkenntnistheorie, aber auch im Wahrheitsanspruch der marxistischen Theorie für sich reklamiert wurde.

Voraussetzungen einer rationalisierten Vernunft sind eine formale Sprach- und Identitätslogik; Ich-Identität als persönliche Fähigkeit, sich über alle kontextgebundenen Entscheidungen hinweg abstrakt darzustellen wird ebenso zugrunde gelegt wie logische Stufen der kognitiven, moralischen und sprachlichen Entwicklung (vgl. dazu NEGT/KLUGE 1972; BOURDIEU 1984; MÜLLER 1977). Nicht nur, daß Frauen diesen 'Zwangsmechanismen' von Sozialisation und Kommunikation auf andere Weise eingeordnet sind als Männer, - hierin liegt ja auch eine Chance zur Entwicklung eigener Lebens- und Denkräume - sondern es besteht darüber hinaus der Verdacht, daß bis zur Unkenntlichkeit versachlichte Bedürfnisse, daß abstrakte Vernunft -und Moralbegriffe, metakommunikative Regeln und Rationalitätsstrukturen an die Stelle von konkreten Bindungen und Prozessen treten und auf diese Weise die Bedürfnisse und Denkstrukturen von Frauen negieren. Die Rechte des Einzelnen zu reklamieren, kann auch Frauen in dieser Gesellschaft nur recht sein; die sprachethischen Voraussetzungen gehen freilich an ihrer Praxis vorbei, es sei denn, sie bewegen sich überwiegend in akademisch-wissenschaftlichen Zirkeln.

Erkenntnis wird hier gleichgesetzt mit Erkenntniszuwachs durch rationalen Diskurs oder zumindest durch diskursfähige Erfahrungen, was bedeutet, daß sie formalen Regeln und Qualifikationen des Einzelnen-Allgemeinen unterworfen werden.

Der Wandel patriarchaler Verhältnisse und Herrschaftsformen kann, so Christine KULKE in ihrer kritischen Auseinandersetzung mit der 'kommunikativen Vernunft', durch theoretische Konzepte von Rationalisierung erfasst und gedeutet werden (KULKE 1985, S. 57).

Auffällig ist aber auch hier die Ausblendung der gesellschaftlichen Wirklichkeit, der Kompetenzen und Fähigkeiten von Frauen. Frauen erscheinen als 'Opfer' einer formalisierten Vernunft, der Verdinglichung und Deformationen, die durch jene hervorgebracht werden.

Unter dem Aspekt gesellschaftlicher Rationalisierungsprozesse erfolgt der zweckrationale Zugriff auf weibliche Arbeits- und Lebensformen. Es handelt sich hierbei um rationalisierte Verfügung über "weibliches Arbeitsvermögen", über Sprach- und Beziehungsfähigkeit.

Kulturelle Vielfalt wird eingeebnet, Bedürfnisse werden nur in rationalisierter und formalisierter Form zugelassen. Gesellschaftliche Lernprozesse haben - scheinbar - ohne den Anteil von Frauenarbeit stattgefunden; Frauenarbeit und Lernen, das von Frauen ausgeht, erscheint im evolutionären, gattungsgeschichtlichen Entwicklungsmodell entweder gar nicht oder nur dann, wenn Frauen sich auf die Ebene des männlichen, formalistischen und prinzipiengeleiteten (normativen) Diskurses begeben.

Aber selbst wenn sie dies tun, verfügen sie nicht über die notwendigen (Macht-)Ressourcen für die Teilnahme am argumentativen Macht-Absicherungs-Austausch.

Brigitte WEISSHAUPT hat die Diskursethik folgerichtig eingeschätzt als Machtinstrument, mit dem das alte instrumentell-technologische "Aufklärungsprojekt der Moderne" (1986, S. 246) einseitig, nämlich verkürzt, fortgeschrieben und abgesichert wird.

Identität und Moral sind bei Habermas, ebenso wie die universalistische Vernunft, völlig losgelöst von ihren besonderen, partikularen Lebensformen und Voraussetzungen. D.h. sie werden von der weiblichen Vor-Arbeit losgelöst und erscheinen nicht mehr als Produkt von -weiblicher- Arbeit, von kulturellem Kapital von Frauen, sondern als abstraktes Vermögen, das, spezialisiert und auf hohem Abstraktionsniveau zusammengesetzt, nur von wenigen erworben werden kann.

Ganz abgesehen von den Voraussetzungen ist diese formalistische Vernunft aber auch in ihren Implikationen fragwürdig:

Verschiedenartige Lebensformen, Bestrebungen und Wünsche werden argumentativ versachlicht, eingeebnet. Abstraktionen werden unabhängig von konkreten, kulturellen Erfahrungen entwickelt, unabhängig von Raum und Zeit formuliert; die synthetische Denkweise wird auf die Spitze getrieben. Zeit und Raum als konkret erfahrene Lebensformen und -inhalte kommen im Bewußtsein nicht - mehr - vor.

Das Paradigma der kommunikativen Rationalität wird universalgeschichtlich und anthropologisch begründet mit der Ausdifferenzierung von Weltbildern und der differenzierten kognitiven Entwicklung. Unterstellt wird die allgemeine Gültigkeit von Vernunftstandards jenseits geschlechtspezifischer Differenzierungen und patriarchaler Herrschaftsstrukturen. Kulturelle

Reproduktionsleistungen von Frauen, die historisch und gesellschaftlich 'weibliche' Lebens- und Kommunikationsstrukturen hervorgebracht haben, werden in ihrer Besonderung negiert. Bei HABERMAS kommen weibliche Fähigkeiten und Interessen auch in bezug auf die Strukturierung der Lebenswelt, die Beziehungsfähigkeit und die kommunikativen Formen ihrer Arbeit nicht vor.

Was über das Bedürfnis nach formaler Gleichberechtigung mit männlichen Vorrechten hinaus geht, erscheint ihm als "partikularistischer Kern" der Frauenbewegung: Das Bedürfnis, "konkrete, von männlichen Monopolen geprägte Lebensformen umzustürzen" (HABERMAS 1983, Bd. II, S. 579).

Die Ausgrenzung von Frauen aus dem rationalen Diskurs steht auch hier in der philosophischen und gesellschaftlichen Tradition des Ausschlusses und der Funktionalisierung von Frauen für die Reproduktion der Gesellschaft, für endlose und unsichtbare Arbeit also.

Auch die kommunikative Rationalität von HABERMAS ist in ihrer universalistischen Ethik eine patriarchale Rationalität. Die als universell proklamierten Prinzipien sind alles andere als universell. Zu unrecht beansprucht die Theorie einer kommunikativen Vernunft, die höchste Form universaler Wahrheit zu repräsentieren, weil sie gerade vom Kontext ihrer Entstehungsbedingungen abstrahiert. Metakommunikative Regeln werden im Rahmen eines Macht-Diskurses festgelegt, der -nicht nur- von den Lebensbedingungen von Frauen absieht. Frauen sind in der Regel nicht an diskursethischen Verfahren beteiligt. "Die "diskursethisch angelegte praktische Vernunft" schließt Frauen überall da aus entsprechenden Diskursen aus, wo sie per definitionem in der Geschichte nicht als Vernunftwesen anerkannt werden (WEISSHAUPT 1986, S. 244).

Auszugehen ist von der Negation des Weiblichen, der weiblichen Praxis, der Fähigkeiten und Kompetenzen von Frauen in ihrer Vielfalt und Komplexität im universalistischen Diskurs-, Moral- und Rationalitätsmodell. Auszugehen ist von der Rationalität von Frauen als Grundlage gesellschaftlicher (Austausch-)Beziehungen, als Voraussetzung universalistischer und formalistischer Vernunftprinzipien, zugleich als das durch Rationalitätskriterien Ausgegrenzte und als Reaktion darauf. Auszugehen ist darüber hinaus von einer Rationalisierung des Geschlechterverhältnisses, in dem Machtstrukturen und geschlechtsspezifische Arbeitsteilung eine Geschlechterhierarchie konstituieren, die patriarchale Herrschaft in Rationalitätsstrukturen verdeckt (re)produziert.

Wenn HABERMAS annimmt, daß Frauen "über Kontrasttugenden, über ein zur Männerwelt komplementäres, der einseitig rationalisierten Alltagspraxis entgegengesetztes Wertregister" (1983, Bd. II, S. 579) verfügen, so ist darin die Ungleichwertigkeit gleich mitgesetzt: Die diskursive Ethik patriarchaler Rationalitätsstrukturen ist auf die gesellschaftliche Arbeitsteilung der Geschlechter bezogen, ohne sie auszuweisen. Konstituiert wird die universelle Rationalität nicht zuletzt dadurch, daß Frauen in der Privatform der Familie eingedeckt sind mit Reproduktionsarbeit. Frauen-Arbeit und -Rationalität sozusagen als hinter Rationalitätsstrukturen verborgene Voraussetzung einer universalistisch "entbundenen" Vernunft, die im Diskursmodell selbst aber nicht erscheinen.

Bei näherer Betrachtung universeller Normen und Prinzipien wird deutlich, warum Frauenarbeit und -Rationalität ausgegrenzt wird aus dieser Form-Rationalität: Es geschieht aufgrund ihrer fundamentalen Notwendigkeit für jene abstrakten Prinzipien, ihrer Funktionalisierung für einen patriarchalisch hegemonialen Universalismus (vgl. MAIHOFER 1988, S. 50).

Rationalität von Frauen im gegebenen Geschlechterverhältnis

Rationalisierungen ermöglichen hier die objektive und subjektive Begrenzung von Frauen; dies wird am Beispiel eines Projektes deutlich, in dem es um vielfältige Überlebensarbeit und Widerstandsformen von Arbeiterfrauen ging. Deutlich wird hier: Der Zugriff von Frauen auf verallgemeinerbare Erfahrungen erfolgt immer an den Schnittstellen objektiver Zwänge und subjektiver Entsagungen.

Wo sich subjektive Bestrebungen nicht durchsetzen können, greifen Frauen auf Stereotypen, Klischees und Rationalisierungen zurück, jedoch ohne daß jene - sprachlich - gänzlich verdrängt werden.

Unser Interesse galt von Anfang an den ökonomischen, sozialen und psychischen Überlebensstrategien von Frauen aus der sog. Arbeiterkultur, - einer Kultur, die wesentlich durch die vielfältigen Überlebensarbeiten der Frauen allererst konstituiert, ermöglicht und tragbar wird. "Soziale Überlebensstrategien zielen auf ökonomische Sicherheit sowie Respekt und Achtung im sozialen Feld; psychische Überlebensstrategien zielen auf ein inneres Gleichgewicht mit hoher Selbstachtung, mit möglichst großer Annäherung an ein Selbstideal" (NADIG 1986, S. 204).

In den Gesprächen mit Arbeiterfrauen wurden objektive, vielfältige Überlebensarbeiten der Frauen sichtbar, die sie in ihren subjektiven Bestrebungen begrenzen. Andererseits zeigten sich Überlebensstrategien und Selbstinszenierungen, die Arbeiterfrauen innerhalb gegebener Verhältnisse und Geschlechterbeziehungen ausüben. Ihre Selbstdarstellungen machen, neben Lebensentwürfen und -perspektiven, die Widersprüche und die Bruchstellen zwischen objektiven Verhältnissen und subjektiven Fähigkeiten und Bestrebungen deutlich. Ambivalenzen zeigen die Begrenzungen der Frauen durch die Privatform weiblicher Arbeit in Ehe und Familie, Stereotypen zeigen die gesellschaftlich bedingte Pragmatik der durch Überlebensarbeit hervorgebrachten Strategien. Gleichzeitig erweisen sie sich als ein subjektives Moment der Anpassung an Vorgegebenes und der widerständigen Haltung dazu, etwa in bezug auf Heirat, Eheversprechen, aber auch in der Einschätzung von staatlichen Organisationen und Handlungen. Wichtig erschien uns "die Vermittlung von objektiven und subjektiven Verhältnissen und die widerständige Haltung, die Frauen dabei einnehmen können" (NADIG 1986, S. 205).

Rationalität von Frauen ist unter den gegebenen historischen und gesellschaftlichen Bedingungen wesentlich zu bestimmen durch vier Ausgangspunkte:

Geschlechtsspezifische Arbeitsteilung, vielfältige Überlebensarbeiten

> "Ich habe, überall, wo ich war, Haushalte saubergemacht [...]. Wir beiden Schwestern gingen [...] arbeiten. Meine Schwester in den Haushalt und ich in der Fabrik. Und dann war die Mutter sehr viel krank, da habe ich dann zu Hause alles gemacht" (Frau G., Jg. 1910).

> "Mit 6 Jahren mußte ich schon anfangen, zu arbeiten. Ein Jahr haben sie mich verschont, dann mußte ich. Kühe hüten und Gänse füttern und sowas. Und im Sommer mußte ich Kartoffeln und, - war ja Ernte [...]" (Frau P., Jg. 1940).

Weibliche Sozialisation, durch die Mutter-Tochter-Beziehung, in der der Generationenvertrag dominiert

Vor allem die Mütter und andere weibliche Familienangehörige fordern den Töchtern vor allem andere Arbeitsleistungen für die Versorgung und den Lebensunterhalt der Familie ab. Sie erscheinen als für die Familie unabdingbare, notwendige Arbeitskräfte. Fleiß, Arbeit, Sauberkeit und Sparsamkeit treten an die Stelle von Verständnis, Einfühlsamkeit, gefühlsmäßigen Beziehungen zwischen Mutter, Tante, Großmutter und Tochter.

> "Unsere Mutter war [...] eine sehr saubere Frau. Und die hat uns (Mädchen) schon danach erzogen. Und ich war auch ein Stück wie unsere Mutter" (Frau G., Jg. 1910).

> "Von klein auf hatten wir eigentlich schon unsere Pflichten zu erfüllen [...], oblag [...] hauptsächlich den Töchtern" (Frau E., Jg. 1928).

"Individualisierung" ist bei Frauen, die zwischen 1900 und 1929 geboren sind, so wird am empirischen Material deutlich, nur zeitweise als "Entpflichtung aus Familienarbeit" und zugleich als Einbindung der Frauen in staatlich-politische, kirchliche Gruppen oder in Arbeitszusammenhänge möglich. Jugend als eigenständiger Bereich mit möglichen gemeinsamen Freizeitaktivitäten existiert nur sehr begrenzt oder gar nicht.

Geschlechtsspezifische Arbeitsteilung erscheint, wie in der gesellschaftlichen Ideologie so auch im individuellen Bewußtsein, als "Natur":

> "Und der (Bruder) war auch von Natur aus ein bißchen fauler. Ich war schon immer fleißig und habe auch gerne geholfen" (Frau E., Jg. 1928).

Geschlechtsspezifische Körpererfahrungen, die begrenzt sind durch das Fehlen von Erfahrungen mit Emotionalität, Liebe, Zärtlichkeit und Sexualität

Der Körper erscheint überwiegend als Arbeitsmittel und wird auch als solcher wahrgenommen und erfahren. Priorität hat immer die Arbeit. Müßiggang wird geahndet, Sexualität oder auch nur Kontakte mit dem 'anderen' Geschlecht sind verboten. Körperregungen und -vorgänge werden schuldhaft besetzt und verdrängt; sie erscheinen bedrohlich und werden kanalisiert und der zukünftigen Rolle als Ehefrau untergeordnet. Körperregungen und -bedürfnisse sind bei diesen Frauen eingebunden in Arbeitszeit-Abläufe und in ein kontrolliertes Geschlechterverhältnis.

> "Meine Pflegemutter stand schon mit der Uhr in der Hand, wenn ich aus der Schule kam. [...] ehe ich morgens zur Schule ging, mußte ich zwei Kühe melken", (Frau K., Jg. 1905).

> "Das gehörte sich nicht und was sollten die Leute denken [...], immer sofort Angst vor 'ner Schwangerschaft, als ich dann 15 war [...]. Ich bin weder aufgeklärt worden, als ich meine Regel kriegte, die war auf einmal da und dann mußte ich damit fertig werden und dann war das 'ne Schweinerei" (Frau M., Jg. 1935).

> "Daß ich arbeiten gehen sollte, das brauchte man [...]. Da war ich neunzehn Jahre [...], da wußte ich noch nicht mal, wo das Kind rauskommt [...]. Ich durfte überhaupt nicht tanzen gehen. Da waren wir einmal abends auf so einem Heimatvertriebenenabend und da durfte ich mitgehen und die Tante auch. Und da hat mich ein junger Mann aufgefordert zum Tanzen. Da ist sie auf einen Stuhl geklettert und hat aufgepaßt [...]" (Frau C., Jg. 1936).

Das Geschlechterverhältnis, das als Über- und Unterlegenheitsverhältnis erscheint

> "Er war durch den Krieg welterfahren [...]. Er hat dann auch sofort die Führungsrolle übernommen, wie das früher so üblich war" (Frau E., Jg. 1928).

> "Dann habe ich H. kennengelernt [...]. Und der hat mir sehr gut gefallen, großer, schlanker, gutaussehender Mann mit guten Manieren. War Liebe auf den ersten Blick. Ich war total verliebt [...]. Er war mir [...] sehr überlegen, ich war dumm" (Frau C., Jg. 1936).

Die Frau erscheint als die Unerfahrene, der Mann als Mann mit Erfahrung und 'Weltkenntnis'. Gelernt und gefestigt wird dieses Unterlegenheitsgefühl als Frau im Mutter-Tochter Verhältnis, das auf diese Weise Geschlechterrollen und vor allem -hierarchien befestigt. "Frauen, die einander einzig da anerkennen, wo sie ihnen die qua Geschlecht zugewiesene soziale Rolle spielen, verfehlen einander als Personen und verhalten sich sexistisch (...)." (BECKER-SCHMIDT/KNAPP 1986, S. 15).

Eine Rationalität notwendiger Arbeit

Auf allen Ebenen sind die Grundlagen der Rationalität von Frauen zentriert um die Logik des notwendigen Daseins für andere, in der kein Raum bleibt für eigenständige Perspektiven und Entscheidungen, für Besonderungen und Subjektivität. Immer sind es notabwendende Entscheidungen, die gezwungenermaßen akzeptiert werden.

> "[...] es war ja Krieg, [...] die Wolle mußte ja gezupft werden, [...] unten warteten ja die Gäste" (Frau K., Jg. 1905).

> "Ich hab ja immer versucht, Geld zu verdienen, irgendwie klar zu kommen." (Frau P., Jg. 1940)

> "(Es war ja so), daß ich Arbeit suchte, daß ich arbeiten sollte, denn ich mußte ja Geld verdienen" (Frau R., Jg. 1941).

> "Inzwischen ist der (Vater) so schlimm krank gewesen, daß ich arbeiten mußte, das braucht man" (Frau C., Jg. 1936).

Dennoch läßt sich an vielen Äußerungen dieser Frauen zeigen, daß sie den Versuch unternehmen, das, was ihnen abverlangt wird, immer noch subjektiv als Fähigkeit und Leistung zu interpretieren, also die Entscheidung für das Notwendige auch als subjektives Bedürfnis und Fähigkeit darzustellen. Das Unausweichliche erscheint zumindest bei einigen als individuelles Bedürfnis:

> "Immer. Ich habe immer gearbeitet. Ich konnte das aber auch nicht anders" (Frau G., Jg. 1910).

Das Erbringen vielfältiger Überlebens-Arbeiten erscheint als äußerer Zwang und als innerer Drang.

Die meisten akzeptieren Arbeit als Notwendigkeit und zugleich als subjektive Leistung. Das, was die Verhältnisse den Frauen schon in der frühen Kindheit abgerungen haben, wird subjektiv noch einmal als Fähigkeit und Können nachvollzogen. Der resignativen Logik 'das war früher so' entsprechen Überlebensstrategien als Wege zur Selbstachtung, aber eben auch als faktische Notwendigkeit. Beides in einem als Kompetenz in der Notwendigkeit, notabwendende Tätigkeiten zu vollbringen. "Im Tätigsein stecken Ich-Leistungen wie Selbständigkeit und die Fähigkeit, Verantwortung zu tragen" (BECKER-SCHMIDT, 1983, S. 98).

Der Satz 'ich konnte das aber auch nicht anders' deutet darüber hinaus an: Arbeit wird zur "zweiten Natur", zur quasi natürlichen Erfahrung.

Diese Rationalität ist nicht übersetzbar in die Logik von pragmatischen Sprechakten. Sie ist auf vielfältige Weise verwoben mit objektiven Zwängen, verinnerlichten Normen, gesellschaftlich-objektiven und subjektiv nachvollzogenen Rationalisierungen: "Ich konnte nichts sagen" (1) "Ich hätte auch nichts gesagt" (2) "Das war früher so." (3) Eine Drei-Schritte-Logik, die die Einschränkung der eigenen Person und der Kinder durch den Vater verdeckt mit der resignativen Logik 'das war früher so', damit gleichzeitig ein Stück weit wegschiebt vom eigenen Leib, verallgemeinert, stereotypisiert. Darin ist diese Logik aber zugleich eine Form der Rationalität, die deutlich macht, daß hier objektive, gesellschaftliche und patriarchale Zwänge am Werk sind: Bemerkungen über persönliche Versagungen und Enttäuschungen werden immer wieder mit dem Hinweis auf Hunger, Arbeit und Essen kaschiert. Glück bedeutet vor allem für die älteren ArbeiterFrauen: Arbeiten und Essen, beides zusammen: "nicht hungern müssen". Objektive Hungersnot kommt vor seelische: "Ich konnte nichts sagen [...], aber [...] Not haben wir eigentlich nicht gelitten" (Frau G., Jg. 1910). Das stimmt ja nur, wenn Not als Hungersnot gilt und wenn seelische Not ein Luxus ist. Unter den gegebenen Umständen war es so, daß für die seelische Not kein Raum und Überlebens-Arbeit unausweichlich war. Zu dem Zwang, immer arbeiten zu müssen, kommt die subjektive Rationalisierung: "Immer. Ich habe immer gearbeitet." und "Ich konnte das aber auch nicht anders [...], ich war ein Stück wie unsre Mutter [...]" (dies.). Objektiver Zwang wird umgemünzt in freiwillige, wenngleich erzwungene Selbstbeschränkung: "In der Zeit war das so [...]. Mehr hat man ja gar nicht gekannt [...], mehr hat man sich gar nicht erlaubt [..]" (dies.).

Hier wird nicht nur subjektiv ein Tatbestand, eine Handlung logisch kohärent und akzeptabel gemacht, sondern hier werden auch kollektiv gemachte Erfahrungen herangezogen. Darin liegen die realen Momente der Rationalisierung. Das zeigt sich in Bemerkungen, in denen Einschränkungen und Begrenzungen der eigenen Person Verstärkung suchen beim abstrakten, allgemeinen 'man':

"Ich konnte ja nichts sagen [...] man hat ja immer eingesteckt [...]. Sagen durfte ich ja nichts. Man hat sich richtig durchgeschlagen" (dies.).

'Im Da-Sein für andere (k)ein Stück für sich selbst' erscheint als Klischee, in dem subjektive Wünsche nach Anerkennung und Selbständigkeit durchscheinen; möglich zu realisieren scheinen sie nur in der ständigen Hilfeleistung für andere gewesen zu sein. Versagungen werden abstrahiert von konkreten individuellen Erfahrungen und verallgemeinert: "Man hat ja immer eingesteckt" (Frau G., Jg. 1910).

Die anderen Frauen waren wohl in der gleichen Lage, die Gemeinsamkeit der Lage als Zuflucht individueller Versagung, Rationalisierung als Ausweg aus gesellschaftlichen und individuellen Widersprüchen. Abstraktion als Verdichtung von mehrfach gemachten -kollektiven- Erfahrungen. Die eigene Erfahrung erscheint stereotypisiert im Zusammenhang verallgemeinerter kollektiver Erfahrung: "Anders gab es doch nichts", - ein Hinweis auf die historische Situation einer Frauengeneration.

Andererseits: Komplexe und vielfältige, ambivalente und widersprüchliche Logiken von Frauen führen nicht eben weiter. "Die Vielfalt der weiblichen Lebensrealität (entspricht) mehrheitlich einem Mangel an Alternativen zur Realisierung von auch nur eines Teils ihrer Wunschvorstellungen [...]." (NOTZ, 1989, S. 65)

Dennoch: Der Mangel an Realisierungsmöglichkeiten der Bedürfnisse und Wünsche wird dadurch zwar - noch- nicht aufgehoben, aber er wird, wenn auch sehr versteckt, deutlich. Implizit, in der sprachlichen Formulierung, werden subjektive Wünsche sichtbar. Die 'Dialektik des impliziten Wissens' (KNAPP 1987) und der fragmentarischen, partikularen Durchdringung von Macht sind durchaus machtvolle, wenn auch nicht gesellschaftlich herrschende Vernunftformen. Stereotypen erscheinen so als konkrete Abstraktionen von eigenen, aber als solche kollektiv gemachten Erfahrungen:

"Frauen brauchen mehr Ellenbogen. Die müssen sich gegen allerhand durchsetzen [...]."

"Die Frau ist meistens auf der Verliererseite, das wollen die meisten nicht begreifen [...]."

"Frauen müssen sich immer mehr anpassen, ich habe das in allen Lebenslagen erlebt" (Frau H., Jg. 1930).

(Reproduktions-)Geschichte und Rationalität von ArbeiterFrauen erscheint, wie ihre gemachte Erfahrung mit der Geschichte, als Abfolge von zwar subjektiv gemachten, aber notgedrungen gemachten Erfahrungen, die objektiv erzwungen und subjektiv mitgetragen werden: immer zeitgleich Niederlage und widerständiges Sich-Behaupten. Wesentlich immer die Verbindung von -unbezahlter- häuslicher und bezahlter, aber ausbeuterischer außerhäuslicher, vielfältiger Überlebensarbeit. Sozialisations-, Aneignungs- und Verarbeitungsform von Wirklichkeit: Nie etwas ganz hoch, ganz zu Wort kommen lassen:

> "Ja, sicher, aber trotzdem" als Antwort auf den Vorschlag und die Frage der Interviewerin, ob sie nicht von ihrem Mann hätte weggehen, unabhängig leben können. Widerspruch als Lebens- und Denkform, wo die Realität Widersprüche abfordert und offenbar nur Widersprüchlichkeiten zuläßt. Durchhalten, selbstverantwortlich sein, - "denen zeigst du es jetzt!" - und "nachher habe ich mich eben doch durchgesetzt", sagt eine Frau und erzählt, daß sie gegen den Willen der Familie schon mit achtzehn geheiratet hat. Widerstand im Erzwingen noch früherer Eingrenzung durch die Ehe als Ausweg aus elterlicher Bevormundung und Einbindung in Familienpflichten durch die Mutter.

Be-Grenzungen der Individuierung von Frauen-Rationalität

Die erzählten Lebensgeschichten von Arbeiterfrauen verdeutlichen Selbstintepretationen und -inszenierungen ebenso wie Klischees und Stereotypen, die die kollektiven Grenzen von Individuierung klassen- und geschlechtsspezifisch zeigen, aber auch zeigen, wie Geschichte individuell von Frauen erfahren und verarbeitet wird. Interessant sind an diesen (Lebens-)Geschichten die 'Strategien der Befreiung', die allemal im Rahmen der Geschlechterhierarchie und der gesellschaftlich vorgesehenen Bandbreite der Lebenslage von Frauen bleiben.

Pragmatische Überlebens-Bewältigung und Reproduktions-Arbeit prägen nicht nur das Geschlechterverhältnis, sondern auch das Verhältnis zur Politik:

> "Man hat die Bombennächte mitgemacht und nachher war ich ja wieder in Umständen [...]. Da habe ich überhaupt nichts mitbekommen [...]. Man hat ja gar nicht so begriffen, was das eigentlich war" (Frau K., Jg. 1905).

Aber die Wahrnehmung von Politik und Geschichte wird ihrerseits auch vom Geschlechterverhältnis geprägt:

> "Und im BDM war [...], das war dann noch schöner. Da waren wir dann mit den Jungs zusammen [...]. Und im Krieg gefiel er mir schon sehr gut, wenn er auf Urlaub kam, der war ein ganz schicker Matrose, das war in unserer Gegend auch was Seltenes [...]. Und wenn er kam, staunten und guckten alle" (Frau E., Jg. 1928).

Die Nazi-Zeit erscheint bei vielen Frauen als die Zeit, aus der sie das Beste gemacht haben: "Trotz schlechter Zeiten haben wir uns schöne Tage gemacht" (Frau R., Jg. 1931). Vor dem Krieg und nach dem Krieg war es eben nicht besser, sie werden pragmatisch vom Gesichtspunkt der Arbeit, des Essens, des Überlebens gewertet.

> "Also im Krieg haben wir überhaupt nicht schlechter gelebt als im Frieden, von der Ernährungsseite her gesehen" (Frau E., Jg. 1928).

Auf die Frage, was sich in der Nazi-Zeit für sie geändert habe, antwortet eine Frau: "Was heißt geändert?" Der Unterschied zu vorher bestand offensichtlich nur in der braunen Uniform: "Schließlich haben die 'Braunen' (Schwestern) auch etwas für die Armen getan", sagt eine der Befragten.

Interpretationen und Bewertungen politischer Geschichte erfolgen seitens der Frauen fast immer auf dem Hintergrund eigener Armut und notwendiger Existenzsicherung.

Vor dem Dritten Reich, vor dem Krieg und nach dem Krieg war es für viele eine "schäbige Zeit" (Frau G., Jg. 1910). Überleben als zentrale Erfahrung; notabwendendes Handeln erscheint unabdingbar.

Frauen sind das, was das gesellschaftliche System will und auch wieder nicht: Die patriarchale Gesellschaft will sie als Zuschauerinnen einer Geschichte und Ideologie, die sie selbst nicht verantwortlich mitgestaltet haben; es bindet Frauen an Überlebensarbeit und Reproduktion. Überdeutlich wird dies im Faschismus.

Auch Frau K. Jg. 1905, empfindet sich bloß als Zuschauerin des politischen Systems, der Staatsideologie und der Geschichte. Ihr bleibt nur, sich Geschichte "anzugucken", "mit dem Kind im Kinderwagen". Geschichte und Reproduktion als Widerspruch und als Nicht-Widerspruch. Ihre eigenen Erfahrungen zählen ja nicht, - "man konnte beim Juden [...] sogar besser einkaufen. Die waren menschlich, die Juden". Die Aussage, "das wurde einem erst später klar" verdeutlicht, daß Wissen und Erfahrung tabuisiert waren und erst später eingeholt werden konnten. Natürlich sind da auch Verdrängungen und Rationalisierungen am Werk. Aber politisches Handeln im Widerstand war lebensgefährlich und lag für die Mehrheit der Männer und Frauen jenseits des eigenen Vorstellungsvermögens. Was allenfalls möglich war, war selbst zu überleben. Und das war, ebenso wie die Verdrängung, wiederum eine kollektive Erfahrung.

Im Vergleich dazu haben die nach 1930 geborenen Arbeiterfrauen einen anderen Ausgangspunkt:

Der Krieg setzt irritierend in Kindheit und Jugend ein, geregelter Schulbesuch wird oft unmöglich gemacht, dennoch artikulieren sie, anders als die älteren Frauen, Lernbedürfnisse:

> "[...] ich wollte Fremdsprachen lernen" (Frau H., Jg. 1930) oder "Ich war froh, daß ich zur Schule geschickt wurde" (Frau P., Jg. 1940).

Zwar reicht auch bei ihnen das Geld nicht zum weiteren Schulbesuch, aber Bildungsbestrebungen oder Ansprüche auf einen - zumindest kleinen - sozialen Aufstieg werden formuliert. Das gepflegte Aussehen und der ordentliche Beruf, sind, neben Ansprüchen auf ein ordentliches und harmonisches Familienleben, in dieser Frauengeneration eher angestrebte Lebensperspektiven als sich mit (Überlebens-)Arbeit durchzuschlagen. Sie erwarten vom Mann Zuwendung und Anerkennung, messen Ehe und Heirat, Liebe und Partnerschaft einen größeren Wert bei, als ihre (Groß)-Mütter. Für viele wird Sicherheitsstreben in der Ehe zur einzig möglichen Perspektive, das Alleinsein und die Angst, es alleine nicht zu schaffen, zu überwinden; aber das Gefühl des Alleinseins bleibt für diese Frauen offensichtlich eine dominante Erfahrung.

> "Ich war immer alleine [...]. Ich hatte überhaupt keine Vorstellung (vom Leben), ich stand alleine [...], ich hatte praktisch nichts. Doof war ich." (Frau C., Jg. 1936)

Andere wissen scheinbar immer besser, wie man's macht. Vor allem im Verhältnis zum Freund und Ehemann, aber auch gegenüber (Sozial-)Ämtern und Verwaltung, sind sie nach ihren eigenen Angaben immer darauf angewiesen, daß jemand ihnen hilft, ihnen zeigt, wie man's macht. Von weiblichen Familienmitgliedern ebenso eingeengt wie von den männlichen, zur Arbeit von früh auf gezwungen, oft, ohne daß Kindheit kennengelernt werden konnte, außer als Arbeitszeit und ohne gefühlsmäßige Unterstützung durch die Mütter, sprechen sie den Freunden, Männern, Ehemännern Erfahrungen zu, die sie selbst - scheinbar - nicht haben. Männer wissen, was sie wollen und wissen vor allem, sich durchzusetzen mit ihren Interessen und Erfahrungen:

> "[...] er konnte arbeiten, er war sehr intelligent, er war sehr begabt, ja Gott, sicher, - und das andere [...]" (Frau C., Jg. 1936).

> Fehler werden vor allem bei sich selbst gesucht - "[...] er war erfahren und ich war doof" (dies.).

> "[...] der konnte sich dann hier selbständig machen [...], da konnte ich erstmal keine Männer mehr sehen, da war Feierabend" (Frau M., Jg. 1935).

Die erste große Liebe geht meistens zu Bruch, weil der Freund ein Mädchen mit Geld kennenlernt:

> "Da kam eine Bauerntochter, die hatte ziemlich viel Geld an den Händen [...]" (Frau C., Jg. 1936).

> "[...] die große Liebe hatte natürlich viel Geld, der Vater war Müller und sie hat dann die Mühle geerbt [...]" (Frau M., Jg. 1935).

Enttäuschungen kommen durch die, die mehr-Geld-haben und die, die was wurden. Aber sie bieten auch die Möglichkeit der Abgrenzung durch Arbeit. Auch wer arbeiten kann, bringt es zu etwas. Allerdings bleibt in den meisten Fällen die resignative Einsicht, daß mehr möglich gewesen wäre, eine bessere Ausbildung, eine andere Stelle.

> "[...] ich hab' dann notgedrungen 'ne Stelle gekriegt, als Verkäuferin in 'ner Bäckerei. Ich hatte aber immer so die Vorstellung, ich wollte lieber so Büroarbeiten machen, aber da war gar nichts drin" (Frau M., Jg. 1935).

In den Verarbeitungformen sind die älteren Frauen 'besser' dran: Während sie alle subjektiven Erfahrungen objektivieren (können), können die nach 1930 geborenen Arbeiterfrauen sich nicht gleichermaßen auf objektive Zwänge zurückziehen. Unzufriedenheit scheint bei ihnen offensichtlicher durch:

> "[...] daß ich arbeiten mußte, das brauchte man. Bin auch gegangen" (Frau C., Jg. 1936) oder

"[...] gearbeitet hab ich als Kind schon viel. Wir waren arm [...], wir sind dann in die Trümmer und haben Steine geputzt und das war für mich als Mädchen doch 'ne harte Arbeit" (Frau M., 1935).

Einsicht in die Notwendigkeit des Arbeitens erfolgt hier oft gegen subjektive Widerstände, die allerdings in den meisten Fällen in - lebenslängliche - Lernverhinderungen münden, die ihnen als solche durchaus bewußt sind und im Rahmen ihrer Lebensgeschichte sowie im Rahmen kollektiver Erfahrungen anderer Frauen ihrer Generation reflektiert werden:

"[...] ich mußte mir praktisch alles erkämpfen [...], so die Kinder aus meiner Klasse, die sind alle in Amerika, die meisten wurden auch was" (Frau C., Jg. 1936).

"[...] weil ich ja auch die Not zu Hause sah, hatte ich sowieso gar nicht mehr den Mut, überhaupt zu sagen, 'also, ich möchte noch weitergehen zur Schule' [...]. Hab ich gedacht, 'dann gehste arbeiten, dann verdienste wenigstens schon mal etwas, dann kannste schon mal etwas zum Haushalt beitragen" (Frau W., Jg. 1937).

"Wir wollten dann auch, früher nannten sie das Mittelschule oder höhere Schule. Und wir hätten auch beide, mein Bruder und ich, das Zeug dafür gehabt [...], aber meine Mutter konnte das nicht bezahlen [...]. Ja, ich wollte gerne" (Frau M., Jg. 1935).

Die gesellschaftlichen Umstände spielen eine wichtige Rolle in diesem Zusammenhang; Mangel an Geld und an gesellschaftlichen Beziehungen. Aber von vielen werden auch hier wieder die weiblichen Familienangehörigen genannt, die Großmütter, Mütter und Tanten, die verhindern, daß sie als Mädchen eine weiterführende (Aus-)Bildung erhalten.

"Und an meine Pflegeeltern wurde auch das Ansinnen gestellt, ob ich nicht weiter zur Schule gehen sollte, und da weiß ich noch genau den Satz, den meine Tante sagte: 'Dat is'n Mädchen, die braucht nicht zur Schule, die heiratet ja mal doch!'" (Frau J., Jg 1941)

"Das hat meine Tante alles im Leben bewirkt, kein Büro, kein Internat, die hat praktisch mein Leben kaputt gemacht" (Frau C., Jg. 1936).

Für viele Frauen dieser Generation bleibt als Einsicht aus ihren Arbeitserfahrungen sowohl für sich selbst als auch für ihre Kinder, oftmals für die Töchter, die Einsicht:

> "Im Rahmen des Möglichen weiterlernen" und "[...] dann bin ich in meinem Element, deswegen bin ich zufrieden, daß ich noch lernen konnte" (Frau C., Jg. 1936).

Schluß

Die Begrenztheit der Strategien von Frauen sollte an den vorangegangenen Beispielen deutlich werden. Dennoch ergeben sich hier praktische, politische Ansätze: Es gilt, genau jene widerständigen Potentiale, jene in Zwangsverhältnissen und -verhalten der Frauen eingebauten, versteckten Kräfte von Frauen zu stärken, zu entwickeln. Widerständige Potentiale zu entwickeln, kann überhaupt nur heißen, "Frauen in den verschiedenen gesellschaftlichen Bereichen in ihrem politischen Engagement zu ermutigen und ihren Widerstand zu unterstützen. Das ist politisch und das ist radikal, aber es ist notwendig, um mit den Zumutungen dieser Welt zurechtzukommen und sich nicht weiter zurichten zu lassen" (NOTZ 1989, S. 73).

Rationalität von Frauen ist eine Form der Vernunft, die genau an diesen weiblichen Erfahrungen der Einschränkung ihrer (Körper-)Bedürfnisse, von erzwungener (Reproduktions-)Arbeit, der besonderen Art und Weise, wie Frauen die Beherrschung der Natur und der Gesellschaft durch eine männliche Rationalität und Öffentlichkeit erfahren, ansetzt. Sie ist nicht, wie die universalistische männliche Vernunft auch im Gewand der kommunikativen Rationalität, auf Konformismus und Anpassung an die herrschenden -männlichen- Werte aus, sondern auf ein kollektives Suchen nach eigenen, neuen Lebensentwürfen. Sinnliche Abstraktionen als Erkenntnismethode bedeutet: Aus den Erfahrungen heraus denken. Netzwerkartige Verknüpfungen von Erfahrungen gewährleisten tiefere komplexere Einsichten als synthetisch-begriffliche Abstraktionen, die die Wirklichkeit zurichten auf identifizierbare, verallgemeinerbare Daten.

Gerade die Klischees und Stereotypen von Frauen, die sie in ihren Lebens-Geschichten dringend brauchen, um zurecht zu kommen, können aufgelöst werden in Strategien, in denen subjektive Bestrebungen, Wünsche, Hoffnungen auf ein besseres Leben sichtbar werden.

Anmerkung

1 Das Projekt wurde von 1988-91 an der Universität GH Essen durchgeführt. Es bezog sich im intergenerativen Vergleich dreier historisch-gesellschaftlicher "Frauengenerationen" (1900-1929; 1930-1944 und 1945-1965) auf weibliche Sozialisation, Identität, "Individualisierung" und Lebensperspektiven von Frauen aus der Arbeiterklasse, indem die klassen- und geschlechtsspezifische Überlagerung in ihrer objektiven und subjektiven Dimension untersucht wurde.

Literatur

BECKER-SCHMIDT, Regina/ BRANDES-ERLHOFF, Uta/ RUMPF, Mechthild/ SCHMIDT, Beate: Arbeitsleben-Lebensarbeit. Konflikte und Erfahrungen von Fabrikarbeiterinnen. Bonn-Bad Godesberg 1983.

BECKER-SCHMIDT, Regina/ KNAPP, Gudrun-Axeli: Arbeiterkinder gestern - Arbeiterkinder heute. Bonn - Bad Godesberg 1985.

BOURDIEU, Pierre: Die feinen Unterschiede. Frankfurt/Main 1984.

BUBLITZ, Hannelore/ AHNERT, Heike/ BENNING-DEBBING, Cäcilia/ HOLLENSTEINER, Antje/ MEHLMANN, Sabine/ SUCHWALLO, Irena/ WIEGAND, Bärbel: Denk(T)Räume. Frauen (und) - Rationalität in historischer Perspektive. Dokumentation eines Symposions an der Universität GH Essen, 20.-22.10.1988. Essen 1990.

BUBLITZ, Hannelore/ MEHLMANN, Sabine/ SUCHWALLO, Irena/ WIEGAND, Bärbel: Überlebens-Arbeit und Geschlechterverhältnisse. Pfaffenweiler 1992.

DISCHNER, Gisela: Der 'neue Charakter' - Rebell gegen die Tauschgesellschaft. In: L'Invitation au voyage a Alfred Sohn-Rethel. Hg. v. Bettina WASSMANN. Bremen 1979.

HABERMAS, Jürgen: Theorie des kommunikativen Handelns, Bd. I und II. Frankfurt/Main 1981.

ders.: Vorstudien und Ergänzung zur Theorie des kommunikativen Handelns. Frankfurt/Main 1984.

ders.: Der philosophische Diskurs der Moderne. Frankfurt/Main 1986.

MAIHOFER, Andrea: Ansätze zur Kritik des moralischen Universalismus. Zur moraltheoretischen Diskussion um Gilligans Thesen zu einer "weiblichen" Moralauffassung. In: Feministische Studien, 6 (1988), H. 1, S. 32-52.

KNAPP, Gudrun-Axeli: Die vergessene Differenz. In: Feministische Studien, 6 (1988), H. 1, S. 12-31.

KULKE, Christine (Hrsg.): Rationalität und sinnliche Vernunft. Frauen in der patriarchalen Realität. Berlin 1985.

KULKE, Christine: Von der instrumentellen zur kommunikativen Rationalität patriarchaler Herrschaft. In: dies., 1985, S. 55-70.

KONTOS, Silvia/ WALSER, Karin: "weil nur zählt, was Geld einbringt". Gelnhausen 1979.

NADIG, Maya: Zur ethnopsychoanalytischen Erarbeitung des kulturellen Raums der Frau, in: Psyche, 40 (1986), Nr. 34, S. 193-219.

MÜLLER, Rudolf Wolfgang: Geld und Geist. Zur Entstehung von Identitätsbewußtsein und Rationalität seit der Antike. Frankfurt/Main 1977.

NEGT, Oskar/ KLUGE, Alexander: Öffentlichkeit und Erfahrung. Frankfurt/Main 1972.

diess.: Geschichte und Eigensinn. Frankfurt/Main 1982.

NOTZ, Gisela: Seiltanzen - oder die Verhältnisse zum Tanzen bringen. Ambivalenzen, Widersprüche, Vielfalt und Verschiedenartigkeit - Versuch einer Auseinandersetzung mit 'neuen'

Begrifflichkeiten. In: Beiträge zur feministischen Theorie und Praxis, 12 (1989), H. 24, S. 65-76.

NUNNER-WINKLER, Gertrud: Gibt es eine weibliche Moral? In: HALLER, Max/ HOFFMAN-NOWOTNY, Hans-Joachim/ ZAPF, Wolfgang: Kultur und Gesellschaft. Verhandlungen des 24. Deutschen Soziologentags, des 11. Österreichischen Soziologentags und des 8. Kongresses der Schweizerischen Gesellschaft für Soziologie in Zürich 1988. Frankfurt/Main; New York 1989, S. 165-178.

PRENGEL, Annedore: Schulversagerinnen. Versuch über diskursive sozialhistorische und pädagogische Ausgrenzungen des Weiblichen. Giessen 1986.

PROKOP, Ulrike: Weiblicher Lebenszusammenhang. Von der Beschränktheit der Strategien und der Unangemessenheit der Wünsche. Frankfurt/Main 1976.

SCHMIDT-WALDHERR, Hiltraud: Die "Entbindung der Vernunft"? Zur Habermas'schen "Theorie des kommunikativen Handelns". In: KULKE, 1985, S. 45-54.

SCHULTZ, Irmgard: Deutschland - oder die Antiquiertheit meines Moralempfindens. In: Beiträge zur feministischen Theorie und Praxis, 13 (1990), H. 28, S. 39-43.

WEISSHAUPT, Brigitte: Überlegungen zur Diskursethik von Jürgen Habermas. In: ANDREAS-GRISEBACH, Manon/ WEISSHAUPT, Brigitte (Hrsg.): Was Philosophinnen denken, Bd. II. Zürich 1986, S. 238-248.

ZWISCHEN RESIGNATION UND AUFBEGEHREN

Frauen, Armut und Hunger im vorindustriellen Europa

Claudia Ulbrich

Hunger, Not und Elend gehörten in vielen europäischen Ländern bis weit ins 19. Jahrhundert hinein zur Alltagserfahrung vieler Menschen[1]. Hatten viele seit der 2. Hälfte des 16. Jahrhunderts nicht ausreichend zu essen, so brach das Versorgungssystem in Krisenzeiten vollends zusammen. Allein für die Periode zwischen 1700 und 1850 wurden in den europäischen Ländern elf große Hungersnöte registriert. Die Zahl ihrer Opfer war Legion. Weniger auffällig war der chronisch-endemische Hunger, der "häufig als schwächende, im äußersten Falle als wahnsinn- und todbringende Krankheit erfahren und interpretiert" wurde (MEDICK 1985, S. 43). Nach Auffassung des italienischen Kulturhistorikers Piero CAMPORESI war der Hunger ein so zentrales Problem, daß die Notwendigkeit, ihn zu stillen, viele Menschen mehr beschäftigte als Politik, Religion, bestimmte Ideen oder die Sexualität. Chronische Unterernährung fördert, so argumentiert er, Bewußtseinsveränderungen und "bietet eine Erklärung für das Auftreten massenhafter Delirien, Trancezustände und Ausbrüche von Tanzwut, von denen oft ganze Gemeinden und Dörfer erfaßt wurden" (CAMPORESI 1990, S. 11).

CAMPORESI hat mit seiner Deutung der europäischen Vergangenheit ein Thema angesprochen, das im historischen Bewußtsein der hiesigen Überflußgesellschaft ein Tabu ist. Anthropophagie und massenhafte Rauschzustände sind Phänomene, die mit entfernten und "primitiven" Gesellschaften assoziiert werden, nicht aber mit dem Überlebenswillen Europas vor drei bis vier Jahrhunderten.

Die historische "Hungerforschung" konzentriert sich bis heute wesentlich darauf, die Ursachen des Hungers und die Bedingungen für seine Überwindung herauszufinden. Sie hat dabei weit mehr die großen Krisen als den chronisch-endemischen Hunger der Armen im Blick. Eines ihrer wichtigsten Anliegen besteht darin zu überprüfen, inwieweit sich aus der historischen

Perspektive Problemlösungen zur Überwindung des Hungers in der Dritten Welt andeuten. Verschiedenen Untersuchungen ist es gelungen, nachzuweisen, daß einerseits die jeweiligen Krisen in vielen Aspekten vergleichbar sind, daß andererseits die Bewältigung des Hungers in Europa unter Bedingungen stattfand, die der Dritten Welt nicht zur Verfügung stehen. Erinnert sei nur an die Möglichkeit der europäischen Bevölkerung, "seit dem 16. Jahrhundert in langsam, seit dem 19. Jahrhundert in stürmisch ansteigendem Maß... von der Ausplünderung großer Teile der Welt zu profitieren" (PALLACH 1986, S. 383).

Ein von der Hungerforschung weitgehend vernachlässigter Aspekt ist die Frage nach der Geschlechtsspezifik der europäischen Hungertradition. Sie soll im folgenden im Spannungsfeld von Resignation und Aufbegehren diskutiert werden. Ein erster Abschnitt befaßt sich ganz allgemein mit Hunger, Hungerkrisen und den Versuchen der Hungerbewältigung im frühneuzeitlichen Europa. Eine Antwort auf die Frage, ob Frauen in anderem Maße als Männer vom Hunger betroffen waren, wird in einem zweiten Kapitel durch Rückgriff auf einige Ergebnisse der Armutsforschung versucht. Dieses soll überleiten zu einer abschließenden Skizzierung der unzähligen Hungerunruhen, die einzelne europäische Länder seit dem 16. Jahrhundert in zunehmender Intensität erschütterten.

Hungerkrisen

Spätestens seit der Mitte des 16. Jahrhunderts reichte die Nahrungsdecke in Europa nicht mehr aus, um alle Menschen ausreichend zu ernähren. Es begann ein Prozeß wachsender "Verarmung der von ihrer Hände (und Köpfe) Arbeit lebenden Menschen" (ABEL 1976, S. 20). Trotz einer Umstellung der Ernährungsgewohnheiten auf Pflanzenkost lebten immer mehr Menschen am Rande des Existenzminimums. Vorsichtigen Schätzungen zufolge belief sich ihr Anteil auf 1/4 bis 1/5 der Gesamtbevölkerung, doch sind erhebliche räumliche und zeitliche Schwankungen in Rechnung zu stellen. Die Armen waren chronisch unterernährt. Ihre Ängste und Phantasien umkreisten ständig das gleiche Thema: Das tägliche Brot. Schon eine geringfügige Teuerung, ein feuchter Sommer, eine schlechte Ernte oder ein besonders kalter Winter konnten für sie den Tod bedeuten.

Als im südfranzösischen Viverais 1586 die Ernte ausblieb, war der Hungertod für viele Menschen zur entsetzlichen Realität geworden. Wie immer war die Versorgungslage auf dem Land wesentlich schlechter als in der Stadt, denn die Bauern mußten ihre Erzeugnisse unter Preis an die Herrschaft abgeben, während die Städter hoffen konnten, daß ihnen das Nötigste aus den vorsorglich angelegten Getreidespeichern zugeteilt würde. Auf dem Lande waren viele "gezwungen," so berichtet ein zeitgenössischer Beobachter," sich von Eicheln, wilden Wurzeln, von Farnkraut, Traubenrückständen und im Herd getrockneten Traubenkernen zu ernähren, die sie mahlen, um daraus Brot zu backen ebenso wie von Fichten und anderen Baumrinden, von Nuß- und Mandelschalen, von alten Dachziegeln und Backsteinen, die sie mit etwas Gersten-, Hafer- oder Kleiemehl vermischten" (LE ROY LADURIE 1985, S. 221). Das Brot, das sie buken, mag den Hunger für wenige Stunden überspielt haben, genährt hat es bestenfalls die verzweifelte Hoffnung bis zur nächsten, vielleicht besseren Ernte zu überleben. Wie so oft folgte dem Hunger des Jahres 1586 die Pest, der wiederum viele Menschen zum Opfer fielen.

Die Hungersnot im Viverais entspricht dem Muster der klassischen Krisen vom "type ancien régime", das für Frankreich und Deutschland von Ernest LABROUSSE (BRAUDEL/LABROUSSE 1970) und Wilhelm ABEL (1986, S. 31ff.) beschrieben worden ist. Auslöser der meisten Hungersnöte waren demzufolge witterungsbedingt schlechte Ernten. Die Produktionsausfälle beeinträchtigten die Nahrungsversorgung: Die Preise für Lebensmittel stiegen an. Die Mehreinnahmen kamen in der Regel nicht den Bauern, sondern den Feudalherren, deren Pächtern oder Getreidespekulanten zugute. Während sich einige wenige bereicherten, mußten die meisten Verbraucher einen so großen Teil ihres Lohnes für Nahrungsmittel ausgeben, daß für die Güter des "gehobenen Bedarfes" so gut wie nichts übrig blieb. Der Absatz zahlreicher Gewerbe kam ins Stocken. Damit schloß sich der Teufelskreis. Viele Lohnabhängige wurden arbeitslos, andere mußten ein Sinken ihrer Reallöhne hinnehmen. Wenn das Geld nicht mehr ausreichte, um die nötigen Nahrungsmittel zu beschaffen, begann die Suche nach alternativen Nahrungsmöglichkeiten. Wo das ökologische Umfeld es erlaubte, konnten sich die Hungrigen wenigstens eine Zeitlang von wildwachsenden Pflanzen ernähren. Während längerer Hungersnöte begann jedoch eine verzweifelte Suche nach allem Eßbaren (vgl. DRURY 1984, S. 43). Sie endete allzu oft mit dem Verzehr ungeeigneter, krankmachender oder mit Tabu belegter Speisen. Gerade von der langen Krise am Ende des 16. und zu Beginn des 17. Jahrhunderts, die mit dem Höhepunkt der Hexenverfolgungen zusammenfiel, haben wir viele Hinweise darauf, daß Menschen sich von Menschenfleisch ernährten, daß sie Erde, Baumrinde und Kadaver von toten Tieren aßen oder wie eine in Lothringen hingerichtete Frau nicht einmal das Leben ihres Kindes schonten (vgl. DELUMEAU 1985, S. 228ff.).

Hungerkrisen mit all ihren Folgeerscheinungen, der Zunahme der Sterblichkeit, der Fehlgeburten und der Seuchenanfälligkeit waren im vorindustriellen Europa häufig. In Extremfällen wie der Teuerungskrise der Jahre 1571/74 und der großen Hungersnot von 1771 dehnten sie sich über weite Teile des Kontinents aus. Besonders schwer waren Mißernten und Hungersnöte in Südeuropa und in manchen Gebieten Frankreichs. England scheint weniger krisenanfällig gewesen zu sein. In Deutschland hatte nach allem, was wir wissen, der dreißigjährige Krieg, der von entsetzlichen Hungersnöten und Seuchen begleitet war, eine verheerendere Wirkung als witterungsbedingte Krisen. Der seit dem 16. Jahrhundert ständig zunehmende Bevölkerungsdruck wurde hier noch einmal unterbrochen.

Für die unterschiedliche Krisenanfälligkeit in einzelnen Regionen ist ein Wechselspiel komplexer Faktoren verantwortlich, das man kaum verallgemeinernd darstellen kann. Die Produktivität der Landwirtschaft, Transportmöglichkeiten und die Effektivität der Armenfürsorge müssen ebenso in Rechnung gestellt werden wie die "Praktiken herrschaftlich-staatlicher Abschöpfung" (MEDICK 1985, S. 39). Ein viel zu wenig beachteter Bereich stellt darüber hinaus das ökologische Umfeld dar: In wald- und wasserreichen Gebieten gab es zum einen umfangreiche Möglichkeiten alternativer Ernährung, zum anderen kam dem Wald die Funktion eines "ökonomischen Puffers" zu (WIRTZ 1985, S. 44). Die Möglichkeit, in Notzeiten mehr Holz als üblich zu schlagen und zu verkaufen, befähigte zumindest in Deutschland viele Gemeinden, flexibel auf Krisen zu reagieren. Die ökonomisch-ökologische Bedeutung des Waldes war jedoch vom Umfang der Nutzungsrechte abhängig. Sie war tendenziell rückläufig. Die seit dem 16. Jahrhundert zahlreich erlassenen Forstordnungen erlaubten den Armen oft nicht einmal, eine Ziege zu halten, um die notwendige Milch zu bekommen. Ist dieses Verbot noch aus ökologischen Gründen einsichtig, um den aufwachsenden Wald vor Schäden zu bewahren, so dienten die zahlreichen Verbote, im Wald Früchte zu sammeln, hauptsächlich herrschaftlichen Jagdinteressen. Sie beeinträchtigten nicht nur die Quantität, sondern auch die Qualität der Nahrung erheblich. Darüber hinaus ist zu vermuten, daß mit der Einschränkung der Waldnutzung die - wohl dominant weiblichen - Kenntnisse über die eßbaren Pflanzen zurückgingen, so daß in Zeiten der Getreideknappheit das Risiko, ungenießbare, berauschende oder krankmachende Speisen zu verarbeiten, stieg.

Ihre Bedrohlichkeit entwickelten Hungerkrisen nicht zuletzt im Zusammenhang mit demographischen Faktoren. Ein langanhaltender Bevölkerungsanstieg, wie wir ihn in den meisten europäischen Ländern seit dem 16. Jahrhundert beobachten können, konnte nur dann aufgefangen werden, wenn er mit einer entsprechenden Steigerung der Produktivität verbunden war. In einer langen Phase des Übergangs war das Gleichgewicht zwischen Nahrungsplafond und Bevölkerungswachstum in den einzelnen europäischen Ländern aber so labil, daß Mißernten häufig zu Katastrophen führten, zumal die Möglichkeiten der Nahrungsmittelbevorratung und des Transportes im Vergleich zu heute sehr begrenzt waren.

Erheblich verstärkt wurde die Krisenanfälligkeit durch sehr komplexe Entwicklungen im politisch-sozialen Bereich. Neben zahlreichen Kriegen gefährdete die in der Ständegesellschaft strukturell verankerte mangelnde Verteilungsgerechtigkeit das Überleben vieler. Dies hieß freilich nicht, daß man Menschen einfach verhungern lassen durfte. Sowohl das christliche als auch das naturrechtliche Denken kannten einerseits eine Fürsorgepflicht für den Nächsten, andererseits das Recht eines jeden einzelnen auf Nahrung (vgl. BLICKLE 1988, S. 73ff.). Nach der Auffassung von Theologen und Juristen war das Stehlen in äußerster Not erlaubt. Hungerleidende konnten aber auch auf offizielle Unterstützung rechnen. In Altbayern war der Anspruch auf Nahrung bzw. Existenz über das Prinzip der "Hausnotdurft" abgesichert. Diese war, so das Fazit der Forschungen von Renate BLICKLE, "eine gesamtgesellschaftlich akzeptierte, von den Ständen sich prinzipiell gegenseitig zuerkannte grundlegende Norm, die als "höheres" Prinzip hinter praktischen Gerichtsurteilen und theoretischen Gerechtigkeitsvorstellungen stand" (BLICKLE 1987, S. 64).

In Frankreich stellten sich die Behörden in Zeiten der Not auf die Seite der Armen. Sie schützten vor allem die rebellierenden städtischen Unterschichten, taxierten das Brot, denunzierten Spekulanten und bestraften Getreidehändler. Mit diesen Maßnahmen versuchten sie zu erreichen, daß das Brot seinen billigen Preis behielt. Im 18. Jahrhundert wurde diese Praxis aufgegeben. Die widerrechtliche Aneignung von Nahrungsmitteln galt nun als Diebstahl, "der von menschlichen und göttlichen Gesetzen mißbilligt wird" (HUNECKE 1978, S. 318). Diese Auffassung beruhte auf dem sich damals herausbildenden bürgerlichen Eigentumsbegriff, der als ein absolutes, uneingeschränktes Recht verstanden wurde. Er löste eine ältere Konzeption des sozialen Rechtes ab, die die gerechten Bedürfnisse der Gemeinschaft dem Eigentum überordnet. Noch in der französischen Revolution, als längst andere Prinzipien den Markt bestimmten, wurden das ältere Recht auf Leben und das Recht auf Brot verteidigt. Robespierre formulierte diesen Anspruch in seiner Rede über die Ernährung am 2. Dezember 1792 folgendermaßen: "Das vornehmste aller Rechte ist das zu leben; oberstes Gesetz der Gesellschaft ist mithin jenes, das allen Mitgliedern der Gesellschaft die Mittel zum Leben garantiert, alle andern sind ihm untergeordnet" (SOBOUL 1978, S. 83).

Auch in England finden wir den grundsätzlichen Anspruch auf Nahrung und gerechte Preise. Er wurde hier von den Armen hartnäckig eingeklagt, wobei diese offensichtlich an ein paternalistisches Gesellschaftsmodell und an Vorstellungen vom Gemeinwohl anknüpften, die ihre Gültigkeit im 18. Jahrhundert weitgehend verloren hatten. E. P. THOMPSON hat diese Vorstellungen im Konzept der "moral economy of the poor" in ein System gebracht. Er stellte fest, daß sich die Lebensmittelunruhen des 18. Jahrhunderts im Rahmen eines volkstümlichen Konsenses darüber bewegten,

> "was auf dem Markt, in der Mühle, in der Backstube usf. legitim und was illegitim sei. Dieser Konsens wiederum beruhte auf einer in sich geschlossenen, traditionsbestimmten Auffassung von sozialen Normen und Verpflichtungen und von den angemessenen wirtschaftlichen Funktionen mehrerer Glieder innerhalb des Gemeinwesens. Zusammengenommen bildeten sie das, was man die "moralische Ökonomie der Armen, die 'moral economy of the poor' nennen könnte" (THOMPSON 1980, S. 69f.).

Ähnliche Vorstellungen finden sich auch in Deutschland. Sie sind hier noch am Beginn des 19. Jahrhunderts mit der Erwartung verknüpft, daß der Landesvater oder die Landesmutter in angemessenem Umfang für die Untertanen, die Landeskinder, sorge. Hier nahmen Frauen zusammen mit ihren Männern noch lange das Recht für sich in Anspruch, lebensnotwendige Nahrungsmittel für sich und ihre Familie an sich zu nehmen, wenn die Obrigkeit die Armen nicht gehörig unterstützt (vgl. BINDER 1986, S. 88 -110). Damit verteidigten sie implizit den Gedanken des sozialen Rechtes, der der entstehenden kapitalistischen Gesellschaft fremd geworden war.

Die von Hunger massiv bedrohten europäischen Länder hatten, so das Fazit dieser Skizze, umfangreiche Schutzmechanismen entwickelt, die das Überleben jedes einzelnen sichern sollten. Sie galten Frauen und Männern gleichermaßen, wurden aber seit dem 18. Jahrhundert zunehmend in Frage gestellt. Ungeachtet aller Bemühungen um Vorsorge erwiesen sich die beschriebenen Mechanismen in Krisenzeiten als unzulänglich. Wurde das Brot knapp und teuer, waren vor allem die Armen vom Hungertod bedroht.

Einen Einblick in die Hoffnungslosigkeit der Bedürftigen vermittelt der Bericht des Italieners Pompeo Vinzani aus dem Jahre 1608 über eine mehrere Jahre andauernde Hungersnot, die seine Heimatstadt Bologna heimgesucht hatte:

> "Man fand jetzt niemanden mehr, der zu Hause Getreide hatte, um Brot für seine Angehörigen zu machen. Und mit all dem, was der Senat und viele einzelne Bürger an jeder möglichen Bemühung aufwendeten, um auswärts Getreide aufzufinden und herbeischaffen zu lassen, konnte man nicht verhindern, daß in der Stadt und selbst in den öffentlichen Straßen an die zehntausend Arme und in der ganzen Umgebung bis hinaus in die ländlichen Gebiete mehr als dreißigtausend Bauern an Hunger starben. Und die Reichen konnten sie wegen des allzugroßen Mangels mit ihren großzügigen Almosen nicht versorgen. Und oftmals standen die Unglücklichen, vom Hunger getrieben, vor der Notwendigkeit, nicht nur Brot aus jeder Art von Hülsenfrüchten und Kleie zu essen, sondern auch aus Gräsern und jeder Art Unrat, wie sehr er auch von den menschlichen Sinnen verabscheut wird ..." (CAMPORESI 1990, S. 108f.)

Vinzanis Bericht faßt noch einmal wesentliche Aspekte zusammen: Vor dem Hunger gab es keine Gleichheit. Er bedrohte die Armen ungleich stärker als die Reichen, die Menschen auf dem Land mehr als die Bedürftigen in der Stadt, die bis zu einem gewissen Grade auf die Unterstützung der Reichen hoffen konnten. Gelang es der städtischen Obrigkeit nicht, die Nahrungsmittelknappheit durch auswärtige Getreideaufkäufe zu mindern, weitete sich die Hungerkrise für die Armen sehr schnell zu einer Hungerkatastrophe aus. Sie brachen alle Tabus, die bezüglich menschlicher Ernährung bestanden, und trotzdem starben sie zu Tausenden. Kinder und alte Menschen waren, so scheint es, als erste bedroht. Eine hungerbedingte "Übersterblichkeit" von Frauen läßt sich in den uns vorliegenden Quellen und Untersuchungen nicht feststellen. Sie würde sorgfältige geschlechtsspezifische quantitative Langzeitauswertungen voraussetzen, die bislang nicht vorliegen.

Wie bereits eingangs erwähnt, reicht es freilich nicht aus, Hunger nur im Kontext von Hungersnöten zu analysieren. Hungersnöten geht eine lange

Phase der Verarmung eines Teiles der Gesellschaft voraus. Die Armen waren auch in Zeiten ausreichender Lebensmittelversorgung von chronischer bzw. saisonaler Lebensmittelknappheit bedroht. Nur wenige hatten von einer Ernte bis zur nächsten ausreichend zu essen. Waren die eigenen Vorräte aufgebraucht, so mußte Getreide gekauft werden. War das Getreide knapp und teuer, mußten viele versuchen, sich von wildwachsenden Pflanzen zu ernähren, die in einigen Regionen Europas reichlich vorhanden waren. Susan DRURY (1984, S. 43) vermutet, daß den Hungrigen in Schottland und Irland 100 - 200 verschiedene Pflanzen zur Verfügung standen. Von diesem Reichtum der Natur konnte natürlich nur profitieren, wer über entsprechende Kenntnisse verfügte.

Wenn wir auch bislang keine ausreichenden Informationen über die Nahrungszubereitung haben, so können wir doch davon ausgehen, daß das Sammeln von genießbaren Pflanzen und die Zubereitung der Nahrung aus Samen, Früchten, Blättern, Halmen, Rinden oder Wurzeln eine äußerst schwierige und mühevolle Aufgabe war, die hauptsächlich in der Verantwortung der Frauen lag. Soweit sie Zugang zu den natürlichen Ressourcen, zu Wasser, Wald und Weide hatten, dürften sie den Hunger zunächst einmal in Form einer erheblich höheren Arbeitsbelastung gespürt haben. Fehlte die Möglichkeit, Ersatznahrung zu kaufen oder zu beschaffen völlig, war oft der Bettel der letzte Ausweg.

Hungerleidende: Ansätze einer geschlechtsspezifischen Analyse

Armut und Hunger hängen eng zusammen. Deshalb scheint es gerechtfertigt, die Frage nach der Geschlechtsspezifik des Hungers zunächst einmal vom Armutsproblem her anzugehen. Armut war, darin besteht in der Armenforschung ein Konsens, "nicht nur ein berufsspezifisches, sondern auch ein geschlechtsspezifisches Merkmal" (FISCHER 1979, S. 77). Einen Einblick in die Soziologie der Armut gewährt die Betrachtung der Löhne und der Armenunterstützung.

Dank einer sorgfältigen Untersuchung von LE ROY LADURIE (1985, S. 124ff.) sind wir ungewöhnlich gut über die Lohn- und Preisentwicklung in Südfrankreich informiert. Für das Languedoc konnte er nachweisen, daß Frauen Hauptopfer der im 16. Jahrhundert einsetzenden Pauperisierung der Löhne waren. Bekamen die Landarbeiterinnen am Ende des Mittelalters noch 50% des männlichen Lohnes und in Zeiten knapper Arbeitskräfte erheblich mehr, so mußten sie sich am Ende des 16. Jahrhunderts mit 37% und weniger begnügen. Eine ähnlich negative Entwicklung nahmen auch die Ammenlöhne.

In Deutschland war die Situation ähnlich. Hier wurden im 16. Jahrhundert Frauen aus vielen Berufen verdrängt, aus den Zünften ausgeschlossen und schlechter bezahlt als Männer (vgl. ULBRICH 1992). Als Ursache der inflationären Entwicklung der Frauenlöhne verweist LE ROY LADURIE auf das Überangebot an weiblichen Arbeitskräften, das seinerseits wieder erklärungsbedürftig wäre. Die Vermutung liegt nahe, daß die größere Mobilität von Männern, die sich als Wanderarbeiter oder Söldner verdingen oder ein Leben als Nichtseßhafte führen konnten, das Angebot männlicher Arbeitskraft erheblich reduzierte, Männerarbeit also teuerer machte. Gekoppelt war der Frauenniedriglohn mit der Unsicherheit des Arbeitsplatzes. Frauen wurden hauptsächlich in zeitlich befristeten Beschäftigungsverhältnissen, der saison- und wetterabhängigen Tagelohnarbeit eingestellt, wo sie als Billigstarbeitskräfte bis ins 18. Jahrhundert eine führende Stelle einnahmen. Bei sinkender Nachfrage waren Frauen und Kinder die ersten, die ihren Arbeitsplatz verloren. Der Lohn der Frauen reichte häufig selbst in normalen Zeiten nicht aus, das Überleben zu sichern, und es war keineswegs so, daß alle Frauen durch Ehe oder Familie versorgt waren. Vor allem Töchter aus armen Familien waren von ihrer frühen Jugend an bis ins heiratsfähige Alter gezwungen, ihren Lebensunterhalt selbst zu verdienen. Verheiratete Frauen mußten sich oft mit der bitteren Wahrheit abfinden, daß ihre Ehe auf nicht legale Weise ein vorzeitiges Ende fand, weil der Ehemann die Familie "böswillig" verlassen hatte. Die Zahl der alleinstehenden, verheirateten Frauen ist schwer abzuschätzen, doch deutet der Umstand, daß 1570 "in der englischen Stadt Norwich 8% aller Frauen im Alter zwischen 31 und 40 Jahren verlassene Ehefrauen" waren, darauf hin, daß das Phänomen nicht unterschätzt werden sollte (KING 1990, S. 293f.).

Für viele Frauen stellte die Prostitution, die in den Mittelmeerländern im 16. Jahrhundert trotz zahlreicher Verbote weit verbreitet war, der einzige Ausweg aus der Not dar. Auch im deutschsprachigen Raum arbeiteten Frauen oft zu Hungerlöhnen, die sie zu zusätzlichem Erwerb durch Prostitution zwangen und sie der damit verbundenen gesellschaftlichen Ächtung aussetzten. Der Verlust der sexuellen Integrität war häufig begleitet vom Verlust der weiblichen Ehre und damit der Erwerbs- und Arbeitsmöglichkeiten. Er scheint, so vermutet Brigitte SCHNEGG, "stets eines der vorrangigen Armutsrisiken für Frauen gewesen zu sein" (1989, S. 13f.).

Oft war die Inanspruchnahme der Armenfürsorge der einzig ehrbare Ausweg aus der Not. Aufgrund ihrer minderen Rechtsstellung und sich verfestigender Rollenbilder konnten Frauen offensichtlich leichter als Männer die Anerkennung als unterstützungswürdige Arme finden. Die bislang nur punktuell vorliegenden Untersuchungen über die geschlechtsspezifische Verteilung von Armut weisen durchgängig einen überdurchschnittlichen Anteil von Frauen unter den Almosenempfängern auf. Er liegt im Schnitt bei 66% (vgl. SCHNEGG 1989, S. 13ff.).

Das Heer der Nichtseßhaften läßt sich quantitativ nicht erfassen. Viele Indizien sprechen aber dafür, daß Vagantentum eine dominant männliche Angelegenheit war. An erster Stelle der unterstützungsbedürftigen Armen werden Mütter genannt, die noch Kinder zu versorgen haben, deren Männer gestorben, umgekommen oder entlaufen sind. "Armut", schreibt Olwen HUFTON, "wirkt wie eine Säure: sie zerfrißt zwischenmenschliche Beziehungen oder löst sie ganz auf. Für einen Vater aber war es leichter, sich der Familie zu entziehen als für eine Mutter. Er konnte auf dem Nachhauseweg einen Abstecher in die Kneipe machen, um sich mit billigem Fusel gegen den Anblick häuslichen Elends und hungriger Kinder zu betäuben, und es war für ihn auch einfacher, sich ganz aus dem Staube zu machen, im Anschluß an auswärtige Saisonarbeit für immer zu verschwinden" (1984, S. 138).

Wir müssen wohl davon ausgehen, daß sich mit der Zunahme der Lohnarbeit und der Öffnung der Schere zwischen weiblichen und männlichen Löhnen die Ernährungssituation der lohnabhängigen Frauen der unteren Schichten verschlechterte, zumal diese Entwicklung auf dem Lande verstärkt wurde durch die gleichzeitige Einschränkung der Waldnutzungsrechte. Indem der Lohn für die Sicherstellung der Ernährung wichtiger wurde als die unmittelbare Nutzung des Landes im Rahmen der Subsistenzwirtschaft mußte die Arbeitskraft des besserverdienenden Mannes notfalls auf Kosten der Frau erhalten werden. In diese Richtung deutet auch die Aussage eines französischen Pfarrers aus dem 18. Jahrhundert. "Frauen", so schrieb er "sterben nicht als erste, doch sie spüren den Hunger zuerst, weil sie sich das Brot vom Munde absparen, um Mann und Kinder zu ernähren" (HUFTON 1984, S.51). Ihre Aufopferungsbereitschaft hängt sicherlich nicht nur mit Mütterlichkeit zusammen, sondern auch mit der gesellschaftlich verantworteten geschlechtsspezifischen Lohngestaltung und Armenpolitik, die einerseits Frauen extrem benachteiligte, ihnen andererseits eher als den Männern Unterstützung gewährte. Die Gefahr, von der Selbstversorgerin zur Almosenempfängerin abzusteigen, war für Frauen aufgrund ihrer niedrigen Löhne besonders hoch. Sie dürfte ein wichtiger Impuls im Kampf um die Nahrung und gerechte Preise gewesen sein.

Hungerunruhen

Hungerunruhen, Brotkrawalle, Teuerungs- oder Getreidepreisrevolten stellten zumindest in Frankreich und England seit dem Ende des 17. und im 18. Jahrhundert die typischste Form kollektiver Aktion der Volksmassen dar[2]. Ihr Höhepunkt fällt in die Periode des Übergangs von der vorkapitalistischen zur kapitalistischen Wirtschaftsordnung und der Ausbildung nationaler Staaten (vgl. TILLY 1985, S. 143). Allein zwischen 1660 und 1737 gab es in England 56 Aufstände, 84 wurden 1740, mehr als 140 in der Krise der Jahre 1756/57 und über 170 im Jahr 1760 gezählt (vgl. ROOT 1990, S. 172). In Frankreich spitzte sich der Konflikt um das tägliche Brot während der Französischen Revolution, die von zahlreichen Hungerunruhen begleitet und vorangetrieben wurde, zu. Das wohl bekannteste Ereignis ist der Marsch von Tausenden von Frauen nach Versailles am 5./6. Oktober 1789. Etwas später setzte die Entwicklung in Deutschland ein: Brotkrawalle kulminierten hier in der Zeit zwischen 1790 und 1850 (vgl. HERZIG 1988, S. 22f.).

Ein wesentliches Merkmal der Brotunruhen war die maßgebliche Beteiligung von Frauen. BERCÉ stellte fest, daß an 6 von 31 französischen Revolten ausschließlich Frauen teilgenommen hatten (1974, S. 83f.). Für England beobachtete E. P. THOMPSON, daß Frauen sehr oft die InitiatorInnen von Krawallen waren (1980, S. 106). Auch in Deutschland und der Schweiz finden wir Frauen an der Spitze von Brotrevolten. Beispiele aus der Zeit der großen Hungersnot der Jahre 1770/71 sind der Pfullinger Markttumult (ZIMMERMANN) und der Basler Küchli-Krieg (vgl. BRAUN, S. 256ff.).

HUFTON möchte Hungerunruhen mit Blick auf Frankreich als "eigentlich mütterliches Terrain" ansehen (1984, S. 142). Wenn die Nahrung nicht ausreichte, nahmen sich Frauen das Recht, zum Aufruhr überzugehen. Bestraft wurden sie nur, wenn sie bei der Nahrungsbeschaffung Gewalt gegen Personen angewendet oder Eigentum beschädigt hatten. Hausfrauen, so auch die Auffassung von Michelle PERROT, "überwachen die Preise, sind aufmerksam gegenüber der kleinsten Änderung und aktzeptieren - als Verhängnis der Natur - nur saisonbedingte Preisanstiege. Bei übertriebener Teuerung jedoch rebellieren sie" (1984, S. 78). Die Wut der meist weiblichen Rebellen richtete sich gegen die Händler, Bäcker und Müller. Familienmütter, alte Weiber und junge Frauen verhinderten gemeinsam Getreideexporte und setzten Preise fest. Sie wachten darüber, daß Versorgungsengpässe nicht zu ungerechtfertigten Preissteigerungen führten. Ihre stärkste Waffe war ihre Stimme. Mit lautem Gezeter, aber auch mit den Waffen des Marktes forderten sie den gerechten Preis ein.

Die Beteiligung von Frauen an Hungerunruhen ist so auffällig, daß manche Forscher die führende Rolle der Frauen in Lebensmittelrevolten sogar als eines ihrer wesentlichen Merkmale ansehen möchten. Angesichts dieser Beobachtung stellt sich die Frage, ob Hungerunruhen Symptom einer beginnenden Emanzipation der Frauen sind, ihrer Teilnahme am öffentlichen Leben, ihrer Bereitschaft und Fähigkeit, für ihre Interessen und die ihrer Familie einzutreten? Die Antwort auf diese Frage fällt nicht leicht, doch nach den Ausführungen über die Entwicklung der Armut und der Lohnschere haben wir allen Grund, skeptisch zu sein.

Zunächst einmal ist festzuhalten, daß zwischen Hunger bzw. Hungersnöten und Hungerunruhen kein unmittelbarer Zusammenhang besteht, daß Aufstände vielmehr gerade in jenen Gebieten am seltensten stattfanden, die den meisten Hunger gelitten hatten. Ohne Zweifel konnten Hunger, die Angst vor dem Hunger, ein fehlendes bzw. sehr teueres Angebot auf dem Markt und Lebensmittelexporte Unruhen auslösen, doch müssen wir uns davor hüten, gesellschaftliche Vorgänge als einfache Reiz-Reaktions-Modelle zu erklären. Die Ursachen der Getreidepreisrevolten sind komplexer. Nicht eine "Rebellion des Bauches", sondern die Verteidigung traditioneller Rechte und Gebräuche trugen nach der bereits oben skizzierten Auffassung von Edward THOMPSON die englischen Lebensmittelunruhen des 18. Jahrhunderts. Ähnliche Wertvorstellungen lagen auch den französischen Aktionen der Masse zugrunde. Auch hier ging es nicht allein um konkret erfahrenen Hunger, sondern auch um die Überwachung der Preise und die Durchsetzung von sozialen Normen.

Die skizzierten Hungerunruhen der Übergangsphase waren primär eine Form städtischen Protestes. Sie dienten weit mehr den Interessen der städtischen Konsumenten, die vor allem in Frankreich ein bedeutender Machtfaktor waren, als denen der Landbewohner. Wie wir bei der Betrachtung des Hungerproblems und der Lohnentwicklung zeigen konnten, waren aber diese ungleich stärker von Armut und Hunger betroffen als die in der Stadt lebenden Menschen. Die maßgeblich von Frauen angeführten Hungerunruhen sind somit bereits Symptom einer mehrfach gespaltenen Welt, einer Welt, die sich anschickte, zwischen Hungrigen und Satten, Armen und Reichen, Konsumenten und Produzenten, Stadt und Land, Frauen und Männern immer tiefere Gräben zu ziehen. Nahrung aber war ursprünglich ein Prinzip, das von beiden Geschlechtern verteidigt wurde, das sich nicht geschlechtsspezifisch aufteilen ließ. Bis zu einem gewissen Grade spiegeln auch die Hungerunruhen die gemeinsame Verantwortung wider.

Gegen die in der Literatur lange vorherrschende Auffassung einer weiblichen Dominanz in Brotkrawallen wurden ernsthafte Bedenken vorgetragen: "Hence the feminine food riot is a myth", so lautet das Fazit von John Bohstedt, der 1988 eine quantitative Analyse der englischen Aufstände zwischen 1790 und 1810 vorgelegt hat. Auf der Basis von 617 Unruhen, an denen jeweils mehr als 50 Menschen beteiligt waren, kommt er zu einer sehr differenzierten Betrachtungsweise der Geschlechtsspezifik der englischen Unruhen. Knapp 40% der von ihm ermittelten Aufstände waren Lebensmittelrevolten. In 22% dieser Unruhen hatten Frauen, in 51% der Aufstände hatten dagegen Männer eine führende Rolle. In 27% der Revolten kooperierten Frauen und Männer. Bohstedts Befunde, die für die außerenglischen Unruhen überprüft werden müßten, deuten darauf hin, daß zwischen dem gemeinsamen Auftreten von Frauen und Männern in Hungerunruhen und ihrer komplementären Rolle in der protoindustriellen Hauswirtschaft ein enger Zusammenhang besteht. In diesen Haushalten, die familienwirtschaftlich organisiert waren, aber für den Markt produzierten, mußten sämtliche Haushaltsangehörige, auch Frauen und Kinder, arbeiten. Der Umfang der Arbeit war an ein in bestimmtem Umfang variables Verhältnis von Arbeitsaufwand und Nahrung gebunden. Der Brotpreis war daher für proto-industrielle Haushalte von enormer Bedeutung. Verteidigt wurde er von Männern, Frauen und Kindern: "The household economy was defended by the whole household, not by a 'housewife'" (BOHSTEDT 1988, S. 121).

Erst die Industrialisierung schuf endgültig die für die Nahrung zuständige "Hausfrau". Der gemeinsame Brotkrawall wurde abgelöst durch den männlichen Lohnkampf und die weibliche Lebensmittelrevolte, die im 19. Jahrhundert völlig verschwand, aber in außergewöhnlichen Krisenkonstellationen wie etwa der Knappheitskrise des 1. Weltkriegs wieder auflebte (FREVERT 1986, S. 162). Die Feminisierung der Hungerrevolten scheint also weit mehr ein Zeichen der zunehmenden Marginalisierung von Frauen als Ausdruck ihrer Stärke zu sein, denn längst hatte das Gesetz des Wirtschaftswachstums die Idee der auskömmlichen Nahrung verdrängt.

Schlußfolgerungen

Es war nicht die Absicht dieses Aufsatzes, den Zusammenhang von Frauen, Armut und Hunger in der frühen Neuzeit erschöpfend zu diskutieren. Dazu ist das Thema viel zu komplex und der Forschungsstand zu lückenhaft. Dennoch wurden einige, wie uns scheint, wesentliche Punkte der Entwicklung deutlich:

1. Trotz ihrer hohen Abhängigkeit von exogenen Faktoren (Klima, Bevölkerungsentwicklung) machte die frühmoderne Gesellschaft nicht die Natur, sondern die Gesellschaft für Hunger, Not und Elend verantwortlich. Umfangreiche Schutzmechanismen, die das Leben jedes einzelnen sichern sollten, wurden entwickelt. Sie galten Männern und Frauen gleichermaßen. Aufgrund der im ständischen Denken verankerten mangelnden Verteilungsgerechtigkeit erwiesen sich diese Mechanismen jedoch in Krisensituationen als unzulänglich. Wenn das Getreide knapp und teuer war, wurden vor allem die Armen massiv vom Hungertod bedroht.

2. Die Forderung nach Nahrung und gerechten Preisen wurde nicht nur von Frauen verteidigt. In der Regel kämpften diese mit ihren Männern um die Durchsetzung ihrer gerechten Bedürfnisse. Die "weibliche Lebensmittelrevolte" scheint das Ergebnis einer langen Entwicklung zu sein, die Frauen in vieler Hinsicht benachteiligte. Sie kann als Symptom einer mehrfach gespaltenen Welt gesehen werden, einer Welt, die sich anschickte, zwischen Hungrigen und Satten, Armen und Reichen, Konsumenten und Produzenten, Stadt und Land, Frauen und Männern immer tiefere Gräben zu ziehen. Nahrung aber war ursprünglich ein Prinzip, das sich nicht geschlechtsspezifisch aufteilen ließ.

3. Im Verlauf der Frühen Neuzeit wurde Lohnarbeit für die Sicherstellung der Nahrung wichtiger als die unmittelbare Nutzung des Landes im Rahmen der Subsistenzwirtschaft. Die Möglichkeit, Ersatznahrung durch die Nutzung von Wasser, Wald und Weide zu beschaffen, wurde eingeschränkt. Gleichzeitig öffnete sich die Schere zwischen Frauen- und Männerlöhnen. Frauen waren einerseits vom Prozeß der Pauperisierung der Löhne stärker betroffen als Männer, sie konnten andererseits weit eher als diese hoffen, durch öffentliche Almosen unterstützt zu werden. In einer dominant männlich normierten Welt entsprach dies den entstehenden

Vorstellungen über die Rolle der Frauen in der Gesellschaft: Während die Männer beanspruchten, aktiv, kreativ und produktiv zu sein, wurden die Frauen zu passiven Objekten, denen man Almosen gewährte. Ihre Tätigkeit hatte allenfalls reproduktiven Charakter und sollte strikt auf das Innere des Hauses beschränkt werden. Das Aufbegehren wich der Resignation.

Anmerkungen

1 Eine Einführung in die Problematik von Armut, Hunger und Hungersnöten geben u.a. ABEL 1974, 1978, 1986; BRAUDEL 1985; KLUGE 1987; PALLACH 1986. Zum Forschungsstand PFISTER 1988.

2 Eine kritische Auseinandersetzung mit der älteren Forschung, insbesondere auch mit dem Konzept der "Moral Economy", bietet ROOT (1990, S. 167ff.). Er betont, daß die Preisfestsetzungen oft auf Kosten der Bauernschaft gingen, die die große Mehrheit der Bevölkerung stellte, aber wesentlich geringere Möglichkeiten hatte, einen ähnlich starken Druck auf die Regierung auszuüben wie die städtischen Unterschichten. Zu der Benachteiligung der Landbevölkerung siehe auch grundsätzlich TILLY (1985, S. 151): "The historical cases of England and France show that government policy often undermined the food command of rural people, even agriculturalists, and favoured for political reasons, reliable food supplies for the military and for urban populations. Capitalist markets moved food not necessarily to those who were hungry, but to those with money to buy".

Literatur

ABEL, Wilhelm: Agrarkrisen und Agrarkonjunktur. Hamburg 1978[3].

ders.: Massenarmut und Hungerkrisen im vorindustriellen Europa. Versuch einer Synopsis. Hamburg; Berlin 1974.

ders.: Massenarmut und Hungerkrisen im vorindustriellen Deutschland. Göttingen 19863.

BERCE, Yves-Marie: Histoire des Croquants. Étude des soulèvements populaires au XVIIe siècle dans le sud- ouest de la France. Genève 1974.

BINDER, Beate: "Dort sah ich, daß nicht Mehl verschenkt, sondern rebellt wird". Struktur und Ablauf des Ulmer Brotkrawalls 1847. In: LIPP, Carola: Schimpfende Weiber und patriotische Jungfrauen. Frauen im Vormärz und in der Revolution 1848/49. Moos/Baden-Baden 1986, S. 88-110.

BLICKLE, Renate: Hausnotdurft. Ein Fundamentalrecht in der altständischen Ordnung Bayerns. In: BIRTSCH, Günter (Hrsg.): Grund- und Freiheitsrechte von der ständischen zur spätbürgerlichen Gesellschaft (Veröffentlichungen zur Geschichte der Grund- und Freiheitsrechte 2). Göttingen 1987, S. 42-64.

dies.: Nahrung und Eigentum als Kategorien in der ständischen Gesellschaft. In: SCHULZE, Winfried: Ständische Gesellschaft und soziale Mobilität (Schriften des Historischen Kollegs. Kolloquien 12). München 1988, S. 73 -93.

BOHSTEDT, John: Gender, Household and Community Politics: Women in English Riots 1790-1810. In: Past and Present, (1988), Nr. 120, S. 88-122.

BRAUDEL, Fernand: Sozialgeschichte des 15.-18. Jahrhunderts. Der Alltag. München 1985.

ders./ Labrousse, Ernest (Hrsg.): Histoire économique et sociale de la France. Paris 1970.

BRAUN, Rudolf: Das ausgehende Ancien Régime in der Schweiz. Aufriß einer Sozial- und Wirtschaftsgeschichte des 18. Jahrhunderts. Göttingen 1984.

CAMPORESI, Piero: Das Brot der Träume. Hunger und Halluzinationen im vorindustriellen Europa. Frankfurt/Main; New York 1990.

DECKER, Rudolf M.: Women in Revolt. Popular Protest and it's Social Basis in Holland in the 17th and 18th Centuries. In: Theory & Society, 16 (1987), S. 337-362.

DELUMEAU, Jean: Angst im Abendland. Die Geschichte kollektiver Ängste im Europa des 14. bis 18. Jahrhundert. Frankfurt/Main 1985.

DRURY, Susan M.: The Use of Wild Plants as Famine Foods in Eighteenth Century Scotland and Ireland. In: VICKERY, Roy : Plant-Lore Studies. London 1984, S. 43-60.

FISCHER, Thomas: Städtische Armut und Armenfürsorge im 15. und 16. Jahrhundert. Sozialgeschichtliche Untersuchungen am Beispiel der Städte Basel, Freiburg/Br. und Straßburg. Göttingen 1979.

FREVERT, Ute: Frauen-Geschichte. Zwischen bürgerlicher Verbesserung und neuer Weiblichkeit. Frankfurt/Main 1986.

HERZIG, Arno: Unterschichtenprotest in Deutschland. 1790-1870. Göttingen 1988.

HONEGGER, Claudia/ HEINTZ, Bettina (Hrsg.): Listen der Ohnmacht. Zur Sozialgeschichte weiblicher Widerstandsformen. Frankfurt/Main 1984.

HUFTON, Olwen: Weiblicher Alltag. Die Schattenseite der Französischen Revolution, In: HONEGGER/ HEINTZ, 1984, S. 138-159.

HUNECKE, Volker: Antikapitalistische Strömungen in der französischen Revolution. In: Geschichte und Gesellschaft, 4 (1978), S. 291-323.

KING, Margaret L.: Die Frau. In: GARIN, Eugenio: Der Mensch der Renaissance. Frankfurt/Main; New York 1990, S. 282-340.

KLUGE, Ulrich: Hunger - Ein zeitloses Thema. In: Hungersnöte (Freiburger Universitätsblätter). Freiburg 1987, S. 15-40.

LABROUSSE, Ernest: 1848, 1830, 1789. Wie Revolutionen entstehen. In: HARTIG, Irmgard A.: Geburt der bürgerlichen Gesellschaft: 1789. Frankfurt/Main 1979, S. 67-87.

LE ROY LADURIE, Emmanuel: Die Bauern des Languedoc. Darmstadt 1985.

MEDICK, Hans: Teuerung, Hunger und "moralische Ökonomie von oben". Die Hungerkrise der Jahre 1816/1817 in Württemberg. In: Beiträge zur Historischen Sozialkunde, 15 (1985), H. 2, S. 39-44.

PALLACH, Hans-Christian (Hrsg.): Hunger. Quellen zu einem Alltagsproblem in Europa und der Dritten Welt. 17.-20. Jahrhundert. München 1986.

PERROT, Michelle: Rebellische Weiber. Die Frauen in der französischen Stadt des 19. Jahrhunderts. In: HONEGGER/ HEINTZ, 1984, S. 71-97.

PFISTER, Christian: Hunger - Ein interdisziplinäres Problemfeld. In: Archiv für Sozialgeschichte 28, (1988), S. 382-390.

ROOT, Hilton R.: Politiques frumentaires et violence collective en Europe au XVIIIe siècle. In: Annales, 45 (1990), H. 1, S. 167-189.

RUDE, Georges: Die Volksmassen in der Geschichte. Unruhen, Aufstände und Revolutionen in England und Frankreich 1730 - 1848. Frankfurt/Main; New York 1979[2].

SCHNEGG, Brigitte: Armut und Geschlecht. In: HEAD, Anne-Lise/ SCHNEGG, Brigitte: Armut in der Schweiz (17. - 20. Jh.). Zürich 1989, S. 9-17.

SOBOUL, Albert: Französische Revolution und Volksbewegung: die Sansculotten. Die Sektionen von Paris im Jahre II. Frankfurt/Main 1978.

THOMPSON, Edward P.: Die 'moralische Ökonomie' der englischen Unterschichten im 18. Jahrhundert. In: ders.: Plebejische Kultur und moralische Ökonomie. Aufsätze zur englischen Sozialgeschichte des 18. und 19. Jahrhunderts. Frankfurt/Main; Berlin 1980, S. 67-130.

TILLY, Louise A.: Food Entitlement, Famine and Conflict. In: ROTBERG, Robert I./ RABB, Theodore K.: Hunger and History. The Impact of Changing Food Production and Consumption Patterns on Society. Cambridge 1985, S. 135-152.

ULBRICH, Claudia: Frauenarmut in der Frühen Neuzeit. In: Zeitschrift für die Geschichte der Saargegend, 40 (1992), S. 108-120.

WIRTZ, Rainer: Der "ohnehin" notleidende Odenwald. In: Beiträge zur Historischen Sozialkunde, 15 (1985), H. 2, S. 44-48.

ZIMMERMANN, Clemens: Obrigkeitliche Krisenregulierung und kommunale Interessen: Das Beispiel Württemberg 1770/1771. In: GAILUS, Manfred/ VOLKMANN, Heinrich (Hrsg.): Nahrungsmangel, Hunger, Proteste in Deutschland 1770-1950. Opladen 1992 (im Druck).

Sieben Weise Meister gegen eine Frau
Ein populäres Volksbuch aus frauen- und geschlechtergeschichtlicher Perspektive[1]

Bea Lundt

Die Einheit mittelalterlicher Moral und die Position der Frau

Ein Rededuell um Leben und Tod steht im Mittelpunkt des vielgelesenen "Volksbuches" aus dem Mittelalter "Die sieben weisen Meister". Sieben Tage lang streiten die besten Gelehrten des römischen Reiches gegen ihre Kaiserin. Mit sog. "Exempla", Beispielgeschichten, deren Moral auf eine konkrete Situation angewandt werden soll, versuchen sie, das Handeln ihres mächtigen Herrschers zu beeinflussen, sein Vertrauen in die Aussagen seiner Frau zu erschüttern. Jeden Tag aber gelingt es ihr, diesem Einfluß durch eine Erzählung mit einer opponierenden moralischen Aussage erfolgreich entgegenzuwirken. Erst nach einer Woche unterliegt sie. Anstelle der sieben Weisen wird nun sie getötet.

Hervorragenden Verstandesgaben widmet das Volksbuch seinen Namen. Unnahbare Überlegenheit vermittelt die Berufsbezeichnung "Weise Meister", ein Ehrentitel. Ihr Auftreten im Kollektiv der Gruppe verstärkt noch diese respekteinflößende Wirkung durch die Pluralität der Meisterschaft. Die Siebenzahl entspricht den sieben freien Künsten, die sie als Symbolfiguren für die Bildung ihrer Zeit repräsentieren. Der Autorität dieser geballten männlichen Geistigkeit steht die Ehefrau des Kaisers gegenüber, allein.

Offenbar ist die Moral des erzählten Exempels zwar im Augenblick einleuchtend für den Kaiser, doch keineswegs eindeutig. Das Wertesystem dieses Hofes scheint keine verbindliche Orientierungsfunktion zu haben. Schwankend zwischen zwei Polen pendelt es hin und her, während ZuhörerIn und LeserIn Anteil nehmen an den jeweils sieben Argumenten der einen oder anderen Seite, während sie mit den handelnden Figuren mitdenken und mitfühlen, die jeweiligen Angebote für Handlungsweisen reflektieren, durchspielen, nachvollziehen. Wie ist diese merkwürdig lange Frist zu erklären, bis eine Lösung gefunden wird? Erfordert nicht die Orientierungsfunktion verbreiteter populärer Schriften für den Alltag der vielen LeserInnen eine verbindliche, einleuchtende Moral, insbesondere im Mittelalter mit seiner christlich dominierten Weltanschauung? Das moralphilosophische System möglichst lebensnah zu verdeutlichen, die allgemeine Regel narrativ auf konkrete Situationen zu beziehen und damit für eine Nachahmung aufzubereiten, ist Kennzeichen und Funktion des mittelalterlichen Exemplums (vgl. KOSELLECK 1967; STIERLE 1973). "Die einseitige Hervorhebung eines Standpunktes", jenes "Charakteristikum des mittelalterlichen Exemplums", werde erst von Boccaccio überwunden, so sieht es die Forschung (vgl. NEUSCHÄFER 1969, zit. nach STIERLE 1973, S. 360).

Was können das also für grundlegende Widersprüche sein zwischen den klugen Männern und der Frau? Es wird zu fragen sein, ob sich Strukturen geschlechtsspezifischer Wahrnehmung in diesem Rededuell spiegeln. Gibt es neben der offiziellen Moral eine weitere, latent mitschwingende Problemdimension, repräsentiert in der weiblichen Hauptperson, eine Vorstellung über Wertstrukturen, die in so vielen Beispielen entfaltet wird, daß auch der Sieg über die Kaiserin am Ende der Erzählung ihre Präsenz nicht mehr leugnen kann?

Ein Geschichtenzyklus und seine Verbreitung seit dem Mittelalter

"Die sieben weisen Meister" (KLAPPER 1943; Sindbad-Name 1974) sind eines der bekanntesten und meistgelesenen der sogenannten "Volksbücher" (vgl. SPENGLER 1984; MÜLLER 1985; CHARTIER 1990), verbreitet seit dem Mittelalter in Europa und in zahlreichen Versionen und Sprachen überliefert, in Vers und Prosa, als weitausgreifender Roman gestaltet oder als kurze Episode eingefügt in andere Erzählungen. Eine Rahmenhandlung eigentlich, hält die Geschichte von den sieben weisen Meistern eine Reihe von Erzählungen zusammen, die allerdings in einem inhaltlichen Zusammenhang stehen. Dadurch läßt die Spannung nicht nach, geht es doch um ein Urteil über Leben oder Tod, das durch die Aussage der Exempla beeinflußt werden soll. Der Schluß bringt eine unerwartete Lösung.

Ursprünglich stammt das "Sindbadbuch" aus dem Orient. Über die Frage, wo dieser Text zuerst auftauchte, wie er tradiert wurde und woher die einzelnen Elemente stammen, haben sich Wissenschaftler den Kopf zerbrochen. In Kindlers Literatur-Lexikon wird der Forschungsstand zusammengefaßt: nicht aus Indien stamme die Geschichte, wie lange geglaubt, sondern in Persien habe sie ihren Anfang genommen, zwischen 600 und 800 n. Chr. (Sindbad-Name 1974, S. 8738). In Europa spielt sie erst ab dem 13. Jahrhundert eine Rolle. Eine spanische Version wird als erste genannt, es folgen lateinische, französische, italienische, deutsche, jiddische Bearbeitungen. Auch in slavischen Sprachen war der Text bekannt und verbreitet. Allein etwa 30 lateinische und 12 deutsche Handschriften überliefern den Prosatext, dazu kommen zwei deutsch-sprachige Versbearbeitungen. Seit der Buchdruck eine schnellere Reproduktionstechnik bot, nahm die Popularität des Stoffes noch zu und entsprach durchaus etwa der des Eulenspiegels. Alle diese Textbearbeitungen unterscheiden sich z. T. erheblich voneinander. Die 1473 in Augsburg gedruckte Textgestalt liegt jedoch den meisten späteren deutschsprachigen Veröffentlichungen zugrunde (Die sieben Weisen Meister, Faksimiledruck 1974). Als "letzte Ausgabe" (KLAPPER 1943, S. 343) gilt die Bearbeitung des Volksbuches aus dem 15. Jahrhundert durch Richard Benz, veröffentlicht zuerst 1911 in seinen "Deutschen Volksbüchern" (BENZ 1956, S. 9-96). Diese werde ich, der leichteren sprachlichen Verständlichkeit wegen, im folgenden zugrundelegen.

Traditionelle Deutung: Ein Beispiel für frauenfeindliche Literatur

"Femina est omnis malitiae inventiva", die Frau heckt alle möglichen Bosheiten aus, so beginnt eine Handschrift Anfang des 14. Jahrhunderts, die unseren Text wiedergibt, die "Scala celi" des Dominikanermönches Johannes Gobii Junior (vgl. GOEDEKE 1864/66, S. 402). Daß es neben Phänomenen wie Marienverehrung und Minnedichtung in den mittelalterlichen Jahrhunderten eine reichhaltige Literatur gab, die "frauenfeindlich" war, ist bereits zu Anfang dieses Jahrhunderts in der Forschung gängige Meinung und für den deutschen und romanischen Sprachbereich untersucht worden, wobei freilich nicht genauer definiert wurde, was eigentlich als "frauenfeindlich" zu bezeichnen ist (vgl. BRIETZMANN 1912 und WULF 1914).

Elfriede MOSER-RATH hat den neueren Forschungsstand über das Bild der Frau in populärer erzählender Literatur zusammengefaßt. Differenziert und konkret beschreibt sie klassische, immer wiederkehrende Stereotype: Explizite Misogynie tauche meist in satirischen Gattungen auf in genretypischer "Überzeichnung". "Gleichwohl", so warnt sie, "wird man diese Stereotype nicht verharmlosen dürfen, weil gerade negative Bilder und Assoziationen das reale Leben der Frau auf fatale Weise beeinflußten"(MOSER-RATH 1987, Sp. 129). Als Grund für die weite Verbreitung des Phänomens frauenfeindlicher Tendenzen innerhalb der Überlieferungstradition narrativ strukturierter Texte nennt sie die dominant männliche Schriftproduktion angesichts fehlender weiblicher Bildungschancen (vgl. MOSER-RATH 1987, Sp. 107). Wie stellt sich unser Volksbuch in diesen Kontext?

Bei der Deutung ist man sich über das misogyne Grundschema der "Sieben weisen Meister" einig. Die Geschichten handelten "hauptsächlich von der List der Frauen" (Sindbad-Name 1974, S. 3738). Die spanische Variante trägt gar den Titel: "El libro de los engannos e los asayamientos de las mujeres", "Das Buch von den Tücken und den Schlechtigkeiten der Frauen". Was können wir heute aus frauen- und geschlechtergeschichtlicher Sicht damit anfangen? Warum hat dieser Erzählzyklus über Jahrhunderte ein Lesepublikum angetroffen, das stets erneut Varianten und Drucke einforderte? Was wird ihnen durch diese Stofftradition mitgeteilt bzw. was wollen sie hören?

Die moderne Exemplaforschung betrachtet Varianten nicht als simple Abschriften von Überlieferungen aus grauer Vorzeit, sondern beleuchtet den bewußten Prozeß der Neuaneignung eines tradierten Erzählkernes im jeweiligen Entstehungskontext (etwa DAXELMÜLLER 1982, S. 149-159). Motive, Aussagen und Lehren tauchen auf, verschwinden und erscheinen neu. Immer aber stehen sie in einem bestimmten Zusammenhang und sagen etwas aus über Menschen, die sie neu aufgreifen und gestalten. Daher sind Textfiliationen narrativer Texte als Quellen der Frauen- und Geschlechtergeschichte ergiebig (vgl. LUNDT 1991).

Der Inhalt des Volksbuches

> "Hier fanget an das Buch/das da sagt von dem Kaiser Pontianus und von seiner Frauen/der Kaiserin/und von seinem Sohne/dem jungen Herren Dyocletianus/wie er den henken wollte/und ihn sieben Meister erlösten alle Tage/jeglicher mit seinem Spruche" (BENZ 1956, S. 11).

So wird in der Überschrift der Inhalt umrissen. Pontianus verliert seine Frau an einer Krankheit, als der gemeinsame Sohn sieben Jahre alt ist. Auf dem Totenbett bittet sie ihn, diesen in der Ferne von Meistern erziehen zu lassen, damit eine zweite Frau des Kaisers "keine Gewalt" über ihn erhalten solle (vgl. BENZ 1956, S. 12). Der Junge wird den sieben weisen Meistern von Rom anvertraut, die ihn in einem Turm unterweisen. Der Kaiser heiratet auf Wunsch seines Volkes eine neue Frau, die aber keine weiteren Kinder zur Welt bringt. Voller Neid und Eifersucht sinnt sie auf den Tod des Thronfolgers aus erster Ehe. Sie bittet, ihn nach seinen sieben Ausbildungsjahren zurückzuholen. Die Meister sehen Gefahren in den Sternen und beschließen, der junge Dyocletian müsse am Hofe des Vaters sieben Tage lang schweigen. Der Kaiser ist enttäuscht über den stillen Sohn und die Stiefmutter versucht mit allerlei Verführungskünsten, den "schönen Jüngling" zu gewinnen (BENZ, S. 18). Als er sie zurückweist, beschuldigt sie ihn der versuchten Vergewaltigung. Sie fordert seinen Tod, um ihre verletzte Ehre wiederherzustellen. Der Kaiser willigt ein, läßt sich jedoch durch eine Geschichte, die einer der weisen Meister erzählt, umstimmen. Sie handelt von einem Ritter, der leichtfertig den Worten seiner Frau glaubt und seinen treuen Hund verliert (vgl. BENZ 1956, S. 24-27). Die Kaiserin vertritt eine Gegenmoral: Sie zeigt, wie ein Unwürdiger Kaiser wird, weil er durch Betrug und List einen starken Eber tötet (BENZ 1956, S. 27 f.). Sieben Tage lang beharrt sie nun, der Sohn stelle eine Bedrohung dar, die beseitigt werden müsse. Jeden Tag aber erscheint ein Meister und macht das Todesurteil durch eine Gegengeschichte hinfällig.

Nach Ablauf der Schweigefrist entlarvt der Sohn eines der Hoffräulein der Kaiserin als verkleideten jungen Mann und sie damit der Untreue und Täuschung (BENZ 1956, S. 76-78). Er erzählt nun selber eine letzte Geschichte und stellt seine Weisheit unter Beweis. Die Stiefmutter wird getötet und Vater und Sohn versöhnen sich. "Darnach starb der Kaiser, und der Sohn regierte mit großer Weisheit, und seine Meister hielt er in großen Ehren. Also daß er zunahm an Gut und Ehre vor allen Herren der Welt" (BENZ 1956, S. 69).

Die Prognose der Mutter: Die konfliktreiche Existenz des Thronerben zwischen Stiefmutter und schwachem Vater

Die Geschichte zeigt einen schwachen und gutgläubigen Kaiser, unsicher in seinen Entschlüssen. Daher verlangt seine erste Frau von ihm auf dem Totenbett, er solle den Sohn zu fremden Menschen geben. Der Vater nämlich, so sieht sie richtig voraus, wird von einer neuen Frau abhängig werden, zum Nachteil für den Jungen, der als Erbprinz für nichts geringeres als das Römische Reich von Haß und Neid umgeben sein wird. Weitere Kinder von einer neuen Kaiserin können für Dyocletianus, angesichts eines so hilflosen Vaters, lebensgefährlich werden. Die Sterbende wird recht behalten.

Die kommende Problematik ergibt sich also aus der Konstellation der Personen und Beziehungen, nicht aus individuellen Eigenschaften. Sie ist voraussagbar, bevor noch die neue Kaiserin als konkrete Person in das Beziehungsgefüge eintritt. Der Kaiser liebt seine erste Frau. Gewissenhaft erfüllt er den einen Teil ihres letzten Wunsches. Er gibt den Siebenjährigen zu weisen Lehrern und läßt ihn fern vom Hofe erziehen. Der Konfliktknoten schnürt sich zusammen um den anderen Teil ihrer Bitte, den er vergißt: der zweiten Frau keine Macht über den Sohn der ersten zu geben.

Das neue Beziehungsgeflecht zwischen den drei Personen der kaiserlichen Familie muß erst hergestellt werden. Nicht nur um Zuneigung und Liebe geht es; Gefühle sind vielmehr verstrickt mit Macht und mit dem Kampf um die Position, sie auszuüben: Die Handlung dreht sich auch um die Stellung des Kaisers und die Frage, wie lange er sie behalten wird angesichts eines tüchtigen Nachfolgers. Gestritten wird um die höchste Position im Land und im Herzen des Kaisers, die außer der Ehefrau auch der Sohn beanspruchen kann.

Um die Zukunft der Kaiserfamilie also braut sich ein Gewitter zusammen, als ein erwachsener Sohn erscheint, den niemand kennt. Alle Erwartungen, Hoffnungen und Wünsche richten sich auf ihn. Die aufgrund der Prognose zu erwartende und sich nun rasch zusammenbrauende aggressive Spannung entlädt sich in Blitzen und Donnern gegenseitiger Vernichtungswut. Als endlich entspannender Regen der Versöhnung niederflutet und alle reinwäscht, hat es ein Opfer gegeben, in das der Blitz einschlug. Die Frau, vor der die Mutter des Jungen gewarnt hatte, ist zum Opfer der in der Gruppe angestauten destruktiven Energie geworden. Sie war der Eindringling in diese Familie. Die Gruppe hat sich neu konstituiert, ohne sie zu integrieren. Mit diesem Schluß ist die Rahmenhandlung wieder an ihren Ausgangspunkt angebunden: Eine gute und eine schlechte Frau präsentiert die Handlung. Die Voraussage der guten Mutter wurde mißachtet, hat sich erfüllt und Unheil angerichtet, das abgewehrt werden konnte. Die Frau, vor der schon am Anfang gewarnt wurde, ist am Ende beseitigt. Am Ende stehen die Männer alleine da.

Der Kaiser von morgen wird erzogen: Die Schule der Männer

Wer ist Dyocletian und was ist aus ihm geworden? Die Weisen beschließen, außerhalb von Rom einen Turm zu bauen "und an die Wände der Kammer wollen wir malen die sieben freien Künste, also daß das Kind sie zu allen Zeiten möge anschauen und lesen als in einem Buch" (BENZ 1956, S. 13; Artes liberales 1980, Sp. 1058-1063). Isoliert von anderen Menschen wird das auf Buchgelehrsamkeit gerichtete Wissen der Zeit visuell angeeignet.

Ohne weibliche Bezugspersonen wächst Dyocletian heran. Auch seine sieben Lehrer scheinen ohne Frauen zu leben, Repräsentanten eines sich aus dem klerikalen Zölibat entwickelnden Intellektuellenstandes (vgl. LE GOFF 1986; BOEHM 1986, Sp. 2196-2203). Sie lesen die Zukunft aus den Sternen, beherrschen die Gemüter der Menschen durch Sprache, beinflussen ihr Verhalten, zeigen aber auch soziale Verhaltensweisen wie Treue und Mut. Orientalischen Ursprungs, entsprechen diese Gestalten durchaus mittelalterlichen Vorstellungen von Idealtyp und Existenzweise des Gebildeten, der mittels Vernunft den Herrschenden vor allem in Rechtsfragen berät und zu diszipliniertem und durchdachtem Handeln anhält (vgl. BOEHM 1986, Sp. 2200).

Mit sieben Jahren, so ist es in der Vorstellungswelt der mittelalterlichen Jahrhunderte verbreitet, beendet man die Kindheit und verläßt oft sein Elternhaus für eine ebenfalls siebenjährige Lernphase, nach der man mit der Pubertät als erwachsen gilt (vgl. BOEHM 1986, Sp. 2199). Die so magisch anmutenden Zahlen entsprechen also gängigen Vorstellungen von Lebensphasen und damit verbundenen Gepflogenheiten.

Der Junge wird vierzehn: Das Ergebnis ihrer Erziehungsbemühungen erproben die Meister nun, indem sie unter seine vier Bettpfosten ein Efeublatt legen. Der Erwachende glaubt das Oberste nach unten gekehrt und das Unterste emporgehoben. Die Lehrer deuten seine Reaktion als Ausdruck seiner Meisterschaft, erklären ihn für erwachsen und gleichrangig und verheißen ihm für die Zukunft große Ehren (vgl. BENZ 1956, S. 14).

Diese verschlüsselte Episode schürt Phantasien darüber, was es denn gewesen sein mag, das sich dem Vierzehnjährigen im Bett am frühen Morgen zum ersten Male gehoben und gesenkt hat und ihn so durcheinanderbrachte. Mit der neuen Situation, Objekt verändernder Vorgänge geworden zu sein, ist die Stabilität der bisherigen Lebens- und Arbeitsbasis aufgehoben. Er ist ein erwachsener Mann geworden, der seine Position innerhalb der labilen Hierarchie des oben und unten nun selber erkämpfen muß. Der Nachweis seiner Reife schließt die Erfahrung der biologischen Funktion des erektiven Prinzips ein und die Herausforderung ihrer Übertragung auf den sozialen Mechanismus des Rauf und Runter im Leben des Mannes. Die Meister im Turm können ihn nun nichts mehr lehren.

Die Pubertätsgrenze nehmen auch alle anderen Personen wahr: sowohl die Räte des Reiches als auch die Kaiserin fordern, der zukünftige Kaiser solle nunmehr am Hof seine Aufgaben als Thronfolger wahrnehmen, wobei er zum ersten Male mit Frauen und dem Zusammenleben der Geschlechter konfrontiert wird.

Die Frage, ob der junge Mann von Vater, Stiefmutter, Hof und Volk akzeptiert und angenommen wird, löst auch Selbstklärungsprozesse bei den Beteiligten aus. Das Lehrerteam muß den Erfolg der Erziehungsbemühungen unter Beweis stellen; die Identitätsgrundlage eines Lebensentwurfes für ideale Männlichkeit steht auf dem Prüfstand. Die Vorstellung, daß Gefahren lauern, vereinigt Meister und Schüler; Leser und Leserin sind bereits durch die Vorausahnung der sterbenden Mutter darauf vorbereitet. Erneut beschwören nicht subjektive oder zufällige, sondern bekannte und objektive Faktoren Konflikte herauf: eine Veränderung des Kommunikationsgefüges, die Trennung von bisherigen Kontaktpersonen und Lösung aus einem vertrauten Kontext.

Angesichts dieser Bedrohlichkeit kann Dyocletian über seine verbal dominierten Fähigkeiten nicht frei verfügen. Während alle seinen Worten entnehmen wollen, wer er ist und ob er angenommen werden kann oder vernichtet werden muß, bleibt ihm die Sprache weg. Zuerst muß er diese fremde Sprachgemeinschaft erkunden, bevor er sich verständlich machen und verstanden werden kann. Alle Gestalten um ihn herum entfalten sieben Tage lang ihre Ängste, Hoffnungen und Beziehungserwartungen untereinander und an ihn. Das stabile Gefüge des Hofes ist durcheinandergeraten und wirft die beteiligten Personen in Existenzkrisen. Da er nicht eingeht auf alle Kontaktangebote, die ihm gemacht werden, wird das Spektrum der Möglichkeiten in Geschichten und an Beispielen erprobt und durchgespielt. Gleichermaßen passiv reagiert er auf Umarmungen, Küsse und Fragen des Vaters nach seiner Befindlichkeit, Schmeicheleien und Berührungen der Stiefmutter (vgl. BENZ 1956, S. 17 und 18f.). Die sieben freien Künste, die einzige Sprache, die er gelernt hat, haben ihm auf diese Kommunikationsmuster keine Antworten vermittelt.

Er kann sich erst behaupten, nachdem die vertrauten Meister ihre Autorität in dieser Umgebung unter Beweis gestellt haben, die beiden Welten sich sozusagen überlappen. Die Lehrertugenden erweisen sich als mächtig sogar über Frauen. Der Schüler sieht zu und schweigt, bis das Gewirr sich von selber entzerrt, die überschäumenden Wellen der Selbstdarstellung, die er auslöst, sich aneinander brechen und die Menschen ihr wahres Gesicht zeigen. Erst gegen Ende der Geschichte gibt er sich als denkender und sprechender Mensch zu erkennen, der sich nicht länger auf andere und ihre weisen Lehren verläßt, sondern sein Schicksal selbst in die Hand nimmt mit einer Verteidigungsrede, der längsten der erzählten Geschichten: "Von zweien Freunden" (BENZ 1956, S. 78-95).

Sie endet mit einem Modell für das Zusammenleben einer Herrscherfamilie, die ihrem einzigen Sohn genügend Entfaltungsmöglichkeiten läßt, seine Fähigkeiten umzusetzen. Als Ausgangskonflikt zeigt Dyocletian, der sieben Tage lang das Machtgebahren des Kaisers beobachtet hat, die Angst des Vaters davor, der Sohn könne ihn überflügeln. Sie ist so groß, daß er den vermeintlichen Rivalen zu vernichten sucht. Der Sohn überlebt den elterlichen Anschlag und macht in der weiten Welt Erfahrungen, vor allem erlebt er die Männerfreundschaft mit einem Doppelgänger, ein in erzählender Literatur beliebtes Motiv für Selbstfindungsprozesse. Das Ende der Geschichte führt den gereiften jungen Mann zurück in das Haus seiner Kindheit. Er versöhnt sich mit den Eltern und erweist ihnen Dank und Anerkennung. "Ich bin ein Herr worden, daß ich euch große Ehre und Seligkeit thun will" (BENZ 1956, S. 95).

Konkurrenz mit dem Vater: Der Konflikt der Generationen

Die Lehre der Geschichte gilt dem Kaiser: "Vater, wenn mir Gott hat gegeben Kunst und Weisheit vor viel Menschen, das soll euch nicht schädlich sein, eurer Ehre noch eurer Gewaltigkeit" (BENZ 1956, S. 95). Wie fast alle Erzählungen von zwei Brüdern zeigt auch diese die Auseinandersetzung mit einem übermächtig strafenden Vater, der seine Söhne als gefährliche Konkurrenten empfindet und daher zu vernichten sucht. An die Stelle des fehlenden und von allen ersehnten Bruders ist in der Phantasie ein Freund getreten, der für die Hauptperson eine Spiegelfunktion erfüllt. Aus seinem Mund kann unbefangen das Lob des Sohnes ertönen, in der Abgrenzung zu diesem kann er seine besonderen Fähigkeiten aufzeigen. So präsentiert sich Dyocletian in verfremdeter Gestalt dem Vater, der so lange vergeblich gefragt hat: "Mein allerliebster Sohn, wie ist es dir manch Jahr ergangen?" (BENZ 1956, S. 17) Er antwortet mit der Geschichte: er habe Gefahren durchlitten, gelernt und sich bewährt und bitte nun um Aufnahme in sein Elternhaus. Die Abwehr des Vaters versucht er zu verstehen, dessen Angst zu entkräften. Die weise Rede des Sohnes hat der Kaiser gefürchtet und herbeigesehnt, nun hat sie stattgefunden und ihn überzeugt.

Hohe Erwartungen setzt der Kaiser in Dyocletian, der zugleich große Ängste in ihm entfacht und ihn mit der Endlichkeit seiner Existenz konfrontiert. Noch ist er der Mächtige und will es beweisen. Die reale Bedrohung für das Leben verschiedener Personen geht von ihm aus, er selber bleibt als einziger von der Gefahr, mit dem Tode bestraft zu werden, verschont. Seine Angst projiziert er drohend auf alle anderen handelnden Personen. Doch ist er nicht eigentlich als blutrünstiger Tyrann dargestellt, sondern als beeinflußbar und einsichtig, seine Drohgebährde gegen Sohn und Meister schnell ausgesprochen und ebenso zurückgenommen. Der schweigende Sohn provoziert den Mächtigen maßlos. Daß in seinem eigenen Hause nicht alles nach seinem Willen läuft, verleitet ihn zu täglichen einschüchternden Demonstrationen seiner Position. Im Laufe der Handlung wird die Sehnsucht, daß der Sohn sich mitteilen möge, immer größer, immer enger verknüpft mit dem Nachfolgeproblem: "Ich hörte meinen Sohn gern reden, wenn das geschähe, so wollt ich fröhlich sterben" (BENZ 1956, S. 74). Er schickt sich langsam darein, daß die sprachliche Artikulation des Sohnes sein eigenes Ende bedeuten wird.

Zugleich mit seiner Verletzbarkeit angesichts der sensiblen Frage eines würdigen Nachfolgers zeigt sich auch seine Bedürftigkeit nach Hilfe und Orientierung. Gerne läßt er sich durch Geschichten lenken: "Ich bitte dich, sage mir das Beispiel", fordert er und: "Meister, wir wollen die Rede wissen" (BENZ 1956, S. 21 und 24). Die Moral wird von den Menschen, die ihn kennen, vorsichtshalber noch einmal zusammengefaßt; man vergewissert sich, daß die Lehre ihn erreicht hat mit den Worten: "Herr, habt ihr mich wohl verstanden?" (BENZ 1956, S. 22 und 27)

Das zentrale Problem ist damit benannt. Es ist der Konflikt der Generationen zwischen Männern und steht in Widerspruch zu dem von der Forschung bisher in den Mittelpunkt gestellten Thema der boshaften Frau. Tatsächlich verschiebt sich der Vorwurf der versuchten Vergewaltigung als konfliktauslösendes Moment im Laufe der Handlung. Folgt man den Exempla, so ist es der Kaiser selber, dem Gefahr von seinem Sohn droht. Das wiederkehrende Motiv weist hin auf die Vernichtungsangst, die mit der Nachfolgeproblematik zusammenhängt, mit ihr verbunden die Furcht, als Mann bei seiner eigenen Frau abgedankt zu haben, von seinem Sohn auch erotisch übertroffen zu werden. Die Vergewaltigungsthematik ist also ein Bestandteil des umfassenderen Konkurrenzproblems. Doch trifft sie die schwache Stelle verletzten Männerstolzes des Kaisers, der nur einen Sohn hat und dessen zweite Frau von ihm nicht schwanger wird. Volk und Ehefrau sind unzufrieden. Sein Jähzorn also liegt in seiner labilen männlichen Identität begründet.

Die starke Frau als Provokation

Um Idealentwürfe männlicher Existenz also wird gerungen, um ihre Anerkennung, um Beziehungen der Männer untereinander, um ihre Hierarchien, um Klugheit und Macht, Vorbild und Nachfolge in der Generationenreihe. Welche Rolle spielen Frauen in dieser Geschichte, die von männlichen Rivalitäten, Männerweisheit und Mannesstolz berichtet? Die erste hat, wie wir gesehen haben, den Konflikt vorausgesehen, den die zweite auslöst. Auch sie hatte in sieben Jahren nur ein Kind geboren und mißtraute ihrem Mann, es angemessen zu erziehen und vor Gefahren zu schützen. Ihre letzten Stunden füllte die Besorgnis, ihren kleinen Sohn vor der Nachfolgerin zu bewahren. Die Position als Ehefrau des Kaisers und Mutter des Thronfolgers scheint nicht die Sicherheit vermittelt zu haben, sorgenfrei sterben zu können. Der Kaiser vergaß sie und ihren letzten Wunsch, trotz seines Versprechens, denn auch bald.

Seine zweite Frau steht nun der geballten männlichen Macht und jener erlesenen Weisheit gegenüber, die die erste sich als Einfluß für ihren Sohn so sehnlich wünschte. Der Nachfolgerin gelingt die Teilhabe an dieser Welt zumindest eine Woche lang. Sie ist eine Königstochter, "schön zumal und gelehret und klug in großer Behendigkeit" (BENZ 1956, S. 15). Sie gewinnt den Kaiser schnell für sich, sie führen eine glückliche Ehe, in der sie ihm eine gleichrangige Partnerin wird. "Zu einer Zeit", so heißt es da, "lag der

Kaiser bei ihr auf dem Bette. Da sprach er zu ihr: 'Fraue, nun wisse, daß ich dir die Heimlichkeit meines Herzens offenbare, daß ich dich lieber habe, als ich je Menschen auf Erdreich gewann'" (BENZ 1956, S. 15). In diese enge Vertrautheit nun tritt der erwachsene Sohn der inzwischen vergessenen ersten Ehefrau.

Über edle Herkunft, hervorragende Anlagen und sorgfältige Ausbildung verfügt die Kaiserin. Sie weiß recht gut, daß sie um den ersten Platz im Herzen des Kaisers und die Teilhabe an seinem Thron mit dem Sohn wird kämpfen müssen. Ihrer geschlechtsspezifischen Anziehung auf den Mann verdankt sie ihre privilegierte Stellung. In ihr allein ruht ihre ganze Macht, ihre Zukunft zu gestalten, teilzuhaben an der Männerwelt. Sie ist die Voraussetzung dafür, Söhne zu gebären, die allein dauerhaft den Status einer Fürstengattin garantieren.

Die Zeit ihres Ehemannes ist bald abgelaufen, sagt ihr ihre Klugheit. Als Kaiser der Zukunft, als schöner junger Mann präsentiert sich ihr der Sohn. Ihn für sich gewinnen zu können, verheißt ihr die Fortsetzung ihrer Stellung. Nicht zuletzt symbolisiert er die verlorene Jugend ihres eigenen Mannes, der ihm vor Jahren geglichen haben mag.

Ihr Name bleibt in der Geschichte ungenannt. Offenbar sind die Frauen des Kaisers auswechselbar, doch hat sie den leitenden Part in der Ehe mit dem schwachen und unentschlossenen Mann inne. Sie bietet Rat und Hilfe, als sich herausstellt, daß der Junge nicht spricht. Erleichtert nimmt der Kaiser ihr offensichtlich bewährtes Angebot an, wie er stets "ja" sagt, wenn etwas an ihn herangetragen wird, das ihn eigenen Handelns enthebt.

Damit hat sie die Schlüsselposition bei dem Problem, den schweigend sich verweigernden jungen Mann auf seine Eignung als Nachfolger seines Vaters zu testen. Sie verfügt nicht über den ihm vertrauten Code der Männerwelt, doch baut sie auf seine Neugierde gegenüber der ersten Frau, der er begegnet. So lockt sie ihn mit dem Element, von dem sie weiß, daß es Männer anzieht: mit ihrem Körper. Tatsächlich durchbricht sie damit die festgefahrene Situation des Verbalen, die sich als gestört erwiesen hat, indem sie Lust, Gefühle und Handlungen anspricht. Sie ist es, die auf die naheliegende Idee kommt, ihn sich schriftlich mitteilen zu lassen. Steif und formell schreibt der Junge auf, er wolle den "Rosengarten des Vaters nicht zerstören" (BENZ 1956, S. 19). Hilflos verweigernd reagiert er auf alle Beziehungsangebote, die ihm in seiner neuen Lebenssituation entgegengebracht werden: Er weiß nicht, wie er die Liebe des Vaters erringen, noch, wie er die der Stiefmutter eindämmen kann.

Erst jetzt wandelt sich die Frau, die bisher als liebenswert, klug und zuverlässig dargestellt wird, zu dem Ungeheuer, das die Forschung in den Mittelpunkt stellte, treulos und geil, unbeherrscht, gehässig und böse, listig und aggressiv. Da sie den Jungen nicht gewinnen kann, will sie ihn nun vernichten. Darin handelt sie nicht anders, als es der Vater tut. Doch liefert sie einen eindeutigeren Vorwand für die Tötung Dyocletians, sie konstruiert eine Schuld, die der Vater vorschiebt, seine eigene Vernichtungswut gegen den Sohn zu rechtfertigen.

Schon vorher, so motiviert die Geschichte ihr Verhalten, hat sie dergleichen Gedanken gehegt: In der Hoffnung, doch noch einen eigenen Sohn zu gebären, wollte sie den Erstgeborenen als Rivalen beseitigen. Sie "gedachte mit Fleiß, wie sie den Sohn töten möchte", berichtet das Volksbuch (BENZ 1956, S. 15). Ihre Zerstörungswut wurzelt in seiner Position, die ihre gesamte Existenz gefährdet.

Die Eifersucht gegenüber dem Stiefsohn ist geschlechtsspezifisch bestimmt: Seiner Männlichkeit verdankt er die Bildungsphase und seine zukünftige Herrscherrolle, die ihr aufgrund ihrer Weiblichkeit nur indirekt zustehen. Diese Grundlage für seine Privilegierung einmal zu erproben, reizt sie. Wo alle die Reife des Thronfolgers testen, will sie überprüfen, ob sich dieser Status auch in geschlechtsspezifischer Funktionstüchtigkeit niederschlägt.

Dieser wichtige Indikator für seine Adoleszenz wird tabuisiert werden. Auch die Reifeprobe der Meister hat keine Antwort geben können auf die Frage, ob der junge Kaiser sich gegenüber Frauen als ganzer Mann bewährt. Wie gefährlich es für eine Frau ist, sie gestellt zu haben, zeigt die Geschichte.

Erste Erfahrungen mit Weiblichkeit wären der nächste Schritt auf der Entwicklungsleiter Dyocletians nach den bisherigen Initiationsproben. Die schöne Frau, die ihn gewinnen will, ist durch kein Inzesttabu geschützt. Der Kaiser zweifelt daher nicht, daß der unerfahrene Sohn die Gelegenheit wahrgenommen hat. Er hat selber keine Kommunikationsebene mit ihm gefunden und fürchtet nun, daß er mit seiner Frau eine enge Bindung eingehen könnte, auf einer non-verbalen Ebene seine Nachfolge antritt, ihn verdrängt.

Die Kaiserin, die sich so lustvoll dem jungen Mann anbietet, ist offenbar in ihrer Ehe unbefriedigt. Keine Kinder zeugen von der Fruchtbarkeit der Liebesbeziehung zwischen ihr und dem Kaiser. Die seit Jahren Verheiratete versichert Dyocletian gleich zweimal, sie habe sich ihm als Jungfrau erhalten (BENZ, S. 19). Gibt es ein für den Kaiser peinliches Geheimnis seines

Schlafzimmers, über dessen mögliche Enthüllung vor seinem Sohn er so tobt?

Unverständlich bleibt für die ganze folgende Handlung, warum der Junge nicht seine schriftliche Erklärung als Beweisstück seiner Unschuld ins Feld führt, um sich zu entlasten. Es steht eben nicht der konkrete Vorwurf versuchter Vergewaltigung und damit Verletzung der Integrität der Kaiserin wie der männlichen Ehre seines Vaters zur Debatte. Dieser wäre leicht entkräftet. Es geht um den tabuisierten wunden Punkt der geschlechtsspezifischen Identität der Eltern.

Die Lösung des Konfliktes: Die neustabilisierte Männerwelt

Schweigend trägt der Sohn den ungerechten Vorwurf sieben Tage, als koste er das emotionale Chaos aus, daß sich um ihn und seinetwegen neun Personen mit größter innerer Beteiligung und Vernichtungsangst streiten. In dieser Zeit kann er wahrhaftig seine Macht über Menschen erproben und testen, was er ihnen bedeutet: Die sieben Meister, die sich bisher in Vaterrolle und Verantwortung geteilt haben, beweisen ihm ihre fortwirkende Liebe und Ergebenheit, auch ihre Weisheit stellen sie ihm zu seiner Entlastung zur Verfügung. Diese Übergangsphase erleichtert ihm die schwierige Loslösung von den vielen geistigen Vätern und Hinwendung zu dem einen leiblichen Vater. Tag für Tag trennt er sich von jeweils einem Meister, ein guter Abschied, verbunden mit Bewunderung und Dankbarkeit angesichts der täglich neuen Rettung vor dem Tode.

Zugleich muß er den Kaiser, den er als leichtfertigen Gewaltmenschen kennenlernt, der nur mit Vernichtung droht, als Vater annehmen. Verschlüsselt in einem Exemplum zeigt er ihm, daß er versteht und akzeptiert, wie hart die Aufnahme eines überlegenen Sohnes ist. Die eigentliche psychische und gedankliche Leistung innerhalb dieses Volksbuches wird von dem jüngsten Mitglied vollbracht, während die erwachsenen Beteiligten unbeherrscht Eitelkeiten und Ängste ausagieren.

Der Kaiser begegnet der Herausforderung an seine Identität destruktiv und schlägt fast wahllos um sich. Die kollektive Vaterschaft der Sieben steht einer Annahme des Sohnes im Wege; er bedroht sie allesamt mit gewaltsamer Vernichtung. Doch dem souveränen Erweis von Einsicht und Weisheit des Sohnes kann er sich nicht verschließen. Beeindruckt gesteht er dessen

Überlegenheit ein und bietet seinen Rücktritt: "Hinfort, mein Sohn, befehl ich dir Reich und Krone" (BENZ 1956, S. 95).

Ebensowenig hat das Weisheitsmodell der Lehrer eine vorbildliche Ausstrahlung: Die sieben Weisen überzeugen nicht eigentlich durch ihre verbalisierte geistige Kraft, sondern durch die Tatsache, daß der Kaiser stets dem jeweils letzten Redner applaudiert. Die eigentliche Identitätsarbeit leistet derweil der schweigende Junge.

Bei seiner pubertären Bewährungsprobe im Turme der Weisen hatte Dyocletian an sich selber erfahren und festgestellt, daß das Unten und Oben sich in seiner Position verändern und die Situation verwirren kann. Jetzt hat er genau diesen hierarchischen Prozeß der Neuverortung im sozialen Gefüge ausgelöst, gesteuert und bewältigt. Das Ende bindet alle beteiligten Männer in eine stabile Gemeinschaft, während die Frau überraschend vernichtet und damit als handelnde Kraft getilgt wird.

Die Erzählung führt eine Variante des Ödipus vor: Passiv erlebt er, wie sein Vater ihn zu töten und seine Mutter ihn zu verführen droht. Die Gefahr geht von den Eltern aus, die destruktive Energien zwischen Vereinnahmung und Zerstörung ausagieren. Der Sohn überlebt zusammen mit allen alten und neuen Vätern diese Attacken, doch auf Kosten des weiblichen Bestandteiles dieser Gemeinschaft. Ohnehin ist das weibliche Element in dieser Erzählung schwach und kurzlebig oder bedrohlich und stiefmütterlich. Kraft und Orientierung gehen nur von den Männern aus, die ihre Schwächen und Rivalitäten gemeinsam und zukunftsprägend überwinden, indem sie die Frau, die die geschlechtsspezifische Legitimation ihrer gesellschaftlichen Position hinterfragt, beseitigen.

Die beiden Repräsentanten der Macht, der alte und der junge Kaiser, verdeutlichen zwei Pole männlicher Kraft: Macht und Gewalt von Schuldspruch und Entscheidung über Leben und Tod der alte, Macht über die Empfindungen der Menschen der junge, der nur durch seine sprachlose Gegenwart das Gefühlschaos auslöst und dem allmächtigen Vater die Grenzen seiner Existenz weist. Sieben Tage lang beobachtet er staunend diese Welt der anderen, dann stellt er selber durch eine lange Erzählung eine Situation her, in der er, über den bisher alle zu verfügen versuchten, selber das Knäuel entwirrt und alle Beziehungen neu definiert.

Schuldabwehr und Ausschluß der Weiblichkeit

Ein Herrschersohn wird erwachsen und löst das Problem der Nachfolge für seinen Vater aus. Seine Lehrer müssen ihre Ausbildungsgrundlagen unter Beweis stellen. Die Herausforderung an alte und neue Männlichkeitsbilder wird überkreuzt durch das Auftreten einer Frau, um die ihrerseits die Männer konkurrieren. Die Frage, wie ein Mann sich gegenüber Frauen verhält, steht zur Debatte. Der junge Kaiser hat seine Bewährungsproben erst bestanden, wenn er auch in diesem Bereich der Beziehungen der Geschlechter zueinander souverän handeln kann. Der Vorwurf unbeherrschter Männlichkeit durch seine Stiefmutter bringt ihn fast um sein Leben. Er kann ihn widerlegen, indem er ihn an die Anklägerin zurückgibt und ihr rücksichtslos ausgelebte weibliche Triebhaftigkeit nachweist: Er entlarvt eine ihrer Hofdamen als verkleideten Mann, indem er vor Volk und Hofstaat ihre Entkleidung durchsetzt. Damit hat er unter Beweis gestellt, daß er sich in der Welt der Unterschiede der Geschlechter auskennt. "Sehet Herr", so sagt er dem Vater, "der Bube ist lange bei euch gewesen, und hat euer Bette beschlafen manche Zeit" (BENZ 1956, S. 76 f.). Daß ein kluger erwachsener Sohn sich auch im Schlafzimmer des Vaters auskennen würde, hat der Kaiser gefürchtet, jetzt zerstört dieses Wissen seine Ehe. Es entlastet ihn, daß ein unwürdiger Rivale für seine sexuelle Abdankung verantwortlich ist. Die Kaiserin, die sich so bitter über den jungen Mann beschwerte, hat einen jungen Geliebten versteckt in ihrer Nähe gehalten. "Du schändliches Weib", sagt der Kaiser nach dieser Entdeckung, "du bist keiner Gnaden wert, du hast den Tod dreifaltig verdienet: zu dem ersten, daß du mir hast Untreue gethan, zu dem andern, daß du meinen Sohn wolltest verführen, zu dem dritten, daß du ihn fälschlich verlogen hast" (BENZ 1956, S. 77f.). Als Schuldfaktoren werden also festgehalten: Untreue, Geilheit, Bosheit; Triebfeder war Habgier, d.h. Teilhabe am Erbe des Mannes durch Vernichtung des erstgeborenen Thronfolgers.

Die Männer ordnen ihre Beziehungen neu und leben friedlich miteinander. Vater und Sohn einigen sich über eine Nachfolgeregelung, die dem jungen Manne zwar die Entfaltung seiner Fähigkeiten zum Wohle des Volkes gewährt, dem Älteren jedoch Anerkennung und Angedenken sichert, so daß er sich nicht in seiner Ehre gekränkt fühlt. Die Erziehungsleistung der sieben weisen Meister ist als vortrefflich bestätigt und ihnen Weiterexistenz am Hof und Teilhabe an Macht und Erfolg ihres Meisterschülers zuerkannt.

Die Kaiserin ist die einzige sinnlich handelnde und fordernde Gestalt gewesen. Mit ihrem Tod sind geschlechtliche Liebe und Lust als Handlungsfaktoren aus dem Katalog bewährter gemeinsamer Werte der Gemeinschaft getilgt. Von einem "Rosengarten" (BENZ 1956, S. 19) ist nicht wieder die Rede. Trotz schriftlicher Beteuerung, daß er dies nicht wolle, hat Dyocletian nun doch das sinnliche Glück des Vaters zerstört. Auch in seinem Leben wird es keines geben. Während der Phase seiner Initiationsriten einmal von einer Frau versucht, hat er Weiblichkeit als boshaft und listig entlarvt und aus seinem Lebensentwurf getilgt. Damit verdient er sich ein Königreich.

Die Männer geben sich vielmehr untereinander, was sie von Frauen erwarten durften. So heißt es über den jungen Kaiser im letzten Satze: "Und seine Meister hatten ihn lieb und waren ihm getreu bis an ihren Tod" (BENZ 1956, S. 96). Lebenslange Liebe und Treue erhält er von weisen Männern, die schon über seiner Kindheit wachten und ihn wie eine Mutter betreuten. Seit seinem siebten Lebensjahr frauenlos aufgewachsen, hat er eine falsche Mutter überwunden und aus dem Herzen seines Vaters verdrängt. Das Männlichkeitsmodell von Weisheit, distanzierter Beobachtung und Buchgelehrsamkeit hat sich durchgesetzt, die Beherrschung des erektiven Prinzips körperlicher Männlichkeit bewährt sich transferiert auf den Bereich des Aufbaus hierarchischer Neuordnung der Herrschaftsorganisation.

Die Schuld des strafenden und drohenden alten Kaisers, der mit seiner Nachfolgerangst den Konflikt ausgelöst und Frau und Sohn in diese provokative Situation gebracht hatte, wird verdrängt. Auch in der Fachliteratur ist die Verschiebung der Verantwortung für die Katastrophe auf die Frau gesehen worden. Goedeke kritisiert den "schwachen Herrscher, der dadurch der eigentliche Schuldträger wird" (GOEDEKE 1864/66, S. 389). Die Art der Konfliktregelung ist, so fährt er fort, ohnehin erstaunlich für einen so populären Stoff im Mittelalter: Eine Durchdringung des Stoffes mit christlicher Moral hätte erwarten lassen, daß einer reuigen Kaiserin nach Aufdeckung ihrer Sünden vergeben wird (vgl. GOEDEKE 1864/66, S. 390). Tatsächlich wird sie dennoch gnadenlos vernichtet (vgl. BENZ 1956, S. 77).

Statt der Schwäche des Mannes in dieser Erzählung, der begrenzten Orientierungskraft seiner Weisheit, seinen Ängsten und seinem Imponiergehabe, sie vor anderen zu verbergen, seiner Eifersucht und inneren Beziehungslosigkeit gegenüber seinen beiden Frauen und seinem Sohn, seinem Jähzorn und seiner Gnadenlosigkeit, anstelle all dieser männlichen Fehler, die die Handlung bloßlegt, wird das Thema allein auf gemeinsame erfolgreiche Abwehr weiblicher Bosheit ausgerichtet.

Mitteilung über Ängste und Enttäuschung: Die Exempla als Argumente

Schuldzuweisung und Ende der Geschichte erklären die Bezeichnung des Volksbuches als "frauenfeindlich", kennzeichnen es aber mit diesem Epitheton keineswegs erschöpfend. Zu wenig ist damit die komplizierte Handlungsstruktur zwischen den Geschlechtern ausgelotet. Ich habe zu zeigen versucht, daß die Art der Wahrnehmung desselben Sachverhaltes aufgrund des gesellschaftlich zugewiesenen geschlechtsspezifischen Erfahrungsraumes differiert. Diese konkreten Lebensbedingungen und Bewußtseinsformen in ihrem historischen Wandel interessieren die Frauen- und Geschlechtergeschichte.

Über die unterschiedlichen Perspektiven kann man aus den Exempla mehr erfahren. Die sieben Geschichten der Kaiserin erschließen weitere Facetten ihrer Persönlichkeit: Sie thematisiert die Furcht des Älteren vor der Ablösung durch den Jüngeren, nennt Ursache, Häufigkeit und Berechtigung dieses Gefühles. Keineswegs aber erzeugt sie es erst. Vielmehr stärkt sie das Selbstvertrauen ihres Mannes und ermuntert ihn lebhaft, sich angesichts der Bedrohung durchzusetzen. In anderen Geschichten zeigt sie Folgen männlicher Schwächen für die abhängige Frau. Sie führt weibliche Lebensrealität adliger Frauen vor, ihre Abhängigkeit, Austauschbarkeit und ihr Objektstatus für männliche Lust, die sie befriedigen soll, ohne daß nach ihren eigenen Neigungen und Fähigkeiten gefragt wird. Diese Schicksale lassen sich auf die Erzählerin zurückprojizieren, die mit ihnen auch eigene Enttäuschungen mitteilt.

Über die Rahmenhandlung, aus der Perspektive eines anonymen all-wissenden Erzählers vermittelt, haben ZuhörerIn und LeserIn Anteil an der "Wahrheit", die die intendierte Sympathie steuert. Der Bogen innerer Anteilnahme wird deutlich gegen die Frau gespannt und mit ihrer Bosheit motiviert. Doch zeigt die Aufschlüsselung der verschiedenen Ebenen latenter Deutungsmöglichkeiten auch andere Verständnisebenen. Die Aggressivität dieser Frau ist erklärbar und begrenzt: Sie erwächst aus Frustration über die eigene labile Lage, Eifersucht und Neid über männliche Privilegien und aus einfühlsamer Parteilichkeit für den leidenden Ehemann, dessen Ängste das eigentliche Problem schaffen.

Wie sieht es aus mit den Geschichten, die die Meister erzählen? "Man soll Frauen nicht zuviel glauben; sie sind von Natur hässig und unfläte" (BENZ 1956, S. 43). Solche verallgemeinernde Begründungen schlechter Eigenschaften mit der natürlichen Beschaffenheit des ganzen Geschlechts werden in der Regel als "frauenfeindlich" bezeichnet. Diese Stelle aber fehlt im mittelalterlichen Volksbuch (Die sieben weisen Meister, 1974), die abstrahierende Regel von den Einzelbeispielen ist später hineingefügt worden. Innerhalb der Geschlechtergruppe der Männer findet sich vielmehr eine differenzierte Einstellung, die keineswegs einhellig der weiblichen Natur die Verantwortung für alles Übel zuschiebt. Die Motivierung des Unglücks durch weibliche List und Tücke verschärft sich im Überlieferungsprozeß. Erst spätere Aneignungen reduzieren die Vielfalt auf einige wenige zugespitzte Deutungsmuster. Diese Vereinfachungen entsprechen möglicherweise veränderten Rezeptionsbedürfnissen und Verkaufsstrategien, die sich mit dem Buchdruck herauskristallisieren.

Auch die sieben weisen Meister thematisieren das Nachfolgeproblem, das sich ja auch ihnen selbst angesichts eines so weisen Schülers stellt. Die Erzählung "Wie Galenuns getötet ward von Hippocras dem Arzte" (BENZ 1956, S. 54-57) zeigt Reue des Alten über die Ermordung des Jungen aus Neid und die Angewiesenheit der Generationen aufeinander. Die Warnung gilt dem Kaiser, besonnen zu handeln und Alternativen zu blutigen Lösungen zu erwägen. In den fünf brutalsten der Geschichten aber vernichten sich Männer oder ihre Symbolfiguren aus dem Tierreich gnadenlos gegenseitig.

Was sich im Erzählrahmen andeutete, bestätigen also die Exempla: Bedrohung und Gewalt geht von Männern aus. Das verwundert nicht: Die Antwort auf dasselbe Problem ist geschlechtsspezifisch different in einer Gesellschaft, die adligen gebildeten Frauen nur indirekt, über Ehemänner oder Söhne, dauerhaft angemessene Positionen verschafft, um deren Verlust sie bangen müssen. Mit Gewalt, das lehrt sie das kollektive Gedächtnis, erreichen sie nichts. Vielmehr entfalten sie List als geheime Waffe. Indem die Erzählung aber mit einer Gewalttat gegen eine solche listige Frau endet, bleibt genau diese Art der Konfliktlösung zur Wiederherstellung der Ordnung parteilich aufatmenden LeserInnen im Gedächtnis.

Ebendies entspricht Kosellecks Vorstellung von eindeutiger christlicher Moral.

Doch ließ sich daneben eine Pluralität an Perspektiven aufweisen, die teils offen, teils latent in der Erzählung mitschwingen und sich erst durch gezieltes Fragen erschließen lassen. Dialogisches Konzept und narrative Struktur erfordern angemessene Gegenpositionen und Handlungsalternativen als vielschichtige Angebote. Vielleicht lag darin auch das Erfolgsrezept: gefährlich wildes, buntes Leben wird vorgeführt und am Schluß gebändigt, doch ohne die Phantasien zu beschneiden. Die Frage nach dem Zusammenleben der

Generationen ist beantwortet, offen bleibt die nach einer anderen Organisation für ein Zusammenleben der Geschlechter.

Die bösartige Frau im Beziehungsgefüge der Geschlechter

Der Begriff "frauenfeindlich" hat sich als wenig aussagekräftig erwiesen. Konkret und differenziert gilt es vielmehr, aus alten Texten etwas über die Lebensrealität der Geschlechter herauszuarbeiten und über ihre Diskurse. Die "Sieben weisen Meister" berichten vom Sieg männlicher Gewalt, die sich durch ebenfalls männliche Klugheit tarnt, sie führen ein Erziehungsmodell für ideale Männlichkeit vor Augen, das nur den Kontakt unter Männern einschließt und Modelle des Zusammenlebens zwischen den Geschlechtern ausspart, wie Frauen aus dem gesamten Bildungswesen ausgegrenzt waren. Zugleich zeigen sie auch die geschlechtsspezifische Wahrnehmung dieser Situation aus den Augen der handelnden Frau und ihre vergeblichen Versuche, sich angesichts der Beziehungskonstellation zu behaupten.

Weisheit ist männlich wie Macht. Der Frau in unserem Beispiel, die durchaus gelehrt und klug ist, bleibt aktive Entfaltung und Anwendung ihrer gelernten Fähigkeiten versagt. Weibliche List ist hier, wie so oft, ein Indikator für Unzufriedenheit. Ein kleiner Raum des Handelns nur bleibt der Frau. Sie nutzt ihn weitestmöglich. Gegen die klügsten Männer des Landes tritt sie an, besiegt sechs von ihnen in einem Rededuell, in dem es darum geht, Kaiser und Öffentlichkeit durch Klugheit zu gewinnen. So mag sie sich vor ihrem Tode einmal das Gefühl verschafft haben, wegen ihrer Verstandeskräfte überlegen gewesen zu sein, bevor die sich mehrfach als Jungfrau Bezeichnende wegen ihrer Geilheit ihr Leben lassen muß. Zu ihrer Entlarvung inszeniert, bestätigt das Handlungsarrangement gleichwohl ihre brachliegenden Fähigkeiten. Sie transzendiert die ihrem Geschlecht zugewiesene Rollenbegrenzung eine Woche lang, bezahlt aber die Freiheit, die sie sich genommen hat, mit dem Leben. Die Männerwelt nimmt weder diese Demonstration ihrer Klugheit, noch den Aufweis eigener Schwächen ungestraft hin.

Nicht zufällig steht am Schluß überraschend ein Rollenwechsel, der offenlegt, wie sehr für beide Geschlechter die Übertretung des Kleiderregulars Chancen für eine veränderte Lebensweise eröffnen.

Von den vielen schuldhaften menschlichen Verstrickungen, von denen die Geschichte berichtet, wiegt die Verkleidung als Hoffräulein in dieser vorgeführten gesellschaftlichen Ordnung am schwersten. Erneut bestätigt sich, wie weibliche Klugheit in List abgedrängt und vergeblich ist, überlagert durch weibliche Geilheit, die der Mann entlarven muß, will er sich der als bedrohlich wahrgenommenen Klugheit entziehen.

In vielen Volksbüchern, etwa auch in "Melusine" (vgl. LUNDT 1991), endet der Kampf zwischen den Geschlechtern mit dem Sieg einer selbstgenügsamen männlichen Welt und der Nicht-Integrierbarkeit weiblicher Elemente. Stets verblassen positive Eigenschaften der Frauenfiguren vor dem Nachweis von Untreue, Geilheit und List. Doch sind sie eben auch als Zeichen zu lesen, daß Frauen mit der zugewiesenen Teilhabe unzufrieden waren, auf Mittel sonnen, sie zu erweitern und sich entsprechende Lebensgefühle zu verschaffen- und sei es auch nur für kurze Zeit bis zu ihrer Entlarvung. Die Ausgrenzung von Weiblichkeit aus einer restabilisierten Männerwelt ist eine Voraussetzung für das Fortbestehen männlicher Geistigkeit als des hochbewerteten Prinzips.

Die Erfolgsgeschichte der Volksbücher ist zugleich die des Fortbestehens ihrer Problemebene. Im Überlieferungsprozeß der "Sieben weisen Meister" über Jahrhunderte wurde die anspruchsvolle Auseinandersetzung über das Problem des Generationenwechsels trivialisiert und auf die Abwehr von Weibestücke reduziert. Umso mehr sagt die Erzählung über die konflikthafte Zuordnung von Verhaltensmustern zu Geschlechtswelten und die vergeblichen Versuche, sie zu überwinden.

Anmerkung

1 Bei dem vorliegenden Aufsatz handelt es sich um einen stark gekürzten Beitrag mit Ergebnissen aus einem von der VW-Stiftung finanzierten Forschungsprojekt über 'Bewußtseinswandel im Spiegel sog. Volksbücher im Übergang zur Frühen Neuzeit, unter bes. Berücksichtigung des Geschlechterverhältnisses'. Sie beruht auf einem Vergleich von Textfiliationen seit dem 13. Jahrhundert. Aus Gründen sprachlicher Verständlichkeit habe ich versucht, typische Probleme an einer neuhochdeutschen Bearbeitung deutlich zu machen.

Quellen

Die sieben weisen Meister. Hildesheim 1974 (Deutsche Volksbücher in Faksimiledrucken Bd. 7). Mit einem Nachwort von Günter SCHMITZ.

Die sieben weisen Meister. In: BENZ, Richard (Hrsg.): Deutsche Volksbücher. Heidelberg 1956, S. 9-96.

Liber de Septem sapientibus, "Scala celi" von Johannes Gobii Junior. Hg. v. Karl GOEDEKE: In: Orient und Occident III, 1, 1864-66, S. 385-423.

Darstellungen

Artes liberales. In: Lexikon des Mittelalters. Bd. 1. München u.a. 1980, Sp. 1058-1063.

BOEHM, Laetitia: Erziehungs- und Bildungswesen. In: Lexikon des Mittelalters. Bd. 3. München u.a. 1986, Sp. 2196-2203.

BRIETZMANN, Franz: Die böse Frau in der deutschen Literatur des Mittelalters. Berlin 1912.

CHARTIER, Roger: Lesewelten. Buch und Lektüre in der frühen Neuzeit. Frankfurt/Main 1990.

DAXELMÜLLER, Christoph: Exemplum und Fallbericht. In: Jahrbuch für Volkskunde 5, 1982, S. 149-159.

KLAPPER, Josef: 'Meister, sieben weise'. In: Verfasserlexikon. Die deutsche Literatur des Mittelalters. 3. Bd. 1943, Sp. 338-344.

KOSELLECK, Reinhart: Historia magistra vitae. Über die Auflösung des Topos im Horizont neuzeitlich bewegter Geschichte. In: Natur und Geschichte. Karl Löwith zum 70. Geburtstag. Stuttgart 1967, S. 196-218.

LE GOFF, Jacques: Die Intellektuellen im Mittelalter. Stuttgart 1986.

LUNDT, Bea: Melusine und Merlin im Mittelalter. München 1991.

dies. (Hrsg.): Auf der Suche nach der Frau im Mittelalter. Fragen, Quellen, Antworten. München 1991.

MOSER-RATH, Elfriede: Frau. In: Enzyklopädie des Märchens. Bd. 5. Berlin, New York 1987, Sp. 100-137.

MÜLLER, Jan-Dirk: Volksbuch/Prosaroman im 15./16. Jahrhundert- Perspektiven der Forschung. In: Internationales Archiv für Sozialgeschichte der deutschen Literatur, 1. Sonderheft Forschungsreferate 1985, S. 1-128.

NEUSCHÄFER, Hans-Jörg: Boccaccio und der Beginn der Novelle. München 1969.

Sindbad-Name. In: Kindlers Literatur-Lexikon. Bd. 20. München 1974, S. 8738-8745.

SPENGLER, Walter Eckehart: Volksbuch. In: Reallexikon zur Deutschen Literaturgeschichte. Bd. 4. Berlin; New York 1984², S. 734-742.

STIERLE, Karlheinz: Geschichte als Exemplum-Exemplum als Geschichte. Zur Pragmatik und Poetik narrativer Texte. In: KOSELLECK, Reinhart/ STEMPEL, Wolf-Dieter (Hrsg.): Geschichte - Ereignis und Erzählung. München 1973, S. 347-375.

WULF, August: Die frauenfeindlichen Dichtungen in den romanischen Literaturen des Mittelalters. Halle 1914.

WUNDER, Heide/ VANJA, Christina (Hrsg.): Wandel der Geschlechterbeziehungen zu Beginn der Neuzeit. Frankfurt/Main 1991.

Gewalt im Spiel
Zum Konzept der Heterosexualität als Inszenierung des 'Geschlechterkampfes' am Beispiel von J. J. Rousseau

Gerlinde Volland

Obwohl ROUSSEAU zu den von Feministinnen schon häufiger und unter verschiedenen Gesichtspunkten untersuchten Aufklärern gehört, ist meines Wissens ein besonders auffallender und folgenschwerer Aspekt seiner Pädagogik noch nicht eingehend analysiert worden: sein Konzept der Heterosexualität, bei dem Metaphern und Strategien des Kampfes im Vordergrund stehen. Diese charakteristischen Züge des Kampfes, die im 18. Jahrhundert für ROUSSEAU offenbar untrennbar mit Sexualität verbunden sind, legen es nahe, an seinem Beispiel die Frage nach der Historizität von sexistischen Gewaltkonzepten aufzuwerfen.

Zwar hat die Neue Frauenbewegung erreicht, daß die individuelle, "private" Gewalt gegen Frauen mittlerweile als Politikum begriffen und analysiert wird - zumindest von einigen feministischen Wissenschaftlerinnen. Aber die Forschung hinsichtlich der Geschichtlichkeit von Männergewalt in ihren spezifischen Formen steckt noch in ihren Anfängen[1]. Bestrebungen, sexistische Gewalt in historischer Perspektive zu betrachten, sind selten. Eine systematische Forschung in diesem Bereich findet bisher nicht statt.

Über die Gründe dafür kann man nur spekulieren. Methodische Schwierigkeiten sind sicherlich als *eine* Ursache zu nennen, denn geeignete Quellen sind aufgrund der begründeten Scheu von Frauen, ihre Gewalterlebnisse öffentlich zu machen, schwer ausfindig zu machen. Vor der Hand liegt zunächst einmal das Studium von Gesetzen, Gerichtsurteilen und anderen juristischen Vorgängen[2]. Aber auch hier bleibt noch viel zu tun. Weiterhin könnten autobiographische Zeugnisse von Frauen trotz der erwähnten Probleme eventuell Aufschluß darüber geben, auf welche Weise (Männer-) Gewalt in ihr Leben eingebrochen ist bzw. zum Alltag gehörte, wie Frauen sie in ihrer Zeit erlebten und wie sie damit umgingen, welche Widerstandsformen und -strategien sie dagegen entwickelten, wie die Gewalt, von der sie betroffen waren, bzw. die gewählten Widerstandsformen mit ihrer jeweiligen ökonomischen und sozialen Situation zusammenhingen etc.. Eine dritte Möglichkeit der Annäherung an das Problem der Historizität sexistischer Gewalt besteht in der Untersuchung von wissenschaftlichen sowie künstlerischen und literarischen Diskursen über Gewalt gegen Frauen. Ich nenne diese scheinbar sehr verschiedenartigen Textquellen in einem Atemzug, weil die Geschlechtergeschichte gezeigt hat, in welchem Ausmaß vermeintlich objektive, androzentrische Wissenschaft einen fiktiven Charakter hat, das heißt, inwieweit sie von männlichen Phantasien und Phantasmagorien über Weiblichkeit und das Verhältnis der Geschlechter zueinander geprägt ist[3].

Daß derartige Männerphantasien mehr sind als bloße psychologische Resultate beispielsweise einer problematischen Mutter-Kind-Beziehung, nämlich bewußt eingesetzte Herrschaftsideologien, soll in diesem Beitrag am Beispiel ROUSSEAUs gezeigt werden. Der imaginative Gehalt solcher Ideologien darf nicht darüber hinwegtäuschen, daß sie von erheblicher Relevanz für die weibliche Realität sind. Sie wirken in dem Maß auf die gesellschaftliche Realität ein, in dem sie normativ werden und sowohl die Wahrnehmung der Wirklichkeit als auch die gesellschaftliche Realität durch das Verhalten der Individuen hindurch mitbestimmen. Ebenso wie die kulturelle Praxis die Individuen bis zu einem gewissen Grad determiniert, sind jedoch umgekehrt die Individuen als (bedingt) handlungsfähige Subjekte in der Lage, auf die kulturelle Theorie und Praxis einzuwirken:

> "When we look more directly at the social world itself, it becomes apparent, that the general distinguishing mark of human sexuality, as of all social reality, is the unique role played in its construction by language, consciousness, symbolism, and labor, which, taken together - as they must be - are *praxis* , the production and reproduction of material life. Through *praxis* human beings produce an everchanging human world within nature and give order and meaning to it, just as they come to know and give meaning to, and, to a degree, change, the realities of their own bodies, their physiology." (PADGUG 1979, S. 11; Hervorh. im Original)[4]

PADGUGs Aufsatz über die Konzeptualisierung von Sexualität basiert auf FOUCAULTs Diskursanalyse, wobei PADGUG jedoch einen dialektischen Subjekt-Begriff zugrunde legt und seinem Ansatz so eine soziologische Dimension gibt. Die soziologische bzw. ideologiekritische Perspektive im Hinblick auf sexistische Männergewalt lassen selbst viele, vor allem durch die Psychoanalyse beeinflußte Feministinnen vermissen, die die Kultivierung sadistischer Männerphantasien möglicherweise unbeabsichtigt verteidigen, indem beispielsweise die konstruierte Trennung von individueller Künstlerphantasie einerseits und der gesellschaftlichen und kulturellen Ordnung andererseits aufrechterhalten wird, da das Reich der Phantasie implizit als Bereich der vermeintlichen Freiheit von gesellschaftlichen Werten, Normen und Manipulationen betrachtet wird[5].

Abgesehen davon, daß auf diese Weise jenes dualistische Denken perpetuiert wird, auf dessen Basis sich patriarchale, bürgerliche Philosophie konstituiert, wird unter dieser Prämisse eine Historisierung von sexistischer Gewalt als einem Instrument von Herrschaftssicherung unmöglich. Gewalttätigkeit in der Sexualität erscheint dann zwangsläufig als biologisch determinierte, psychologische und somit "natürliche" und daher unveränderbare Gegebenheit männlicher Sexualität.

Männliche Machtinteressen, die gegen Gewalt sprechen

Im folgenden nun möchte ich am Beispiel ROUSSEAUs zeigen, wie leicht aus einem Konzept der heterosexuellen Beziehungen, das zunächst wie eine Inszenierung von aktivem Begehren und Sich-Entziehen, wie eine galante Spielerei wirkt, blutiger Ernst werden kann. Die Möglichkeit des Abgleitens in reale Gewalt ist jedoch, so meine These, konzeptionell vorgesehen oder wird zumindest einkalkuliert.

Dieser These scheint die folgende, programmatisch anmutende Aussage ROUSSEAUs zunächst zu widersprechen, die er im fünften Buch des 'Emile' (1762) macht, in welchem er die Erziehung der Frau und das Verhältnis der Geschlechter behandelt:

> "Die freieste und süßeste aller Handlungen läßt keine tatsächliche Gewalt zu (...), weil der Mann dadurch seiner Gefährtin den Krieg erklärt (...) und weil die Frau allein den Zustand beurteilen kann, in dem sie sich befindet." (ROUSSEAU 1962, S. 416)

So kategorisch diese emanzipatorisch klingende Erklärung auch erscheinen mag, so unglaubwürdig wird sie, wenn man ROUSSEAUs weiterführende Argumentation unter die Lupe nimmt. Dann offenbart sich, daß es sich lediglich um ein Lippenbekenntnis handeln kann, denn seine Ausführungen stehen ansonsten im krassen Widerspruch zu dem zitierten 'Glaubensbekenntnis'. So fordert er etwa die Inszenierung eines 'Geschlechterkampfes', der so konzipiert ist, daß zwischen Spiel und Ernst (= "tatsächliche Gewalt") nicht mehr unterschieden werden kann.

Seiner Ablehnung tatsächlicher Gewalt steht die Befürwortung eines rituellen Widerstandes der Frau gegenüber, der von ihr aus Gründen der Sittlichkeit und wegen der Erfordernisse der Schamhaftigkeit verlangt wird[6].

> "Das eine (Geschlecht, G.V.) muß aktiv und stark, das andere passiv und schwach sein; das eine muß notwendigerweise "wollen" und "können"; es genügt, wenn das andere wenig Widerstand leistet." (S. 414)

Dieser weibliche Widerstand muß vom Mann überwunden und besiegt werden. Die Rigorosität, mit der von ROUSSEAU die weibliche Tugend- und Schamhaftigkeit eingefordert wird, ist in dieser Form neu und dient nicht zuletzt der Abgrenzung des Bürgertums von der in seinen Augen dekadenten Aristrokratie.

Indem ROUSSEAU die Frau verpflichtet, zunächst in jedem Fall "nein" zu sagen, wenn sich ihr ein Mann mit sexuellen Absichten nähert, fördert er unklare Situationen und Mißverständnisse. Er versucht diese zu vermeiden, indem er auf eine vermeintliche männliche Sensibilität vertraut, die den Mann befähige, zwischen kokettem und echtem Nein zu unterscheiden. An anderer Stelle dementiert er jedoch das angebliche männliche Einfühlungsvermögen sogleich wieder, indem er den Reiz der Ungewißheit glorifiziert, die den Mann im Unklaren darüber belasse, ob der weibliche Widerstand der Kraft des 'Siegers' oder der weiblichen Begierde gewichen sei.

> "So ist das Süßeste am Sieg des Mannes die Ungewißheit, ob die Schwäche der Stärke gewichen ist, oder ob sie sich freiwillig gegeben hat." (S. 416)

Die Ungewißheit hat geradezu die Funktion eines Aphrodisiakums. Denn das Bewußtsein der Macht, über das das männliche Subjekt sich konstituiert[7], ist scheinbar am ehesten geeignet, die Lust des Mannes zu erregen. Daher auch ist weiblicher Widerstand in den Augen ROUSSEAUS so wünschenswert.

Durch ihn kann sich der Bezwinger der widerstrebenden Frau als Sieger und Held fühlen.

Sigrid WEIGEL hat festgestellt, daß ROUSSEAU "damit explizit eine Struktur, die der militärischen Praxis bzw. Eroberungshandlungen entspringt, auf den Diskurs über die Frau" verlagert. Dies bedeute eine signifikante historische Verschiebung im Diskurs: "Funktioniert jetzt der Kampf als Figur im Text über die Frau, so hatte bisher die Eroberung und Inbesitznahme des weiblichen Körpers eine symbolische Rolle in der Eroberung des Fremden und der Kriegführung gespielt." (WEIGEL 1987, S. 181). Es ist m.E. jedoch fraglich, ob die Verschiebung tatsächlich so signifikant ist, wie Weigel meint, und ob nicht beide Diskurse weiterhin nebeneinander bestehen und schon vorher bestanden haben.

Der Unterschied zum früheren Diskurs über die heterosexuelle Annäherung besteht wohl eher in der verstärkten Betonung des weiblichen Widerstands, weil die weibliche "Wohlanständigkeit" im Bürgertum an Bedeutung gewonnen hat.

Der optimale Widerstand der Frau im von ROUSSEAU konzipierten 'Geschlechterkampf' muß genau austariert sein: Leistet sie zu wenig oder gar keinen Widerstand, so kann ihre Unterwerfung nicht als Leistung oder Sieg gewertet werden.

Kämpft sie dagegen entschlossen auf Leben und Tod, so besteht die Gefahr, daß der Mann unterliegt. Die Befürchtung, der Mann könnte in einem solchen Kampf sein Leben lassen, scheint denn auch der wahre Grund dafür zu sein, daß ROUSSEAU tatsächliche Gewalt gegen Frauen scheinheilig ablehnt. Ein weiterer Grund, der ebenfalls patriarchale Machtinteressen berührt, aber nicht auf moralische Bedenken schließen läßt, ist in der Besorgnis um die Vaterschaftsrechte zu suchen. ROUSSEAU lehnt tatsächliche Gewalt ab, weil, so seine Worte, der Mann dadurch seine Gefährtin "berechtigt, ihre Person und ihre Freiheit zu verteidigen, selbst auf die Lebensgefahr des Angreifers hin" und weil "ein Kind überhaupt keinen Vater hätte, wenn sich jeder Mann dessen Rechte anmaßen könnte." (S. 416)

Anders formuliert: Damit nicht jeder beliebige Vergewaltiger Anspruch auf Vaterrechte erheben kann bzw. damit man(n) überhaupt weiß, wer der Vater ist, muß regellose Gewalt gegen Frauen für illegitim erklärt werden, während die Vergewaltigung in der Ehe legitim ist, weil die Vaterschaftsrechte hier abgesichert sind.

Es bleibt also vorläufig festzuhalten, daß die handfesten Gründe, die gegen tatsächliche Gewalt sprechen, auf geschlechterpolitische Machtinteressen zurückzuführen sind. Dagegen werden alle anderen von ROUSSEAU vorgebrachten Einwände durch seine im weiteren vorgetragene Argumentation widerlegt und ad absurdum geführt, wie ich im folgenden zeigen möchte.

Männliche Machtinteressen, denen Gewalt dienlich ist, oder: Wie Rousseau sich selbst widerlegt

Da die Kampfansage an die Frau vertuscht werden muß, werden alle möglichen Kunstgriffe angewandt, um die vermeintliche Macht der Frauen zu beschwören.

> "Wenn die Frau geschaffen ist, dem Manne zu gefallen und sich ihm zu unterwerfen, dann muß sie sich ihm angenehm machen statt ihn herauszufordern. Ihre Gewalt liegt in ihren Reizen, durch sie soll sie ihn zwingen, seine Macht zu erkennen und sie auszuüben." (S. 414)

Sie soll ihn nicht provozieren, aber auch nicht mit ihren Reizen geizen, denn schließlich soll sie seine Begierde wecken, die ihn dazu bringen soll, sie sexuell zu unterwerfen. Die Frau soll sich also ihrem Herrn und Gebieter regelrecht anbieten und anbiedern, damit er sich dazu herabläßt, ihr Opfer der Unterwerfung anzunehmen.

Nichtsdestotrotz ist, in völliger Verkehrung der Tatsachen, die Frau nach ROUSSEAU die Regisseurin des Szenarios von Angriff und Verteidigung, das sie durch den gezielten Einsatz ihrer Schamhaftigkeit lenkt, indem sie ihre strategische Abwehr dazu benutzt, um seine Potenz, seine Angriffskräfte herauszufordern:

> "Das sicherste Mittel, diese (männliche, G.V.) Kraft zu beleben, ist, ihre Anwendung durch Widerstand notwendig zu machen. Dann vereinigt sich die Eigenliebe mit der Begierde, und die eine triumphiert über den Sieg, den die andere sie hat davontragen lassen. Daraus gehen Angriff, Verteidigung und Kühnheit des einen und die Schüchternheit des anderen, schließlich auch die Sittsamkeit und Scham hervor, mit der die Natur die Schwäche ausstattete, um ihr die Stärke zu unterwerfen." (S. 414 f.)

Der Akt der sexuellen Unterwerfung wird somit auf abenteuerliche Weise in einen Triumph der Frau und ihre (soziale) Schwäche in Macht umgedeutet. Durch spitzfindige Formulierungen versucht ROUSSEAU seine Überzeugung zu verbergen, daß letztlich doch die männliche Selbstliebe gegenüber der weiblichen Schauspielkunst triumphiert. Er konstruiert also ein Kriegsszenario, bei dem die Frau den Mann quasi in den Hinterhalt lockt, der Sieg des Mannes aber dennoch vorprogrammiert ist, nicht nur weil er der Stärkere ist, sondern vor allem, weil er der Erfinder der Taktik der Gegnerin und des gesamten Szenarios ist.

Um seine Strategie nicht zu durchsichtig zu gestalten, konstatiert ROUSSEAU, der vorgetäuschte Unwille kaschiere nur die "unbegrenzten Begierden" der Frau (S. 415). Daraus resultiert, daß es im Interesse der Frau selbst sein muß, wenn ihr Widerstand überwunden wird.

An diesem Punkt offenbart sich, warum der weiblichen "Schwäche" eine so große Macht zugeschrieben wird: weil sich hinter der Fassade von Sittsamkeit und Schamhaftigkeit, die als Regulativ dienen, eine angebliche sexuelle Unersättlichkeit verbirgt, die als äußerst bedrohlich dargestellt wird. ROUSSEAU malt sich ein apokalyptisches Szenario aus, das seiner Meinung nach Wirklichkeit würde, sobald die Macht des weiblichen Geschlechts sich einmal unkontrolliert entfalten könnte:

> "Wenn nun irgendwo auf der Erde unter einem unglücklichen Klima die dort üblichen Ansichten zu solchen Gebräuchen (ungezügelter Sinnlichkeit, G.V.) geführt hätten, vor allem in den heißen Ländern, in denen mehr Frauen als Männer geboren werden, so würden die Männer schließlich von den Frauen tyrannisiert und ihre Opfer werden; sie sähen sich gleichsam dem Tod überliefert, ohne sich jemals verteidigen zu können." (S. 415)

Eine derartige Dämonisierung der Frau steht offenkundig in der Tradition der Hexenverfolgung und des Bildes von der Hexe als einer bedrohlichen Verkörperung innerer und äußerer Natur. Auf die Frau als Personifizierung des "Anderen der Vernunft" wird die verdammte und verteufelte Sexualität projiziert, die der Mann verdrängt und von seinem Selbst abgespalten hat. Wenn andere Denker innere und äußere Natur insgesamt fürchten und zu unterwerfen trachten, so scheint ROUSSEAU seinen Natur-Begriff zu spalten. Bei ihm gibt es die Vorstellung einer moralisch guten, sozialen, kultivierten Natur, der Frauen näher stehen und zu der er zurückkehren will, und, unter der domestizierten Oberfläche lauernd, eine triebhafte, wilde, dämonische Natur, die ebenfalls weiblich besetzt ist und die es zu bändigen und zu unterwerfen gilt.

"Mit der wachsenden Entfremdung von der ersten Natur wuchs die Angst vor ihren Einwirkungen auf das soziale Leben und damit die Angst vor den Frauen, die schon qua biologischer Funktion immer wieder an die kreatürliche Herkunft des Menschen erinnerten. Im patriarchalischen Einvernehmen mobilisierten ansonsten divergierende Machtträger die brutalste Zwangsgewalt, um sich dieser Erinnerung zu entledigen." (BOVENSCHEN 1977, S. 291)

Eine derartige Zwangsgewalt, die die Inquisition zur Vernichtung von als Hexen beschuldigten Frauen bereithielt, wird auch von ROUSSEAU gefordert, allerdings transformiert in psychischen Zwang, der in der Mädchenerziehung in vielfältiger Weise zur Anwendung kommen soll:

"Sie müssen von früh auf unter beherrschende Zucht gestellt werden. Dies Unglück, wenn es ein solches für sie ist, ist von ihrem Geschlecht nicht zu trennen... Ihr Leben lang sind sie einem sehr beständigen und sehr strengen Zwang unterworfen: dem der Wohlanständigkeit." (S. 428)

Hier zeigt sich, daß ROUSSEAU selbst nicht so ganz davon überzeugt ist, daß die Abhängigkeit der Frau natürlich und sie zum Gehorchen geboren sei, wie er an anderer Stelle behauptet. Dem Gehorsam und der weiblichen Aufopferungsbereitschaft muß offenbar noch kräftig nachgeholfen werden, bis sie zu der masochistischen Idealfrau wird, wie Sophie sie darstellt:

"Sie würde die Erde vor dem letzten der Diener küssen, ohne daß diese Erniedrigung ihr die geringste Mühe machte."(S. 464)

Die Sexualisierung und Dämonisierung der Frau bei ROUSSEAU ist m.E. nicht primär Ausdruck eines Frauenbildes, das als Indiz weiblicher Stärke von einem feministischen Standpunkt aus positiv zu werten ist (vgl. dazu GARBE 1987, S. 100-117).

Vielmehr ist die bedrohliche Sexualisierung der Frau Bedingung für den Entwurf eines Feindbildes. Ein Grundzug eines jeden Feindbildes ist seine Ausstattung mit aggressiven Zügen, die in den Augen ROUSSEAUs der Frau offenbar anhaften[8]. Der Psychologe Josef RATTNER hat darauf hingewiesen, daß Haß als Voraussetzung eines Feindbildes häufig zusammen mit Paranoia auftritt:

Wie bei der Paranoia

"gibt es im Haß keine Ereignisse bezüglich des Haßobjektes, die 'bedeutungslos' wären. Alles, was dieses betrifft, wird so interpretiert, daß es in das affektive Schema des Hasses paßt. Dieses beinhaltet eine totale 'Verteufelung' des Objektes, eine Dämonisierung, die man als Bedrohtheitsgefühl verstehen kann. Fast immer hängt damit der Eindruck zusammen, man werde vom Objekt des Hasses verfolgt, was dann zu der ebenfalls aus dem Verfolgungswahn bekannten Erscheinung des 'verfolgten Verfolgers' führt - der sich verfolgt *Wähnende* wird zum realen Angreifer."[9] (Hervorhebung im Original)

Ideologische Umkehrungen

Genau dieses Phänomen der Projektion, das zugleich eine ideologische Umkehrung der Täter-Opfer-Positionen bedeutet, begegnet uns bei ROUSSEAU, der feststellt, ein Naturgesetz mache es "dem Weibe leichter, Begierden zu erregen, als dem Manne, sie zu befriedigen" (S. 416). Nachdem er die Frau zum unersättlichen Monstrum erklärt hat, erscheint sie ihm als Bedrohung der männlichen Potenz. Die derart von Männern im wesentlichen selbst erzeugten Ängste vor der Frau, die als Impotenz- oder Kastrationsängste daher kommen, beziehen ihre Bedrohlichkeit aus der Tatsache, daß sie die Gefährdung des männlichen Machtanspruchs symbolisieren. Derartige "Ängste" dienen nicht zuletzt der Legitimation von Männergewalt. Frei nach dem Motto: "Angriff ist die beste Verteidigung" wird sexistische Gewalt auf diese Weise *als* Akt der Selbstverteidigung dargestellt. Es findet eine ideologische Umkehrung statt, wonach der Mann und Täter als Opfer der "bedrohlichen" weiblichen Reize lediglich eine Art Präventivschlag ausführt, wenn er eine Frau sexuell "unterwirft" und/oder vergewaltigt. Ohne das Bild von der Frau als Gegnerin wäre der geschlechterpolitische Sinn und Zweck des Geschlechterkampf-Konzeptes, nämlich die Domestizierung und Disziplinierung der Frau, zu offenkundig. Indem die Reize der Frau jedoch als überaus machtvoll dargestellt werden, wird suggeriert, die Waffen einer Frau seien denen des Mannes - seiner physischen Stärke und, vor allem, seiner gesellschaftlichen Macht - ebenbürtig[10].

Die Beziehung zwischen der männlichen Imagination des Feindbildes der Hure und der weiblichen Realität stellt sich dabei über die massiven, gewalttätigen Konsequenzen her, die die "Behandlung" der Frau als Sündenbock mit sich bringt.

In meinen bisherigen Ausführungen habe ich keine Trennung von inszenierter und tatsächlicher Gewalt vorgenommen, weil ROUSSEAU selbst diese Trennung aufhebt, indem er (wie bereits gezeigt wurde) nicht willens und in der Lage ist, zwischen rituellem Widerstand und echtem Widerstand einer Frau zu unterscheiden. Aufgrund seiner moralischen Maximen verpflichtet er die Frau darauf, in jedem Fall männlichen Avancen gegenüber zunächst abweisend zu reagieren. Das Nein ist ein Gebot weiblicher "Wohlanständigkeit". Indem ROUSSEAU die Frau auf das schamhafte Nein verpflichtet, negiert er zugleich die in seinem anfangs zitierten Lippenbekenntnis postulierte weibliche Urteilsfähigkeit über ihren eigenen Zustand und somit ihr Selbstbestimmungsrecht. Mit dem obligatorischen Nein, das sie auch im Fall der insgeheimen Zustimmung zu äußern hat, wird sie zum Objekt der Selbstinszenierung des Mannes, der sich als Sieger sehen möchte. Diese weibliche Selbstverleugnung verlangt ebenso eine modifizierte Form von Masochismus - im Sinn von Selbstaufgabe oder Selbstbestrafung - von der Frau wie der Verstoß gegen die moralische Ordnung bei Zuwiderhandlung, durch den sie sich selbst "entehren" und quasi zur Hure erniedrigen würde. Stimmt die Frau dem erotischen Anliegen des Mannes nämlich umstandslos zu, weigert sie sich also, die ihr zugewiesene Rolle zu übernehmen, so gilt sie als unehrenhaft und wird mit Verachtung und - im Fall der Internalisierung - mit Selbsthaß gestraft. Verweigert sie sich dagegen, obwohl sie nicht abgeneigt ist, so straft sie sich durch Selbstverleugnung und leistet ihrer Objektivation Vorschub, indem sie ihre Bedürfnisse negiert und sich nicht als sexuelles Subjekt verhält. Oder aber, und das ist die dritte Möglichkeit, sie wird gegen ihren Willen "genommen" - wie man(n) so sagt, denn es handelt sich schließlich um ein Objekt - und fällt somit ebenfalls und ganz direkt dem Mann zum Opfer.

Ob sie sich nun für die "Keuschheit" oder für die "Sündhaftigkeit" entscheidet, in jedem Fall ist ihr der potentielle Opferstatus gewiß, da die patriarchale Kultur auf dem Frauenopfer im weitesten Sinn basiert und ohne es nicht existieren könnte.

Das Prinzip der Opferung der Frau folgt dabei der "Logik der Wasserprobe", die von Susanne LÜPSEN sehr treffend beschrieben worden ist. Dabei handelt es sich um eine Methode, mit Hilfe derer die Inquisitoren ermitteln wollten, ob eine als Hexe angeklagte Frau "schuldig" war oder nicht: Schwamm die an Händen und Füßen gefesselte Frau oben, so wurde das als "Beweis" ihrer magischen Hexenkünste gewertet und sie endete auf dem Scheiterhaufen. Ging sie dagegen unter, so wurde sie freigesprochen, - war aber trotzdem tot, nämlich elendig ertrunken[11].

Nach dem gleichen Muster wurde im gerichtsmedizinischen Diskurs des 18. Jahrhunderts verfahren, wenn die Möglichkeit einer Vergewaltigung prinzipiell infrage gestellt wurde. Wirklich sicher war der Widerwille der Frau und damit die Straftat letztlich nur, wenn entweder sie oder der Angreifer schwer verletzt oder tot aus dem Kampf hervorging, - oder aber wenn die Frau in bewußtlosem Zustand vergewaltigt wurde. In allen anderen Fällen wurde ihr Widerstand bezweifelt. Das ging so weit, daß man(n) den imaginären Fall unterstellte, der Widerwille einer Frau könne sich während der Vergewaltigung in sexuelle Lust verwandeln.

Susanne KAPPELER hat die Prädestination der Frau als Opfer damit begründet, daß sie gemäß dem patriarchalen Denken auf ihre Körperlichkeit reduziert wird. Am neuen, ungebrauchten Sexualobjekt wird demnach der physische Widerstand durch das Siegel der Jungfräulichkeit symbolisiert, das zu brechen immer wieder eine Herausforderung für den Mann darstellt[12]. Ist dieser symbolische Schutz weiblicher Integrität jedoch einmal zerstört, so wird die Frau auf den Kern ihres Wesens zurückgeführt, der sie in den Augen des Mannes ausmacht: auf ihre Sexualität und ihre Physis. Dagegen markiert die weibliche Jungfräulichkeit einen transzendentalen Wert, den Männer ihr verliehen haben und der die Jungfrau über die Immanenz und Gefangenschaft in der weiblichen Leiblichkeit erhebt, so daß sie zu großen Taten fähig ist.

Ist die Weiblichkeit jedoch in ihren "natürlichen" Zustand als sexueller Körper zurückgeführt, so kommt ihr auch noch der letzte Rest an Integrität abhanden.

> "Wo einer Jungfrau oder Nonne eine Spur (Un)Willens zugeschrieben wird, ist dieser bald als nur der oberflächlichste Anstrich einer moralischen Sozialisation zur Keuschheit entlarvt, der sogleich vom sehr viel mächtigeren Trieb des Körpers überwunden wird. Die Unwilligkeit des Frauen-Opfers wird daher zum kulturellen Zustand der Frau (...). Die Willigkeit des Frauen-Objekts hingegegen wird zum natürlichen Zustand der Frau, zu dem sie dank der Dienste der Männer wieder zurückgeführt wird. Willigkeit und Unwilligkeit sind somit Ausdruck ihres Körpers, nicht Entscheidung ihres Willens, und ihre "Willigkeit" wird deshalb als Triumph des Körpers über die Rudimente des weiblichen Verstandes und ihrer Sozialisation dargestellt."[13]

Da bei ROUSSEAU jedoch der männliche Sieg ausgekostet werden soll, der ihm vermittelt, daß *er* es ist, der die gottähnliche Macht besitzt, die Frau vom kulturellen Zustand der Sittlichkeit in den "natürlichen" des Sexualobjektes zurückzuführen, ist ein ritueller Widerstand unerläßlicher Bestandteil des Überwältigungsrituals. Darüber hinaus zeigt das Ziel der Degradierung der Frau zum sexuellen Körper, die unvermeidlich mit dieser Ideologie verbunden ist, wie unglaubwürdig das Insistieren auf der weiblichen Tugendhaftigkeit ist.

Diskurs und Wahrnehmung

Wenn der gespielte Unwille der Frau zum moralischen Imperativ wird, kann jede Zurückweisung des Mannes als Koketterie mißachtet und übergangen werden. Darin liegt die besondere Perfidie von ROUSSEAUs Konzept begründet. An diesem Punkt ist die Schnittstelle auszumachen, an der sich erotische Inszenierung und brutale Realität berühren und kaum noch voneinander zu unterscheiden sind. Denn die Inflation des weiblichen Nein führt zur Negation der Verneinung schlechthin - und damit zur Interpretation des Nein der Frau als ein Ja. Dies geschieht umso nachhaltiger, als durch die wiederholte Hervorhebung der angeblich grenzenlosen weiblichen Begierde der Eindruck noch verstärkt wird, daß Frauen im Prinzip immer sexuell bereit ("willig") sind. Die moralische Verpflichtung der Frau auf das obligatorische Nein gegenüber männlichen Annäherungsversuchen macht sie aber nicht nur zum passiven, willenlosen Objekt, sondern legitimiert darüber hinaus ROUSSEAUs Verdikt von der Unaufrichtigkeit und Unglaubwürdigkeit der Frauen. Von dieser leitet er eine erstaunliche und befremdliche Äußerung ab, und zwar, daß man zu seiner Zeit kaum noch von Notzucht spreche, weil die Männer nicht mehr daran glaubten:

> "Wenn heutzutage weniger Fälle von Notzucht ("actes de violence"; G.V.) vorkommen, so sicher nicht deshalb, weil die Männer enthaltsamer geworden sind, sondern weil sie weniger leichtgläubig sind. Eine entsprechende Klage, die ehemals einfache Leute überzeugt hätte, riefe heute nur ein mißachtendes Lächeln hervor, man schweigt also besser." (S. 417)

Der Wink an Frauen als eventuelle Vergewaltigungsopfer ist ebenso deutlich wie die dahinter stehenden Interessen es sind.

Statt als Widerspiegelung der objektiven Situation und der realen Verbreitung sexistischer Gewalt sollte ROUSSEAUs "Beobachtung", eine

Wahrnehmung, die zweifellos durch Ideologie geprägt ist, viel eher als direktes Resultat eines Bewußtseins gelesen werden, das bereits durch eine Sexualtheorie und -praxis geformt worden ist, wie ROUSSEAU sie konzipiert. Er hat zweifellos Elemente der schon früher herrschenden aristokratischen Praxis aufgenommen, an der sich das Bürgertum orientierte. Zunächst als "Verhüllungstaktik und Verführungsspiel der feudalen, intrigierenden Liebe"[14] entstanden, wird aus dem koketten Sich-Entziehen, aus Abwehr- und Eroberungsritualen ein bürgerliches Credo, das zugleich eine Kampfansage gegen die Frau beinhaltet: Wenn eine Frau Nein sagt, meint sie in Wirklichkeit Ja, - nur der Moralkodex verbietet es ihr, ehrlich zu sein. ROUSSEAUs Konzept der Heterosexualität läuft somit letztlich darauf hinaus, daß es Vergewaltigung gar nicht geben kann, weil eine Frau aufgrund ihrer unbegrenzten Begierden permanent zur Verfügung steht. Oder - andersherum formuliert - ergibt sich aus dieser Theorie, daß jeder "normale" Geschlechtsakt die Züge einer Vergewaltigung aufweist, weil die Annäherung wie bei einer Vergewaltigung verläuft (Mc KINNON 1984).

ROUSSEAUs Beobachtung legt nahe, daß seine Theorie einen weit verbreiteten Bewußtseinsstand wiedergibt, wonach eine Vergewaltigung als solche schlichtweg nicht wahrgenommen wird, da Angriff und Verteidigung der alltäglichen Kommunikationsstruktur zwischen den Geschlechtern entsprechen und "normaler" Bestandteil der heterosexuellen Umgangsformen zu sein scheinen.

Ein Beispiel für das Nicht-Wahrnehmen von Männergewalt, in diesem Fall in der Ehe, liefert DIDEROT in seiner Schrift "Über die Frauen". Hier wird überdeutlich, wie sehr sich Definitionen auf das Bewußtsein und die Wahrnehmung von bestimmten Vorgängen auswirken.

Da Vergewaltigung in der Ehe kein Straftatbestand war (und bis heute in der BRD keiner ist), wurde sie nicht als Verbrechen betrachtet, sondern unter dem Oberbegriff der ehelichen Pflicht abgehandelt. Im Bericht des Aufklärers DIDEROT offenbart sich, daß eine Vergewaltigung in der Ehe für ihn nicht denkbar ist, obwohl alle Anzeichen dafür sprechen. Ehe und Vergewaltigung werden als Widerspruch in sich begriffen:

> "Die Unterwerfung unter einen Herrn, der ihr mißfällt, ist ihr eine Qual. Ich habe eine anständige Frau vor Entsetzen zittern gesehen, sobald ihr Mann in ihre Nähe kam; ich habe sie sich ins Bad stürzen sehen und gesehen, wie sie sich immer noch nicht genügend reingewaschen

glaubte von der Beschmutzung durch ihre Gattenpflicht. Diese Art Widerwille ist uns fast unbekannt." (DIDEROT 1981, S. 170)

Die Frau, von der DIDEROT berichtet, zeigt die symptomatischen Reaktionen eines Vergewaltigungsopfers[15].

Doch nachdem DIDEROT zunächst, als er die Qual der Demütigung andeutet, auf der richtigen Spur zu sein scheint, interpretiert er den Vorfall anschließend, als ob es sich dabei um ein sexuelles Problem handele und diskutiert ihn als Ausdruck übertriebener Moralität oder Prüderie. Obwohl einiges Unbehagen seinerseits durchschimmert, fällt es DIDEROT nicht ein, seine Beobachtung als einen Fall von Vergewaltigung in der Ehe und Verstoß gegen die von den Aufklärern so hochgehaltenen Menschenrechte zu verhandeln[16]. Das zeigt auch seine Bemerkung über die Abwesenheit solchen Widerwillens bei Männern an. Hätte er Vergewaltigung auch nur in Betracht gezogen, so wäre ihm sicherlich aufgegangen, daß Männern eine derartig traumatische Erfahrung meistens erspart bleibt und sie daher auch keine entsprechenden psychologischen Symptome zeigen.

Sadomasochistische Zurichtungen und ihre gesellschaftliche Funktion

Wenn ROUSSEAU wiederholt die Macht der weiblichen Reize hervorhebt, zeugt dies ebenso von seiner Angst vor Frauen, die in seinen Augen Sexualität repräsentieren[17], wie von seinem Bestreben, Männergewalt gegen Frauen zu legitimieren. Er benutzt zu diesem Zweck Argumentationsmuster, die bis heute in den gängigen Vergewaltigungsmythen fortwirken (vgl. BROWNMILLER 1980). Sein Konzept der galanten Inszenierung des euphemistisch sogenannten "Geschlechterkampfes", bei dem es sich in Wahrheit um eine Kriegserklärung an die Frau handelt, hat dem bürgerlichen Mann ein Legitimationsmodell für sexistische Gewalt an die Hand gegeben. Das Muster war zwar im Modell des Sündenfalls bereits angelegt, weil auch hier die Frau beschuldigt wurde, wird hier jedoch in eine pädagogisch und psychologisch ausgefeiltere, verfeinerte Form gegossen, die dem bürgerlichen, "aufgeklärten" und säkularisierten Denken angepaßt ist[18]. Infolgedessen wurden Macht- und Gewaltverhältnisse zwischen den Geschlechtern in das Innere der Menschen verlegt und kehrten im Gewand des "männlichen Sadismus" einerseits und des "weiblichen Masochismus" andererseits wieder, als Eigenschaften der "Geschlechtscharaktere" also, die als biologisch bedingt, natürlich und somit unveränderbar deklariert wurden[19].

Verläuft die Zurichtung der Frau zum willenlosen Opfer erfolgreich im Sinne ihres Herrn und Gebieters, so besteht keine Gefahr einer möglicherweise bedrohlichen Gegenwehr und Auflehnung mehr, denn die Aufgabe der bürgerlichen Frau ist, wie Barbara DUDEN einmal formuliert hat, identisch mit ihrer Selbstaufgabe[20]. Die "Liebe" des Mannes wird mit Selbstverachtung und Selbsthaß erkauft, durch eine Form des modifizierten Masochismus also, die aber nicht zu verwechseln ist mit dem männlichen Masochismus [21] und erst recht nicht mit jenem ideologischen Konstrukt eines "weiblichen Masochismus", der immer wieder zur Rechtfertigung von sexistischer Gewalt herangezogen wird. Letzterer bezieht sich meist auf einen angeblich sexuellen Masochismus von Frauen, wobei grundsätzlich unterschlagen wird, daß die Mitbestimmung der Frau hier den prinzipiellen Unterschied zur sexistischen Gewalt ausmacht, bei der es ausschließlich darum geht, den Willen der Frau zu brechen und sie zum Objekt männlichen Omnipotenzwahns zu machen, ihren Subjektstatus somit auszulöschen[22].

Selbstlosigkeit und Selbstaufopferung sind im Konzept der "Geschlechtscharaktere" Lebenssinn und -zweck der Frau. Damit ist ihre Viktimisierung vorprogrammiert.

In der Idealisierung und Verherrlichung der Überwindung von rituellem oder echtem Widerstand transzendiert das männliche Subjekt sich selbst. Die tatsächliche Vergewaltigung liefert allerdings einen noch überzeugenderen Beweis der männlichen Subjektivität und Unterwerfungsmacht als die bloße Inszenierung. In der Überwindung von Widerstand versichert das männliche Subjekt sich seiner Handlungsfreiheit und Autonomie. Indem der Mann eine Frau angreift, erliegt er - entgegen der landläufigen Meinung - gerade *nicht* ihren Reizen, sondern er attackiert diese Reize, die ein Symbol für die Bedrohung seiner Autonomie darstellen.

> "'Gewalt des Eros', 'Macht des Sexus'- das ist metaphorisch und nicht wörtlich zu verstehen und beschreibt ein überwältigendes Gefühl, dessen nicht 'Herr' zu werden ist. Daher wird es aus dem Zuständigkeitsbereich des männlichen Selbst ausgelagert und anderen Instanzen zugeschoben, den 'Trieben', den 'niedrigen Instinkten' oder dem weiblichen Geschlecht, weswegen Instinkte, Triebe und Gefühl als weibliche Geschlechtseigenschaften gelten, obwohl es sich ja hier um Triebe und Gefühle *gegenüber* Frauen und daher um *männliche*, nicht um weibliche Impulse handelt."[23]

Das Objekt der männlichen Begierde ist zugleich ein Objekt des Hasses, weil es zur 'gefährlichen' Selbst-Preisgabe verführen könnte, - gefährlich deshalb, weil diese Hingabe die männliche Machtposition bedroht, die auf Individualismus und Gefühlskälte gegenüber jenen basiert, die als inferior eingestuft werden. Zwischenmenschliche Nähe zu den "Parias" würde diese Werte infragestellen.

Der Mann beweist sich somit seine willentliche Selbstbestimmung durch die Bekämpfung jener Verlockungen, die von der Frau repräsentiert werden: Empathie, Hingabe, Liebe, Sexualität, - Gefühle und Affekte also, die im dualistischen Denkschema, in dem es nur Herrschaft und Unterwerfung gibt, auf der Seite der "minderwertigen" Unterworfenen angesiedelt werden. Unentbehrlich, aber inferior, wie sie für die bürgerliche Gesellschaft nun einmal sind, werden diese Qualitäten in den Kompetenzbereich der Frau verwiesen, denn mit ihnen ist "kein Staat zu machen"[24]. So kann der Mann sich bequem der sozialen Verantwortung entziehen und sich seinen Geschäften, seiner Karriere und seinen Beziehungen zu den Herrschenden widmen, während er die sozialen Aufgaben an "minderwertige" Mitglieder der Gesellschaft delegiert. Für die daraus resultierenden Einschränkungen soll die Frau sodann durch taktische Manöver der Idealisierung und Überhöhung als Angehörige des "moralischen Geschlechts" entschädigt und über ihre tatsächliche Machtlosigkeit hinweggetäuscht werden[25]. Schönheit und Tugend werden dem "schwachen Geschlecht" als Ersatz für gesellschaftlichen Einfluß angeboten, sie sollen vertuschen, daß die Frau letztlich als defizitäres Mängelwesen betrachtet wird.

Die sexistische Rollenverteilung, die sich in der Gegenüberstellung von "schönem Geschlecht" und "starkem Geschlecht" manifestiert, kommt männlichen Machtinteressen sehr entgegen. Niemandem tut es schließlich weh, wenn man(n) die (sozialen) Tugenden und die angebliche "Naturnähe" der Frauen glorifiziert, um ihre unterlegene Stellung zu kaschieren (nach dem Motto: Hast du heute schon deine Frau gelobt?) - solange nicht der Mann seinerseits in die Pflicht genommen wird, diese Seiten bei sich zu entwickeln. Dies liegt jedoch nicht in seinem Interesse, da Privilegien und Teilhabe an der Herrschaft nur auf der Basis von Durchsetzungsfähigkeit, Egoismus und Bereitschaft zur rücksichtslosen Selbstbehauptung einerseits und durch die Unterordnung bzw. Anpassung an einen militärischen oder einen anderen machtvollen Männerbund andererseits zu haben sind. Nach der Devise "teile und herrsche" besteht das Prinzip bürgerlich-patriarchaler Macht westlicher Prägung in der Ausbeutung und Unterdrückung der

"Anderen" und in der gleichzeitigen Loyalität gegenüber der männlichen Eigengruppe.

In der sexuellen Unterwerfung der Frau, sei sie inszeniert oder real, bespiegelt sich der Mann in seiner Grandiosität als Sieger, als der er auch in anderen Kriegen, nicht nur in dem gegen die Frau, als Held gefeiert wird. Dem Völkermord in den Kolonien, der Sklaverei, der Ausbeutung und Zerstörung der Natur korrespondiert die Gewalt gegen Frauen, so daß es kaum verwundern kann, wenn die Metaphern, durch die das Verhältnis zum Anderen der androzentrischen Vernunft beschrieben wird, untereinander austauschbar sind: So wird etwa die Natur von BACON 'auf die Folter gespannt' wie die als Hexen beschuldigten Frauen durch die Inquisitoren[26], während die Frauen erobert, unterworfen oder bekämpft werden wie die Ureinwohner der Kolonien.

ROUSSEAUs Konzept der Heterosexualität ist ein Beispiel dafür, daß der Mann sich selbst als potentiellen Vergewaltiger entwirft. Sexualität und Gewalt gehen in der Brutalisierung der Sexualität und der Sexualisierung von Gewalt eine Synthese ein, weil das bürgerlich-patriarchale Streben nach Selbstbehauptung und Omnipotenz zum Selbstzweck geworden ist[27]. Dieses Konzept fordert die Überwindung von Widerständen, die der Ausdehnung und Zementierung von Macht im Wege stehen, also die Unterwerfung der inneren und äußeren Natur mittels Gewalt.

Wenn Silvia BOVENSCHEN die Hexenprogrome als zweite Phase patriarchaler Machtergreifung nach dem prähistorischen Umbruch von matriarchalen Gesellschaftsordnungen in patriarchale bezeichnet (BOVENSCHEN 1977, S. 292), läßt sich das aufklärerisch-säkularisierte Konzept der Verinnerlichung der Gewaltverhältnisse zwischen Mann und Frau als dritte Phase dieser Machtergreifung und Machtabsicherung beschreiben. Durch die Internalisierung von masochistischen, psychischen Strukturen soll die "freiwillige Unterwerfung" von Frauen erreicht werden, die umso notwendiger wurde, je mehr die Akzeptanz der evidenten Rechtlosigkeit der Frau im Schwinden begriffen war. Da die Aufklärer sich an ihren eigenen Maßstäben der Menschenrechte und emanzipatorischen Maximen messen lassen mußten, gerieten sie hinsichtlich der Frauenrechte zunehmend unter Rechtfertigungsdruck. Zwar widerstanden sie diesem Druck noch einige Zeit, trugen ihm jedoch zugleich insofern Rechnung, als sie neue Theorien entwickelten, die geeignet waren (und offensichtlich bis heute sind), den Argumenten von Frauenrechtlerinnen den Wind aus den Segeln zu nehmen, indem die Gewaltverhältnisse als psychische Naturgesetzmäßigkeiten in das Innere der Menschen verlegt wurden. Einmal mehr wurde die frauenfeindliche Pädagogik und Psychologie durch das Herstellen von Analogien zu den anatomischen Unterschieden zwischen den Geschlechtern untermauert.

Damit die sexistische Arbeitsteilung in der kapitalistischen Gesellschaft funktioniert und gewährleistet bleibt, werden die Sozialcharaktere der Geschlechter so zugerichtet, daß sie sich wechselseitig ergänzen. Das Resultat ist ein modifizierter kultureller Sadomasochismus (vgl. BARRY 1983), das heißt eine Konstruktion der "folie-à-deux", die als natürlich und normal hingestellt wird. Wenn die ökonomischen, politischen und sozialen Herrschaftsstrategien ins Wanken geraten sollten, bleibt immer noch die wirkungsvolle psychologische Deformation, die am schwersten zu durchschauen und zu bekämpfen ist, weil sie durch ihr Ansetzen im Unbewußten der Individuen besonders subtil, nachhaltig und perfide wirkt.

Anmerkungen

1 Eine Ausnahme stellen die beiden folgenden Studien dar: CAMERON/ FRAZER 1990; CAPUTI 1988. Andere Ansätze bieten: DAVIDSON, Terry: Wifebeating: A Recurring Phenomenon throughout History. In: ROY, Maria (ed.): Battered Women. New York 1977, S. 2-23; BENNHOLDT-THOMSEN 1985; LÜPSEN 1987.

2 Vgl. zum Beispiel SCHRÖDER, Hannelore: Das "Recht" der Väter. In: PUSCH, Luise F. (Hrsg.): Feminismus. Inspektion der Herrenkultur. Frankfurt/Main 1983, S. 477-506; MEYER-KNEES, Anke: Gewalt als Definitionsproblem. In: LINDNER, Ines u.a. (Hrsg.): Blick-Wechsel. Konstruktionen von Männlichkeit und Weiblichkeit in Kunst und Kunstgeschichte. Berlin 1989, S. 429-435.

3 Vgl. zum Beispiel FISCHER-HOMBERGER, Esther: Krankheit Frau. Zur Geschichte der Einbildungen. Darmstadt 1988; BOVENSCHEN, Silvia: Die imaginierte Weiblichkeit. Frankfurt/Main 1979; HONEGGER, Claudia: Die französische Anthropologie der Revolutionszeit und die Neubestimmung der Geschlechter. In: SCHMIDT-LINSENHOFF, Viktoria (Hrsg.): Sklavin oder Bürgerin? Französische Revolution und Neue Weiblichkeit 1760-1830. Frankfurt/Main 1989, S. 294-307.

4 PADGUG bezieht sich zwar auf Michel FOUCAULT: Sexualität und Wahrheit, Bd. 1: Der Wille zum Wissen. Frankfurt/Main 1983, gibt seiner eigenen Theorie jedoch eine mehr politisch-soziologische Wendung. Zur Kritik bzw. Modifikation von FOUCAULTs Ansatz vgl. auch HAUSER 1983; sowie GRIMME, Mathias T.J.: Der Sex ist männlich. In: Männersache (Ausstellungskatalog). Hamburg 1987, S. 149-155.

5 Ich nenne hier nur zwei Beispiele aus der Kunstgeschichte: SCHADE, Sigrid: Der Mythos des "Ganzen Körpers". In: BARTA, Iselbill u.a. (Hrsg.): Frauen-Bilder, Männer-Mythen. Kunsthistorische Beiträge. Berlin 1987, S. 239-260; HOFFMANN-CURTIUS, Kathrin: "Wenn Blicke töten könnten". Oder: Der Künstler als Lustmörder. In: LINDNER u.a., a.a.O. (Anm. 2), S. 369-393.

6 Zum Begriff des rituellen Widerstandes vgl. FIEGL 1990, S. 18-26.

7 Vgl. dazu JANSSEN-JURREIT, Marielouise: Sexismus. Frankfurt/Main 1985, S. 602-622; DWORKIN, Andrea: Pornographie. Männer beherrschen Frauen. Köln 1987, S. 21-61.

8 Vgl. dazu KEEN, Sam: Bilder des Bösen. Wie man sich Feinde macht. Weinheim, Basel 1987.

9 RATTNER, Josef: Aggression und menschliche Natur. Freiburg 1970, S. 120.

10 Vgl. FREEDMAN, Rita: Die Opfer der Venus. Vom Zwang schön zu sein. Zürich 1989.

11 LÜPSEN 1987, S. 18-24. Bezüglich der folgenden Ausführungen vgl. MEYER-KNEES 1989 (s. Anm. 2), S. 432 f.

12 KAPPELER 1988; vgl. auch RUSH, Florence: Das bestgehütete Geheimnis: Sexueller Kindesmißbrauch. Berlin 1989.

13 KAPPELER 1988, S. 172 f.; vgl. auch HUSTON 1986, S. 119-136.

14 SCHADE, Sigrid: "Anmut": Weder Natur noch Kunst. In: DANE, Gesa u.a. (Hrsg.): Anschlüsse. Versuche nach Michel Foucault. Tübingen 1985, S. 69-79, hier: S. 77.

15 Vgl. dazu BRÜGGEBORS-WEIGELT, Gisela: Identität und Vergewaltigung (Psychologie der vergewaltigten Frau, Bd. 1). Berlin 1986; LICHT, Maren: Vergewaltigungsopfer. Psychosoziale Folgen und Verarbeitungsprozesse. Pfaffenweiler 1989.

16 Vgl. GERHARD, Ute: Menschenrechte - Frauenrechte. In: SCHMIDT-LINSENHOFF (Hrsg.) 1989 (s. Anm. 3), S. 55-67.

17 Vgl. BEGEMANN, Christian: Furcht und Angst im Prozeß der Aufklärung. Frankfurt/Main 1987.

18 HORKHEIMER, Max/ ADORNO, Theodor W.: Dialektik der Aufklärung. Frankfurt/Main 1986; vgl. auch BENNENT, Heidemarie: Galanterie und Verachtung. Eine philosophiegeschichtliche Untersuchung zur Stellung der Frau in Gesellschaft und Kultur. Frankfurt/Main; New York 1985; LLOYD, Geneviève: Das Patriarchat der Vernunft. Bielefeld 1985.

19 HAUSEN, Karin: Die Polarisierung der "Geschlechtscharaktere". Eine Spiegelung der Dissoziation von Erwerbs- und Familienleben. In: Werner CONZE (Hrsg.): Sozialgeschichte der Familie in der Neuzeit Europas. Stuttgart 1976, S. 363-393.

20 DUDEN, Barbara: Das schöne Eigentum. Zur Herausbildung des bürgerlichen Frauenbildes an der Wende vom 18. zum 19. Jahrhundert. In: Kursbuch 47, 1977, S. 125-140, hier: S. 139.

21 BENARD, Cheryl/ SCHLAFFER, Edit: Männlicher Masochismus. Oder: Wie man(n) noch als Sklave Herr bleibt. In: Psychologie heute, 7 (1980), H. 11, S. 56-62; diess.: Der Mann auf der Straße. Reinbek 1980, S. 213-238.

22 CAPLAN, Paula J.: Frauen sind keine Masochisten. Zürich; Köln 1986; SHAINESS; Nathalie: Keine Lust zu leiden. München 1989.

23 BREITLING, Gisela: Bilder der Gewalt - Gewalt der Bilder. In: BENDKOWSKI, Halina/ ROTALSKY, Irene (Hrsg.): Die alltägliche Wut. Gewalt - Pornographie - Feminismus. Berlin 1987, S. 110-117, hier: S. 115 (Hervorhebung im Original).

24 Vgl. MOSSE, George L.: Nationalismus und Sexualität. Reinbek 1987.

25 STEINBRÜGGE, Lieselotte: Das moralische Geschlecht. Weinheim, Basel 1987.

26 Vgl. MERCHANT, Carolyn: Der Tod der Natur. München 1987, S. 142-163; S. 277-190.

27 HESSE, Heidrun: Vernunft und Selbstbehauptung. Frankfurt/Main 1984, S. 90-117; vgl. auch NORRETRANDERS, Tor (Hrsg.): Hingabe. Über den Orgasmus des Mannes. Reinbek 1986 (Darin besonders die Beiträge von Willy THRYSOE, S. 104-112, und Olaf STORM JENSEN, S. 113-128).

Literatur

BARRY, Kathleen: Sexuelle Versklavung von Frauen. Berlin 1983.

BENNHOLDT-THOMSEN, Veronika: Zivilisation, moderner Staat und Gewalt. Eine feministische Kritik an Norbert Elias' Zivilisationstheorie. In: Beiträge zur feministischen Theorie und Praxis, 8 (1985), H. 13, S. 23-35.

BOVENSCHEN, Silvia: Die aktuelle Hexe, die historische Hexe und der Hexenmythos. Die Hexe: Subjekt der Naturaneignung und Objekt der Naturbeherrschung. In: BECKER, Gabriele/ BOVENSCHEN, Silvia/ BRACKERT, Helmut u.a.: Aus der Zeit der Verzweiflung. Zur Genese und Aktualität des Hexenbildes. Frankfurt/Main 1977, S. 259-312.

BROWNMILLER, Susan: Gegen unseren Willen. Frankfurt/Main 1980.

CAMERON, Deborah/ FRAZER, Elizabeth: Lust am Töten. Berlin 1990.

CAPUTI, Jane: The Age of Sex Crime. London 1988.

DIDEROT, Denis: Über die Frauen. In: ders.: Erzählungen und Gespräche. Frankfurt/Main 1981, S. 169-181.

FIEGL, Verena: Der Krieg gegen die Frauen. Zum Zusammenhang von Sexismus und Militarismus. Bielefeld 1990.

GARBE, Christine: Fiktionen des weiblichen Begehrens. Eine Re-Vision der sexuellen Diskurse von Jean-Jacques Rousseau und F. Schlegel. In: RICK, Karin (Hrsg.): Das Sexuelle, die Frauen und die Kunst. Tübingen 1987, S. 100-117.

HAUSER, Kornelia: Sexualität und Macht. In: Frauenformen, Bd. 2: Sexualisierung (Argument-Sonderband 90). Berlin 1983, S. 125-204.

HUSTON, Nancy: The Matrix of War: Mothers and Heroes. In: Susan RUBIN SULEIMAN (Hrsg.): The Female Body in Western Culture. Cambridge/London 1986, S. 119-136.

KAPPELER, Susanne: Pornographie - die Macht der Darstellung. München 1988.

LÜPSEN, Susanne: Von den Scheiterhaufen zum heutigen Scheitern von Frauen. Zur 500-jährigen Mystifizierung des Ausbeutungsverhältnisses zwischen den Geschlechtern als sexuelles Verhältnis. In: Beiträge zur feministischen Theorie und Praxis, 10 (1987), H. 20, S. 9-24.

Mc KINNON, Cathrin: Gewalt gegen Frauen in neuer Sicht. In: SCHAEFFER-HEGEL, Barbara (Hrsg.): Frauen und Macht. Berlin 1984, S. 229-237.

PADGUG, Robert A.: Sexual Matters: On Conceptualizing Sexuality in History. In: Radical History Review no. 20, New York 1979, S. 3-25.

ROUSSEAU, Jean-Jacques: Emile oder Über die Erziehung. Paderborn 1962[2] (franz. Erstausgabe 1762).

WEIGEL, Sigrid: Die nahe Fremde - Das Territorium des "Weiblichen". Zum Verhältnis von "Wilden" und "Frauen" im Diskurs der Aufklärung. In: KOEBNER, Thomas/ PICKERODT, Gerhart (Hrsg.): Die andere Welt. Studien zum Exotismus. Frankfurt/Main 1987, S. 171-199.

Weitere Literaturangaben finden sich in den Anmerkungen.

DIE LUST AM ANDROGYNEN
Zur Überwindung des Weiblichkeitsdiskurses in der Tanzkunst

Gabriele Klein

"Ballet is woman" - dieser Satz George Balanchines bezeichnet nicht nur die ästhetische Wahrnehmung des ehemaligen Leiters des New York City Ballet. Er läßt sich auch als ein charakteristisches Beispiel für die sich mit Beginn der Neuzeit herauskristallierende Assoziation von Frauen mit Tanz im allgemeinen und Kunsttanz im besonderen lesen. Denn während noch in den höfischen Balletten Männer Frauenrollen tanzten, verloren sie spätestens mit dem Durchbruch des romantischen Balletts zu Beginn des neunzehnten Jahrhunderts ihre dominante Rolle auf der Tanzbühne. Seitdem ist Tanz eine unhinterfragte Domäne der Frauen, obwohl seit Beginn dieses Jahrhunderts vereinzelte Tänzer wie Nijinsky den Männern den Tanzboden zurückeroberten.

Auf welchen kulturellen Deutungsmustern beruht die bis heute existierende Assoziation von Weiblichkeit und Tanz? Oder ist der Tanz ein ästhetisches Medium, das 'dem Weiblichen' - in der Frau und im Mann - entgegenkommt und damit ein ästhetisches Erfahrungsfeld jenseits binärer Geschlechterkonstruktionen? Diesen Fragen möchte ich im folgenden nachgehen. Dabei richtet sich mein Augenmerk nicht auf das biologische Geschlecht, sondern auf die sozialen und diskursiven Strategien, also auf die Art und Weise, wer, wie, was über Weiblichkeit und Frau-Sein spricht bzw. öffentlich sprechen darf und und welche soziale Funktion dieser Rede zukommt (vgl. FOUCAULT 1977; 1981).

Diskursive Strategien sind soziale Platzanweiser. Ihre Inhalte und Formen unterliegen historischen Wandlungen. Auch das Reden und Wissen über Weiblichkeit und Tanz läßt sich nicht hinreichend aufspüren, ohne der Frage nach der Archäologie dessen, was als weibliche Tanzkunst galt, nachzugehen. Die Vergegenwärtigung der Historie bildet die Voraussetzung für die

Utopie einer neuen weiblichen, weiblich-männlichen oder geschlechtertranszendierenden, adrogynen Tanzkunst.

Die Wahl einer historischen Verfahrensweise bedeutet einerseits, die Sozialgeschichte der Kunst, speziell der Tanzkunst als einer Körperkunst, zu rekonstruieren. Auf der anderen Seite setzt die Ortsbestimmung einer weiblichen Tanzkunst die Ausgrabung der allgemeinen Kulturgeschichte der Weiblichkeit voraus, denn der Diskurs über das Weibliche in der Tanzkunst vollzieht sich nicht unabhängig von dem gesellschaftlichen Diskurs über Weiblichkeit oder anders ausgedrückt: Die Kulturgeschichte der Weiblichkeit bildet die Kulisse für die ästhetische Inszenierung derselben im Tanz. Damit ist schon angedeutet, daß ich die Begriffe 'weiblich' oder 'Weiblichkeit' nicht im Sinne ihrer biologischen Zuordnung benutze, sondern in Hinblick auf ihre kulturellen Besetzungen.

Wenn auch die Geschichte der Weiblichkeit die kulturelle Bühne für die ästhetische Inszenierung derselben darstellt, kann es bei der Suche nach den historischen Spuren von Weiblichkeit nicht nur um deren Geschichte gehen, sondern letztendlich um die Rekonstruktion eines Menschenbildes, des Frauenbildes und des Männerbildes einer Gesellschaft. Auch hier gilt es, den Blick zurückzulenken auf die Entstehung des Wissens und Redens über Frau-Sein und Mann-Sein. Es geht also um die Anthropologie der menschlichen 'Natur' bzw. um den Diskurs über die 'Natur' der Geschlechter. Somit ist die Frage nach den Verbindungen von Weiblichkeit und Tanz letztendlich eingebettet in die Sozial- und Kulturgeschichte der menschlichen Natur bzw. der Natur der Geschlechterdifferenz, die wiederum in ihrer Gesellschaftlichkeit besteht.

Kulturgeschichtliche Spuren der Weiblichkeit

Das Wissen darüber, was der Mensch sei, was ein Mann und was eine Frau, entsteht in den sich herausbildenden bürgerlichen Gesellschaften im Laufe des 18. und 19. Jahrhunderts neu. In philosophischen, literarischen und politischen Schriften tauchen Definitionen und Kategorisierungen auf, die den Menschen als vernunftbegabtes Wesen, frei und mit bürgerlichen Rechten ausgestattet begreifen. Allerdings wird diese bürgerliche Variante der menschlichen Natur implizit nur für den Mann gedacht. Die Frau hingegen, so wird suggeriert, sei zwar mitgemeint, tatsächlich aber ist sie von diesem Zeitpunkt an aus der kategorialen Bestimmung der menschlichen Natur ausgeschlossen. Im Gegensatz zu dem gesellschaftlichen Subjekt 'Mann' wird ihr der Objektstatus des naturhaften Seins zugeschrieben (vgl. BOVENSCHEN 1980; HASSAUER 1986; GRIFFIN 1987). So heißt es beispielsweise bei FICHTE:

> "...das zweite Geschlecht steht der Natureinrichtung nach um eine Stufe tiefer als das erste, es ist Objekt einer Kraft des ersteren, und so muß es seyn, wenn beide verbunden seyen sollen (...). Die Ruhe des Weibes hängt davon ab, daß sie ihrem Gatten ganz unterworfen sey, und keinen Willen habe als den seinigen." (FICHTE 1971, S. 309 u. 314).

Während der Mann explizit als Mensch definiert ist, während er die Würde des Subjekts erhält, bleibt die Frau Objekt, eine Leerstelle in der Anthropologie der bürgerlichen Gesellschaft und in der Realität ein fremdbestimmtes Wesen. Grundlage dieser binären Geschlechterkonstruktion ist wiederum die Biologie von Mann und Frau.

Mit dem Übergang zur bürgerlich-industriellen Gesellschaft ändert sich nicht nur das Wissen über das Wesen der Geschlechter, sondern auch das soziale Bezugssystem, in das die neu formulierten Geschlechtscharaktere eingepasst werden sollen. Die Trennung von Erwerbs- und Familienleben erweist sich als Spiegel wie auch als Stabilisator der Geschlechterdifferenz: Das vernunftbegabte Wesen 'Mann' findet seinen sozialen Ort in den Bereichen der Ökonomie, Wissenschaft und Politik. Die Frau verkörpert demgegenüber all das, was mit dem Bereich des Familialen assoziiert wird: Intuition, Sensibilität, Irrationalität, Körperlichkeit und Naturhaftigkeit. Von nun an schließt der Diskurs über das Wesen der Frau quasi natürlich das Sprechen über die ihr zugewiesenen Charaktereigenschaften ein (vgl. WARTMANN 1980, 1982).

Die spezifisch bürgerliche Bestimmung der weiblichen Natur ist aber keineswegs ein traditionales Relikt patriarchaler Kulturentwicklung, auf das die Moderne hätte verzichten können und verzichten könnte. Ganz im Gegenteil: sie ist ein basaler Bestandteil der sich stabilisierenden Industriegesellschaft. Mit dem Übergang zur Moderne fungiert die Kategorie Geschlecht insofern nicht mehr nur als soziale Platzanweiserin, die zugleich ungleiche Machtverteilungen und Lebenslagen von Frauen und Männern vorsieht. Vielmehr bewirkt die soziale Verankerung des Geschlechterdualismus, daß die Mentalität weiblicher Lebenspraxen endgültig hinter den Kulissen der offiziellen Geschichte verschwindet. Die Ausgrenzung des Weiblichen bildet die Voraussetzung für die Stilisierung des weiblichen Geschlechts zum Mythos, zum

Rätsel, zum Nichts, zum Alles, zur Verrückten, zum weißen Fleck in der Topographie der Menschheit oder zum "dunklen Kontinent" eines Sigmund Freud. Je mehr die Frau die ihr zugewiesene fremde Lebenspraxis verinnerlicht, desto besser eignet sie sich zur Inbesitznahme durch die männliche Phantasie, zum Objekt männlicher Imagination: Ob Maria oder Eva, Venus oder Sphinx, Mona Lisa oder Marilyn Monroe - all dies sind Kreationen von Weiblichkeit nach männlichen Bildern. Geschaffen aus Lust und auch aus der Angst vor dem, was er selbst in sich verdrängt und auf die idealisierten Frauenbilder projiziert hat.

Inszenierte Weiblichkeit - Die Ballerina

Ob in Literatur, Musik, Malerei, Bildhauerei oder im Tanz, gerade die Kunst kennt eine Vielzahl männlicher Kreationen von Weiblichkeit. Reale Frauen standen dabei zumeist Modell, wurden aber gleichsam zu Opfern. Denn auch die (männliche) Kunst braucht ihre Menschenopfer, und wie Klaus THEWELEIT nachgewiesen hat, sind die Geopferten zumeist Frauen, Lebensgefährtinnen, Geliebte, Mitarbeiterinnen und Zuarbeiterinnen der Künstler (vgl. THEWELEIT 1989).

Vergleichbare Beziehungsstrukturen, wie sie THEWELEIT für die Literatur analysiert hat, zeichnet Malve GRADINGER für die Tanzkunst nach. Die Geschichte des Balletts und des modernen Tanzes ist demnach eine von Männern gemachte, sei es beispielsweise durch Pierre Beauchamps, den Ballettmeister Ludwig XIV oder die Ballettreformer Noverre, Pepita, Balanchine, Cranko, Bejart. Sie waren und sind diejenigen, die mit ihren Geschlechterbildern Choreographien entwickeln und Tänzerinnenbilder produzieren, während Frauen als ZuarbeiterInnen oder Musen mit ihren 'extrafunktionalen Fähigkeiten' auch im Tanz eine wesentliche Stütze männlicher Kunstproduktion waren und sind (vgl. GRADINGER 1990, S. 44f.).

Dieses hierarchische Geschlechterverhältnis konkretisiert sich insbesondere in der Figur der Ballerina, die mit dem Aufstieg des romantischen Balletts zu Beginn des neunzehnten Jahrhunderts kreiert wird und die jahrhundertealte Dominanz der Männer auf den abendländischen Tanzbühnen ablöst. Mit dem Aufstieg des romantischen Balletts wird Tanz als das Schöne, Leichte zwar verehrt, als gesellschaftlich Unproduktives allerdings entwertet. Ins kulturpolitische Abseits gedrängt, avanciert das Ballett zu einem entscheidenden Ausdrucksmedium des romantischen Traumes einer Versöhnung des Menschen mit der Natur, der inneren wie der äußeren. Das Bild der Ballerina spielt dabei eine entscheidende Rolle, denn es ist keineswegs ein historischer Zufall, daß der Durchbruch des romantischen Balletts mit seinen märchenhaften Inhalten mit dem Aufstieg von Frauen im Bühnentanz zusammenfiel.

Die Ballerina läßt sich als eine Inkarnation der männlichen Inszenierung von Weiblichkeit beschreiben. Sie ist das Kunstprodukt sowohl der träumerischen Sehnsüchte der Romantiker als auch der bedrohlichen Phantasien des männlichen Vernunftdenkens. In ihr spiegelt sich eine diffuse Naturverehrung, und zwar der Natur, die schon im neunzehnten Jahrhundert als Trieb- und Affektwelt längst von der bürgerlichen Bestimmung der menschlichen Natur abgespalten, mit dem Ausbau stabiler Selbstzwangapparaturen (vgl. ELIAS 1976) verdrängt und als äußere Natur durch das Verbundsystem von Ökonomie, Technik und Wissenschaft unterworfen ist.

Geformt durch die Vorstellungen einer männlichen Ästhetik, fordert die Einpassung in das tänzerische Ideal einer sauberen Weiblichkeit der Tänzerin wiederum die Opferung ihres eigenen Selbst ab. Denn die Inszenierung als schwebendes, erdenthobenes, ätherisch verklärtes Wesen setzt nicht nur ein hartes Training tanztechnischer Fertigkeiten und eine reglementierte Lebensführung voraus. Vielmehr lernen die Tänzerinnen mithilfe größter Arbeits- und Körperdisziplin, die männlichen Bilder zu verinnerlichen. Die Aneignung des männlichen Ideals bleibt der Tänzerin also nicht äußerlich, sondern ergreift direkt ihren Körper und damit ihr Selbst. Ihrer eigenen Körperlichkeit, ihres eigenen materiellen Fundaments enthoben, präsentieren die klassischen Tänzerinnen sozusagen mit Leib und Seele auf der Bühne das als schönen Schein, was in der gesellschaftlichen Realität Ausgrenzung von Frauen, Aneignung weiblicher Produktivität und Beherrschung weiblicher Körperlichkeit bedeutet.

Zum Dualismus: männlicher Täter - weibliches Opfer

An der Hartnäckigkeit, mit der sich das Ballett bis heute ein Dauerabonnement in den etablierten Theatern sichert, offenbart sich, daß die männliche Inszenierung von Weiblichkeit in der Tanzkunst nicht der Vergangenheit angehört. Vielmehr reicht sie beharrlich in unsere Gegenwart hinein. Die historische Beständigkeit und individuelle Wirksamkeit des Tänzerinnenideals zeigt darüber hinaus, daß sich die Geschichte der Frauen und der Weiblichkeit nicht einfach als eine einseitige Geschichte der Unterdrückung lesen läßt. Die Feinmechanik männlicher Bildproduktionen von Weiblichkeit funktioniert subtiler, als eine simplifizierende Geschichtsschreibung, die Täter und Opfer säuberlich scheidet, uns glauben macht. Mag diese Polarisierung in ihrer Einfachheit entlastend wirken, eine Hilfe bei der Beantwortung der Frage nach der sozialen Wirksamkeit der Bilder ist sie nicht. Viel ergiebiger erscheint mir hingegen die Einsicht, daß die soziale Bestimmung der weiblichen Natur eine regulative und kompensatorische Funktion für die bürgerlich-männliche Gesellschaft hat und diese Funktion tatsächlich von Frauen übernommen wird.

Julia KRISTEVA bezeichnet die Adaption männlicher Weiblichkeitsbilder durch Frauen als 'Effekt Frau' und meint damit, daß Frauen, ihrer Sprache beraubt, sich stumm hinter den Kulissen der offiziellen Geschichte zum aktiven Objekt ihrer Unterdrückung formen (vgl. KRISTEVA 1976). Demnach ist Weiblichkeit, d.h. eine mit der sozialen Rolle der Frau verbundene Praxis nicht nur das der Männlichkeit Unterworfene, sondern selbst als Faktor des geschichtlichen Fortschritts wirksam. Ihrer eigenen Mentalität entfremdet, lernen Frauen im Laufe ihrer, in diesem Fall tänzerischen Sozialisation, die männlichen Bilder als ihre eigenen zu verinnerlichen und zu repräsentieren; es ist also keineswegs der einfache Akt des unmittelbaren Zwangs, mit dem Frauen gegen ihren Willen in männliche Bilder eingepasst werden. Vielmehr handelt es sich bei diesem Vorgang um ein verzweigtes Zusammenwirken von sozialen Zwängen und individuellen Wünschen, von materiellen Bedingungen und subjektiven Bedürfnissen, von kulturellen Deutungssystemen und idealisierten Selbstbildern bzw. Selbstinszenierungen.

Aufbruch zu einem neuen Tänzerinnenbild

Ebensowenig wie die Annahme einer rein zwanghaften Unterdrückung die soziale Wirksamkeit des Bildes von der weiblichen Natur in den konkreten Geschlechterbeziehungen erklären kann, wird sie der historischen Entwicklung, auch der der Tanzkunst, nicht gerecht. Vielmehr tritt seit Beginn dieses Jahrhunderts die in der dualen Konstruktion der Geschlechtscharaktere angelegte Konflikthaftigkeit offen hervor. Frauen erhalten das Recht zu wählen, dringen in bisher den Männern vorbehaltene Bereiche der Ökonomie, Wissenschaft und Politik ein. Sie beginnen, die anthropologische Leerstelle 'Frau' zu füllen und mit ihrer Realität als fremdbestimmtes Wesen zu brechen. Aufbrüche, dieser Begriff bezeichnet schlagwortig die Tendenzen zu Beginn des zwanzigsten Jahrhunderts. Lebensreform-, Gymnastik- oder Tanzbewegung sind Aufbruchsbewegungen, die nicht nur eine Kritik an den 'Errungenschaften' der modernen Industriegesellschaft formulieren, sondern die Folgewirkungen der abendländischen Zivilisation für das Mensch-Sein schlechthin hinterfragen. 'Kultur statt Zivilisation' lautet ihr Motto, mit dem sie der schleichenden Technisierung des Lebens das Konzept der 'wahren' Natur des Menschen entgegensetzen.

Gleichermaßen wie die Körperkulturbewegungen und weite Teile der Wissenschaft besinnt sich auch die zeitgenössische Kunst auf die Deutungsangebote der Aufklärung über die Natur des Menschen. Der Expressionismus thematisiert das 'Innere' des Menschen, seine Triebe, Affekte und Bedürfnisse, also das, was im Laufe eines langfristigen Zivilisationsprozesses seine Sprache verloren hat. 'Von innen nach außen' lautet auch der Weg der neuen deutschen Tanzkunst, die vor allem bei Frauen eine breite Anhängerschaft findet. Schon 1903 hatte die amerikanische Wegbereiterin des modernen Tanzes Isadora DUNCAN das neue Tänzerinnenideal verkündet:

> "Die Tänzerin der Zukunft wird ein Weib sein müssen, deren Körper und Seele so harmonisch entwickelt sind, daß die Bewegung des Körpers die natürliche Sprache der Seele sein wird (...). Sie wird die Mission des weiblichen Körpers und der Heiligkeit all seiner Teile versinnlichen (...). Ja, sie wird kommen, die Tänzerin der Zukunft, sie wird kommen als der freie Geist, der in dem Leibe des freien Weibes der Zukunft wohnen wird" (DUNCAN 1903, S. 44f.).

Die Ausdruckstänzerinnen entwerfen ein Bild von der Tänzerin, das dem traditionellen männlichen Ideal entgegengesetzt ist. Indem sie jenseits der Technik und Rhetorik des klassischen Balletts zu tanzen beginnen, nehmen sie sich das Recht auf Selbst-Ausdruck, auf das eigene Bild, den eigenen tanzästhetischen Entwurf. Sie füllen die Leerstelle Tänzerin, indem sie sich aus der Fremdbestimmtheit durch männliche Choreographen, Komponisten und Autoren lösen und ihre eigenen Choreographien entwerfen. Dabei suchen sie eine Sprache des Tanzes, die sich jenseits der körperdisziplinierenden Techniken der klassisch-akademischen Tradition bewegt und den Tanz selbst neu erfahrbarbar macht. Mary WIGMAN, entscheidende Protagonistin des Ausdruckstanzes, schrieb:

> "Was ist Tanz? Raum, Symbol: Endliches mit Unendlichem
> geformt, durchdrungen, gebaut.
> Tanz ist eine Sprache, die im Menschen ureingeboren
> schlummert (...)
> Tanz ist ein einziges rhythmisches Schwingen oder Fluten (...)
> Tanz ist Einheit von Ausdruck und Funktion,
> durchleuchtete Körperlichkeit, beseelte Form.
> Ohne Ekstase keinen Tanz!
> Ohne Form keinen Tanz." (WIGMAN 1933, S. 19)

In der neuen 'Seelenausdruckskunst' ist das Unbewußte der Hauptstrom der Tanzproduktion mit dem Ziel, Erfahrungsprotokolle einer verschütteten und unterdrückten Natur zu schreiben. Der Begriff der Seele wie auch die Vorstellung einer anderen Ästhetik jenseits der männlichen Körperschranken einer akademisch-klassischen Tanztradition stellen das verbindende Element zwischen den ansonsten recht unterschiedlichen Werken der Ausdruckstänzerinnen dar.

Diese Aufbrüche und Gegenentwürfe sind von Zeitgenossen und auch von heutigen Tanzkritikern schon mehrfach als 'Revolution' der Tanzkunst und als die 'Emanzipation' der Tänzerin bejubelt worden (vgl. BRANDENBURG 1921; SCHIKOWSKI 1926; LÄMMEL 1928; SCHMIDT 1980). Sicherlich zu Recht. Aber der Aufbruch hat seine Kehrseite, vor allem, wenn man ihn auf der Folie des traditionellen Diskurses über die Natur des Weiblichen betrachtet. Aus diesem Blickwinkel erscheint die Ausdruckstanzbewegung als ein in den Fesseln der Tradition verfangener Fort-Schritt. Denn auch im Ausdruckstanz bleibt die ästhetische Aufbereitung des Seelischen 'Sache der Frau'. Die Seele, in den sozialutopischen Entwürfen nunmehr das Vehikel einer Vereinigung des Menschen mit dem kosmischen Ganzen, galt seit jeher als der Natur des Weiblichen zugehörig. So ist es nicht verwunderlich, daß gerade die Rückbesinnung der Ausdruckstänzerin auf ihre wahre, biologische Natur als die wirkliche Emanzipation der Frau gefeiert wird. Für die Tänzerinnnen selbst wie auch für ihre Kritiker bleibt der Ausdruckstanz eine weibliche Bewegungs- und Kunstform. Gerade weil er den Weg von innen nach außen geht, erscheint er als die der Natur der Frau entsprechende Bewegungs- und Kunstform.

In der Ambivalenz von Selbstbestimmung und erneuter Fremdbestimmung vollzieht die Ausdruckstanzbewegung im Diskurs über die weibliche Tanzkunst eine 'Umwertung der Werte'. Das neue Wissen und Reden über den Tanz läßt sich als eine Freisetzung bei gleichzeitiger Begrenzung beschreiben: Mit dem expressionistischen Entwurf der weiblichen Andersartigkeit und Besonderheit verfestigt sich der traditionelle Geschlechterdualismus mit der Folge für Frauen, sich abermals auf einen Diskurs einzulassen, der sie seit Jahrhunderten fremdbestimmt und in ihrer Gestaltungsfreiheit eingeschränkt hat. Indem man erneut Bilder schafft, Gegenentwürfe konstruiert, die die bestehenden lediglich umdefinieren, wird die traditionelle, biologistische Variante der weiblichen Natur mitsamt ihren sozialen Folgewirkungen ebensowenig überwunden wie sich die duale, hierarchische Konstruktion der Geschlechtscharaktere aufheben kann.

Ausbruch aus dem Geschlechterdualismus

Ein Ausbruch aus dem traditionellen Diskurs über die Affinität der Natur des Weiblichen und des Tanzes gelingt erst ca. fünfzig Jahre später dem sog. Deutschen Tanztheater. Erstmals in der Geschichte der bürgerlichen Tanzkunst wird hier die auf den Körper wirkende Politik der Macht thematisiert. Als Protagonistin der neuen Richtung des zeitgenössischen Tanzes entwickelt Pina Bausch, Leiterin des Tanztheaters Wuppertal, seit Ende der siebziger Jahre eine tänzerische Ästhetik, die für viele junge Choreographen und Choreographinnen zum Vorbild wurde. Hier liegt das Hauptaugenmerk auf der Verzerrung der alltäglichen menschlichen Gefühlswelten, der Zurichtung der menschlichen Körper und dem Objektcharakter des weiblichen Körpers. Gerade letzteres erscheint aber nicht auf der Schablone eines einfachen Täter-Opfer-Denkens; vielmehr wird bei Pina Bausch sowohl der konservierende Anteil der Frauen an dem tradierten Geschlechterverhältnis wie auch das weibliche Widerstandspotential sichtbar. Eine ihr gern unterstellte feministische Ästhetik wehrt Pina Bausch, wie viele andere Künstlerinnen auch, ab (vgl. HOGHE 1986). Ihnen geht es vielmehr darum, die verinnerlichten Affekt- und Selbstkontrollen, die Frauen und Männer gleichermaßen treffen und von sich selbst wie voneinander entfremden, sichtbar zu machen. Ausbruch aus der tradierten Geschlechterdifferenz und Suche nach einem den 'ganzen' Menschen ansprechenden Weg, so läßt sich die Ästhetik des Wuppertaler Tanztheaters noch heute treffend kennzeichnen. Wegweisend ist diese Ästhetik, weil durch die Thematisierung der gesellschaftlichen Verformungen individueller Körper die Natur des Menschen nicht als eine außerhalb der Geschichte der Zivilisation und der Technik stehende gezeigt wird. Vielmehr ist hier die Erkenntnis, daß die menschliche Natur immer die soziale Natur des Menschen ist, ästhetisch aufbereitet. Es ist diese anthropologische Bestimmung des Menschlichen zwischen Kultur und Natur, Körper-Sein und Körper-Haben (PLESSNER), die zugleich Produzentin, Instrument als auch Resultat zivilisatorischer 'Errungenschaften' ist. Von daher verläuft die Geschichte der Zivilisation nicht gegen die Natur des Menschen, sondern in einem konfliktträchtigen Wechselspiel mit ihr.

Und ebenso wie das Konzept einer geschichts- und gesellschaftsunabhängigen, scheinbar geschlechtsneutralen Natur des Menschen im Tanz obsolet wird, bricht der traditionelle Diskurs über das Verhältnis von Tanz und Weiblichkeit. Im modernen Tanz bezieht sich diese Verknüpfung nicht mehr nur auf Frauen als die natürlichen Repräsentantinnen von Weiblichkeit, sondern auch auf die in den Männern schlummernden weiblichen Anteile. Männliches und Weibliches werden nunmehr als konfliktreiche Pole in beiden Geschlechtern begriffen und gelebt. Der tradierte Geschlechterdualismus, der das Männliche ausschließlich durch den Mann, das Weibliche nur durch die Frau verkörpert sah, löst sich auf in eine Sichtweise, die die Folgen des Geschlechterdualismus gleichermaßen als Beschränkung beider Geschlechter aufdecken will.

Umbruch: Zur Dialektik des Geschlechtlichen

Die sich im zeitgenössischen Tanz offenbarende Dialektik des Geschlechtlichen ist aber keineswegs nur ein einsamer sozialutopischer Entwurf moderner Tanzkunst, sondern ein zeittypisches Gedankengut, das mittlerweile in allen Bereichen gesellschaftlichen Lebens seine Wirkung entfaltet. Bildungs- und Berufsbeteiligung, die Forderung nach einer Aufwertung von Hausarbeit, Empfängnisverhütung und Scheidungsrecht bezeichnen schlagwortartig die Freisetzung von Frauen aus den diskursiven Vorgaben ihres Geschlechts, die ohne weiteres nicht mehr revidierbar sind. Wo einst die Trennung von Haus- und Erwerbsarbeit, Arbeit und Leben, Frau und Mann eine wesentliche Rahmenbedingung der Industrialisierung darstellte, geht es heute um neue Formen ihrer Wiedervereinigung. Diese übt sich in einem mühevollen, aber doch unermüdlichen Ringen im Feld von Distanz und Nähe zwischen den Geschlechtern. So sind Frauen durch den Widerspruch zwischen realer Freisetzung und medienträchtiger Rückbindung an die alten Zuweisungen nach wie vor hin- und hergerissen. Zudem vollzieht sich nach BECK/BECK-

GERNSHEIM derzeit ein erneuter Schub im Prozeß der Individualisierung, der, im 18./19. Jahrhundert nur für den Mann gedacht, nun auch die Frauen ergreift (vgl. BECK/ BECK-GERNSHEIM 1990). Mit diesem neuen Individualisierungsschub wird das traditionelle Mann-Frau, Täter-Opfer Denken fragwürdig. Die Suche nach einer Neudefinition der Geschlechtscharaktere und deren Beziehung zueinander erschwert zugleich eine Annäherung von Frauen und Männern, geht es ihnen doch darum, gegen die Dominanz irreal werdender Geschlechtsrollenvorgaben neue Formen des Sozialen zu leben. Denn mit dem neuen Individualisierungsschub taucht eine neue Ethik auf, die auf dem Prinzip der 'Pflichten gegenüber sich selbst' beruht und eine verstärkte Ich-Sensibilität und ein bewußteres Abtrennen des eigenen Lebens von dem Anderen bedeutet.

In dieser Phase des radikalen Umbruchs mündet die Spannung zwischen der Sehnsucht nach dem Eigenen und der Suche nach dem Neuen des öfteren in privaten Beziehungskonflikten. Denn je fragwürdiger und konfliktreicher das Projekt der Moderne, je anonymer, funktionaler und verschachtelter soziale Verständigung wird, desto mehr wird die Beziehung zum Auffangbecken der neuen gesellschaftlichen Unübersichtlichkeit. Bildet sich nach Richard Sennett dieser Mythos des Intimen schon im 19. Jahrhundert heraus (vgl. SENNETT 1983), so gewinnt er mit der Eroberung öffentlicher Räume durch Frauen, dem neueren Individualisierungsschub, zunehmenden gesellschaftlichen Instabilitäten und der immer komplizierter werdenden Identitätssuche einen erneuten Schub. Bei diesen 'Beziehungsdiskursen im Dauerdialog' gerinnt der Austausch mit dem Partner leicht zur Suche nach dem Fremden im eigenen Selbst. Der/die Andere wird zum Spiegel und auch zum Zerrbild der eigenen Lebenswünsche, Hoffnungen und Ängste.

Wenn sich bei diesen Auseindersetzungen auch so manch einer im Dschungel der eigenen Widersprüche auf Nimmerwiedersehen verirrt, so sind über die Selbst-Besinnung doch Erfahrungen möglich, die das Leben der Menschen und der Gesellschaft von innen her tiefgreifend verändern können. Die Männern wie Frauen weitgehend unfreiwillig historisch verordnete Such- und Erprobungsphase, von den einen als 'Zeitalter des Narzißmus' gebranntmarkt, von den anderen als Übergang in das Stadium des Androgynen gefeiert, schafft die Voraussetzung für Ausbrüche aus den festgefügten Geschlechtsrollencharakteren. An die Stelle der bislang vorherrschenden, festen Auffassungen der Geschlechtscharaktere können allmählich offene, in Abhängigkeit von der Selbstveränderung der Menschen veränderbare Menschenbilder treten, welche sowohl die Ausschließlichkeitslogik von

Männlichkeit=Mann und Weiblichkeit=Frau aufbrechen als auch das Zusammenspiel männlicher und weiblicher Anteile in der einzelnen Person bewußt machen könnten.

In dem Programmheft zu dem Stück 'Keuschheitslegende' von Pina Bausch aus dem Jahre 1979 schreibt Raimund HOGHE: "Zusehend bei solcher (Selbst)Erprobung erfahre ich auch das: daß einer nicht verliert, wenn er sich öffnet und zugibt - mit seinen Widersprüchen und Sehnsüchten, Lust, Trauer, Komplexen, Schwächen, seinen Träumen und seiner Realität". War die (Wieder)Entdeckung der eigenen Wünsche, Bedürfnisse und Begierden und Überwindung von Normierungen und Konventionen im eigenen Denken und Handeln einst das Markenzeichen des deutschen Tanztheaters, so ist die Suche nach einer selbstbestimmten Sprache des Körpers im Tanz mittlerweile zu einem Wesensmerkmal des zeitgenössischen Tanzes geworden. Aus den unterschiedlichen Stilrichtungen des modernen Balletts, modern dance, postmodern dance, new dance und den diversen Strömungen im Bereich des Tanztheaters kommen Impulse für ein neues technisches und ästhetisches Verständnis des Tanzes.

So läßt sich die derzeitige Hochkonjunktur des Tanzes nicht nur als eine kurzweilige, weil medienträchtige Modewelle abspeisen, sondern ist auch als Ausdruck eines tieferliegenden Bedürfnisses nach unmittelbarem körperlichen Erleben ernst zu nehmen. Als Ausdrucksmedium des Körpers selbst Teil unterirdischer Geschichte, kann der Tanz als Ausdruck des Anderen, des Fremden, des Unterdrückten oder des Neuen seine Wirksamkeit entfalten und zugleich seine einstige kulturelle Bedeutung zurückgewinnen.

Tanz ist die Kunst des Augenblicks, Ausdruck des Dynamischen im Hier und Jetzt. Seine momenthafte Flüchtigkeit widerspricht den auf eine unkalkulierbare Zukunft gerichteten Planungsmodellen. Als Gegenentwurf zu der Fiktion langfristiger, rationaler Handlungsmodelle markiert Tanz die Umkehrung der Schrittabfolgen in den ausgewalzten Trampelpfaden der Aufklärung. Dennoch ist Tanz mehr als die unmittelbare, rein affektive Bewegung des physiologischen Körpers. Er ist der ästhetische Ausdruck eines innerlich bewegten und sich sichtbar in Raum und Zeit bewegenden Leibes.

Der Leib ist der sinnliche Ort, an und in dem Polaritäten ihre Spannungsqualitäten entfalten. Und ebenso wie Vernunft leibgebunden ist (vgl. MERLEAU-PONTY 1966) und Sinnlichkeit die Basis für die Öffnung der Sinne bildet, ist deren Schulung die Voraussetzung für ein waches und bewegliches Denken. Indem nun der Tanz diesen Leib als "das erste und natürlichste technische Objekt und gleichzeitig technische Mittel des Menschen" (Marcel MAUSS) sprechen läßt, eröffnet er zugleich Wege zu einer anderen Realitätsaneignung des Weiblichen und des Männlichen im Menschen. In der Orientierung auf das Material der eigenen Person und des eigenen Körpers, auf Autobiographisches und Selbstbildhaftes, auf die Visualisierung des Unbewußten und auf den bewußten Umgang mit Zeit und Raum wird der Körper aufgefordert, selbst die Geschichte seiner Verdrängung und Unterdrückung aufzuzeichnen und zu anders gestalten. In dieser leibgebundenen Thematisierung verdrängter Tradition im Selbst in Auseinandersetzung mit Anderen offenbart sich zugleich die Begrenztheit der sozialen Kodierungen des Geschlechtlichen wie auch die Mentalität der mit ihnen verbundenen Praxisformen. Indem Tanz einen Weg eröffnet, der aus den kategorialen Fremdbestimmungen herausführt und die Frage der Geschlechtsidentität aus der Perspektive einer fast bei Null beginnenden (Selbst-)Erforschung stellt, wird er als Vorschein eines zu gewinnenden geschlechtertranszendierenden Atlantis sozial wirksam. Sich finden als Mann oder als Frau heißt demnach nichts anderes, als über den eigenen Körper die soziale Möglichkeit zu entdecken, nicht mehr das eine gegen das andere aufgeben zu müssen, sich mit nichts Partikulärem zu identifizieren, niemals nur 'eins' zu sein. Auf diesem Weg ist der Tanz *das* ästhetische Medium für eine rationale und zugleich körperlich-sinnliche Kritik am Verhältnis von Geschlecht und Geschichte.

Literatur

BECK, Ulrich/ BECK-GERNSHEIM, Elisabeth: Das ganz normale Chaos der Liebe. Frankfurt/Main 1990.

BOVENSCHEN, Silvia: Die imaginierte Weiblichkeit. Exemplarische Untersuchungen zur kulturgeschichtlichen und literarischen Präsentationsform des Weiblichen. Frankfurt/Main 1980[2].

BRANDENBURG, Hans: Der moderne Tanz. München 1921.

DUNCAN, Isadora: Der Tanz der Zukunft. Leipzig 1903.

ELIAS, Norbert: Über den Prozeß der Zivilisation. 2 Bde. Frankfurt/Main 1976.

FICHTE, Johann Gottlieb: Erster Anhang des Naturrechts. Gesammelte Werke. Bd. 3, Berlin 1971.

FOUCAULT, Michel: Die Ordnung des Diskurses. Frankfurt/Main; Berlin; Wien 1977.

ders.: Archäologie des Wissens. Frankfurt/Main 1981.

GRADINGER, Malve: Welche Bewegung ist weiblich? Zur Geschichte von Frauen in Ballett und modernem Tanz. In: tanzAKTUELL (Hrsg.): Frauen setzen Zeichen. Dokumentation einer Vortragsreihe der Tanz-Werkstatt Berlin. Berlin 1991, S. 42-56.

GRIFFIN, Susan: Frau und Natur. Frankfurt/Main 1987.

HASSAUER, Friederike: Der verRückte Diskurs der Sprachlosen. In: dies./ ROOS, Peter: Die Männer mit Flügeln, die Frauen mit Blei? Notizen zu weiblicher Ästhetik und männlichem Befinden. Siegen 1986, S. 136-143.

HOGHE, Raimund: Pina Bausch. Tanztheatergeschichten. Frankfurt/Main 1986.

KRISTEVA, Julia: Produktivität der Frau. Ein Interview mit Eliane Boucquey. In: Alternative, 19 (1976), H. 108/109, S. 167-174.

LÄMMEL, Rudolf: Der moderne Tanz. Berlin 1928.

MERLEAU-PONTY, Maurice: Phänomenologie der Wahrnehmung. Berlin 1966.

SCHIKOWSKI, John: Geschichte des Tanzes. Berlin 1926.

SCHMIDT, Jochen: Die Enkelinnen tanzen sich frei. Von Fanny Elßler zu Pina Bausch oder Von der weiblichen Fremd- zur Selbstbestimmung im Ballett. In: HASSAUER, Friederike/ ROOS, Peter (Hrsg.): Notizbuch. VerRückte Rede - Gibt es eine weibliche Ästhetik? Berlin 1980, S. 35-47.

SENNETT, Richard: Verfall und Ende des öffentlichen Lebens. Die Tyrannei der Intimität. Frankfurt/Main 1983.

THEWELEIT, Klaus: Buch der Könige. Berlin 1989.

WARTMANN, Brigitte: Verdrängungen der Weiblichkeit aus der Geschichte. In: dies. (Hrsg.): Weiblich-Männlich. Kulturgeschichtliche Spuren einer verdrängten Weiblichkeit. Berlin 1980. S. 7-33.

dies.: Die Grammatik des Patriarchats. Zur 'Natur' des Weiblichen in der bürgerlichen Gesellschaft. In: Ästhetik und Kommunikation 11 (1982), H. 47, S. 12-32.

WIGMAN, Mary: Tanz. In: BACH, Rudolf: Das Mary-Wigman-Werk. Dresden 1933. S.19-20.

Die Herausgeberinnen und Autorinnen

PD Dr. **Hannelore Bublitz**, Jg. 1947, Soziologin, studierte Soziologie, Psychoanalyse und Pädagogik in Heidelberg und Frankfurt/Main. Derzeit Privatdozentin an der Universität-GH Essen, Lehrauftrag an der Ruhr-Universität Bochum. Veröffentlichungen zur Frauen- und Geschlechterforschung, zum Verhältnis von Klasse, Geschlecht und Ethnizität, zum Kultur- und Theoriebegriff der Moderne. Mitherausgeberin der Zeitschrift für historische Frauenforschung und feministische Praxis METIS. Gegenwärtig Forschungsprojekt über Geschlechterordnung und Kulturkritik in der Moderne und Postmoderne.

Barbara Eifert, Jg. 1963, Sozialwissenschaftlerin, studierte Sozialwissenschaft und Geschichte in Bochum. Derzeit arbeitet sie als Projektkoordinatorin in der Regionalstelle 'Frau und Beruf' in Herne. Ihre Arbeitsschwerpunkte sind die berufliche Orientierung und Qualifizierung von Frauen, insbesondere im Bereich der neuen Technologien. Sie arbeitet an empirischen Studien mit. Im Bochumer Lokalfunk (BürgerInnenfunk) werden Beiträge von ihr gesendet.

Dr. **Maria Funder**, Jg. 1956, Soziologin, studierte Soziologie in Bielefeld. Wissenschaftliche Mitarbeiterin am Institut für Arbeitswissenschaft der Ruhr-Universität Bochum. Ihre Arbeitsschwerpunkte sind Organisations-, Industrie- und Betriebssoziologie, Frauenforschung. Buchveröffentlichungen: Kooperation als Strategie. Eine empirische Studie zu Gründungsprozessen, Organisationsformen, Bestandsbedingungen von Kleinbetrieben. Opladen 1991 (zusamenn mit Volker Domeyer); Flexible Arbeitszeiten - Wechselwirkungen zwischen betrieblicher und außerbetrieblicher Lebenswelt. Opladen 1992 (zusammen mit Alexander Glanz, Birgit Meiners und Irene Raehlmann).

Dr. **Gabriele Klein**, Jg. 1957, Soziologin und Tanzpädagogin, studierte Sozialwissenschaft, Geschichte, Sportwissenschaft und Pädagogik in Bielefeld, Bochum und Essen. Derzeit ist sie als wissenschaftlich-künstlerische Assistentin an der Hochschule für Musik und darstellende Kunst 'Mozarteum', Abt. 'Orff-Institut' in Salzburg, Österreich beschäftigt. Veröffentlichungen zur Tanzsoziologie und Tanzgeschichte, Geschlechterforschung und Zivilisationstheorie in Zeitschriften und Sammelbänden. Als Buch erschien: FrauenKörperTanz. Eine Zivilisationsgeschichte des Tanzes. Weinheim/Berlin 1992.

Dr. **Susanne Kretschmann**, Jg. 1953, Psychologin, studierte Psychologie, Sozialwissenschaft, Politik und Philosophie in Tübingen. 1983-1990 wissenschaftliche Mitarbeiterin an der Arbeitseinheit Kognitions- und Umweltpsychologie der Ruhr-Universität Bochum; Arbeitsschwerpunkte:

Städtische Umwelt, Wohnen, umweltschonendes Verhalten. Seit 1990 beim Hauptvorstand der Gewerkschaft ÖTV in Stuttgart zuständig für neue Technologien in Transport und Verkehr.

Dr. **Bea Lundt**, Jg. 1950, Historikerin, studierte Sozialwissenschaften und Germanistik in Köln und unterrichtete 10 Jahre im Schuldienst. Zweitstudium der Geschichtswissenschaft und Promotion in Bochum. Arbeitet zur Zeit an einem Forschungsprojekt über Geschlechterbeziehungen und Kommunikationsstrukturen in der Frühen Neuzeit im Spiegel sog. 'Volksbücher'. Veröffentlichungen u.a.: Melusine und Merlin im Mittelalter. Entwürfe weiblicher Existenz im Beziehungsdiskurs der Geschlechter. München 1991. Herausgeberin von: Auf der Suche nach der Frau im Mittelalter. München 1991; Vergessene Frauen an der Ruhr. Herrscherinnen und Hörige, Hausfrauen und Hexen 800-1800. Köln 1992; Von Aufbruch und Utopie. Perspektiven einer neuen Gesellschaftsgeschichte des Mittelalters. Für und mit Ferdinand Seibt. Köln 1992 (mit Helma Reimöller).

Heike Maschner, Jg. 1964, Sozialwissenschaftlerin, studierte Sozialwissenschaft in Bochum. Derzeit arbeitet sie als Referentin für Presse- und Öffentlichkeitsarbeit im Ministerium für Bauen und Wohnen des Landes Nordrhein-Westfalen, Düsseldorf.

Birgit Meiners, Jg. 1956, Psychologin, studierte Psychologie in Bonn. 1983-89 wissenschaftliche Mitarbeiterin der Fraktion Die Grünen im Bundestag. 1989-91 Mitarbeiterin am Institut für Arbeitswissenschaft der Ruhr-Universität Bochum. Seit 1991 wissenschaftliche Mitarbeiterin der AKTION PSYCHISCH KRANKE. Vereinigung zur Reform der Versorgung psychisch Kranker e.V., Bonn. Arbeitsschwerpunkte: Feministische Arbeitszeitpolitik, Frauenerwerbsarbeitspolitik, Psychiatriepolitik. Veröffentlichung: Flexible Arbeitszeiten - Wechselwirkungen zwischen betrieblicher und außerbetrieblicher Lebenswelt. Opladen 1992 (zusammen mit Alexander Glanz, Maria Funder und Irene Raehlmann).

PD **Irene Raehlmann**, Jg. 1943, Soziologin, studierte Sozialwissenschaft an der FU Berlin. Akademische Rätin am Institut für Arbeitswissenschaft der Ruhr-Universität Bochum. Ihre Arbeitsschwerpunkte sind Arbeitswissenschaft, Arbeits- und Organisationssoziolgogie. Jüngste Buchveröffentlichung: Flexible Arbeitszeiten - Wechselwirkungen zwischen betrieblicher und außerbetrieblicher Lebenswelt. Opladen 1992 (zusammen mit Alexander Glanz, Maria Funder und Birgit Meiners).

Dr. **Annette Treibel**, Jg. 1957, Soziologin, studierte Sozialwissenschaft und Germanistik in Tübingen und Bochum. Derzeit arbeitet sie als wissenschaftliche Assistentin an der Fakultät für Sozialwissenschaft der Ruhr-Universität Bochum. Ihre Schwerpunkte sind Migrationsforschung, Geschlechtersoziologie und soziologische Theorien der Gegenwart. Letzte Buch-Veröffentlichung: Migration in modernen Gesellschaften. Soziale Folgen von Einwanderung und Gastarbeit. Weinheim, München 1990.

Dr. **Claudia Ulbrich**, Jg. 1949, Historikerin, studierte Geschichte und Germanistik an der Universität Saarbrücken. Sie arbeitet derzeit als Stipendiatin der Deutschen Forschungsgemeinschaft an einem Habilitationsprojekt zum Thema: Frauen im Dorf. Eine soziokulturelle Analyse der Geschlechterbeziehungen in der ländlichen Gesellschaft des 18. Jahrhunderts. Zahlreiche Veröffentlichungen zu Revolten in der ländlichen Gesellschaft der Frühen Neuzeit sowie zur Frauen- und Geschlechtergeschichte. Als Buch erschien: Leibherrschaft am Oberrhein im Spätmittelalter, Göttingen 1979.

Gerlinde Volland, Jg. 1962, Kunsthistorikerin, studierte Kunstgeschichte in Bochum. Dissertation über das Thema: Männermacht und Frauenopfer. Zum Verhältnis von Sexualität und Gewalt bei Goya. Herausgeberin des Sammelbandes: Einsprüche. Multidisziplinäre Beiträge zur Frauenforschung, Dortmund 1992. Veröffentlichungen u.a. zu Gewaltdarstellungen in der Kunst von Fragonard, Grosz, Bellmer.

Marianne Wienemann, Jg. 1943, Soziologin, studierte Soziologie, Volkswirtschaft und Politik in Frankfurt/Main. Derzeit arbeitet sie als wissenschaftliche Mitarbeiterin im Weiterbildungszentrum der Ruhr-Universität Bochum. Ihre Arbeitsschwerpunkte zur Zeit sind die europäische Integration, Industrie- und Arbeitssoziologie, Arbeitsmarkt- und Regionalentwicklung. Veröffentlichungen zur Strukturkrise des Ruhrgebiets und deren Auswirkungen, zu Neuen Technologien, zur universitären Weiterbildung und zum EG-Binnenmarkt.